岩波現代文庫／学術 334

差異の政治学 新版

上野千鶴子

岩波書店

目　次

I

1　差異の政治学 …… 2
2　セクシュアリティの社会学 …… 38
3　歴史学とフェミニズム――「女性史」を超えて …… 68
4　「労働」概念のジェンダー化 …… 112

II

5　「家族」の世紀 …… 158
6　日本のリブ――その思想と運動 …… 185

7 「リプロダクティブ・ライツ／ヘルス」と日本のフェミニズム …… 226

Ⅲ

8 男性学のススメ …… 262
9 セクシュアリティは自然か？ …… 300
10 ゲイとフェミニズムは共闘できるか？ ——アカーとの対話 …… 331
11 複合差別論 …… 357

Ⅳ

12 〈わたし〉のメタ社会学 …… 398
参考文献 …… 447

初版あとがき …… 485
自著解題 …… 489
初出一覧 …… 505

I

1　差異の政治学

性差論の罠

フェミニズムが「セックス」に代わって「ジェンダー」という聞き慣れない用語を持ちこんだのは、一九七〇年代のことである。それ以来、性差をめぐる議論は、大きなパラダイム・チェンジを被ることになった。

「ジェンダー」という概念を最初に定式化したのは心理学者のロバート・ストーラー[Stoller 1968＝1973；小倉 2001]だと言われているが、その概念を採用し、拡めたのはフェミニズムであった。「ジェンダー」はもともと性別を表す文法用語だが、七〇年代フェミニズムは、自然的とされ、したがって変えることのできないとされた性差を相対化するために、この用語をあえて持ちこんだ。(1) 今日、フェミニズムのなかでは「セックス」は「生物学的性別」、「ジェンダー」は「社会的文化的性別」を指す用語として定着している。

「ジェンダー」という用語は、性差を「生物学的宿命」から引き離すために、不可欠な概念装置としての働きをした。もし「性差」が、社会的、文化的、歴史的に作られるものであるなら、それは「宿命」とは違って、変えることができる。フェミニズムは「女らしさ」の宿命から女性を解放するために、性差を自然の領域から文化の領域に移行させた。その結果、フェミニズムの有名な標語、性差は「生まれか育ちか？ By nature or by nurture ?」が登場した。フェミニストであるための第一の条件は、この問いに対して、「性差は育ちの結果である」と答えるところから始まった。

この単純化された命題は、もちろん多くの誤解をひきおこしたが、この命題が克服しようとしたそれまでの本質主義的な性差観を思えば、この「信仰告白」が切実に必要とされた理由も納得がいく。フェミニズムが第一に対抗しなければならない相手は、性差を「解剖学的宿命 Anatomy is destiny」とみなすフロイト的な心理学説であった。フロイトの精神分析理論は同時に人格の発達理論としての性格をもっているが、それによれば人格は、生まれ落ちたときにペニスがあるかないかで決定的に決まる。欲望の象徴としてのペニスは、母に向けられることで近親姦願望となるが、同時に父親から去勢恐怖を受けることによって、母への欲望は禁止され母子分離がおこなわれる。息子は父親と自分を同一化することで母に対する欲望を他の女性に置き換える。

この過程で父親の介入は社会的な規範意識の代行者として機能する。こうして「父の声」は、「超自我」として内面化される。抑圧された欲望は無意識を形成し、超自我は無意識の門番、欲望の検閲官として以後の人格の発達を保証する。これが「エディプス・コンプレックス」と呼ばれる心理機制である。

だが、女児はペニスを持たないことで、あらかじめ去勢されて生まれてくる。あらかじめ去勢された存在を、あらためて「去勢恐怖」で脅すことはできない。したがって女児は男児とちがって、母子分離のための契機を持たず、超自我の形成もされない。そのために女性は男性にくらべて人格的に劣った存在とされる。その女性がヒステリーのような神経症にかかるとしたら、それは抑圧された欲望の結果であり、その女性は男のようになろうとして、自分の持てなかったペニスを羨望していると解釈される[上野 1994c]。ところで、「ペニス羨望」の女性にとってこの欲望の所在は、女性におけるペニスの等価物、クリトリスにあるとみなされる。したがって神経症の女性をこの「ペニス羨望」から「治療」するには、クリトリス切除という外科手術がすすめられさえした。現在でもアフリカ社会の一部にある少女の成人儀礼におけるクリトリス切除を、西欧社会は野蛮な女性抑圧だと非難するが、一九世紀には西欧自身が、「科学」の名において女性の身体に野蛮な暴力を行使したのである[荻野 1990]。

フェミニズムは、フロイトの「解剖学的宿命」からの解放をめざして苦闘した。シモーヌ・ド・ボーヴォワールは妊娠と出産を「牝の屈辱」と呼んだし、シュラミス・ファイアーストーンのように、未来の生殖テクノロジーに「子宮からの解放」を託す論者もいた[Firestone 1970＝1972]。七〇年代には夢想にすぎなかった生殖テクノロジーのその後の発展は、ファイアーストーンの説を現実化しつつあるようにみえる。現在の技術水準でも、「代理母」という他人の子宮さえ借りれば、一部の女性にとって「子宮からの解放」は可能である。だがそれは、男性身体を「標準」とみなし、「子宮のある身体」を、特殊なハンディキャップのある身体とみなす男性中心主義にほかならない。女性身体の特殊性を是認し、それからの「解放」をめざす思想は、女性に自分自身の身体を否定させ、怨嗟させる効果しか生まない。

性差をめぐる問い——性差はあるか、あるとしたらどのようなものか——は、ダブルバインドな問いである。もし「イエス」と答えれば性差の本質論とみなされ、男女の違いは絶対化される。したがって性差を超えようとするフェミニストの試みはむだに終わることになる。もし「ノー」と答えれば、そこにある現実の違いを認めない、頑迷な教条主義者ということになる。性差は解剖学的にも生理学的にも否定しようのないかたちでそこにある。だが、個々の人間が男または女として生きることを決定づけるのは、生物学的な性差(セックス)ではない。それは、社会的・文化的な性差(ジェンダー)である、とフェミニズムは宣言したのであった。

日本には「ジェンダー」という用語は、イヴァン・イリイチの『ジェンダー』[Illich 1982=1984]という著作を介して、ゆがんだ紹介のされかたをしたために、「ジェンダー」のイリイチ固有の解釈を、フェミニズムの一般的な文脈に置き直すために時間がかかった。(2) 政治学者の石田雄氏が、イリイチの「セックスとジェンダー」の用法について、大変明快な説明と批判を与えているので、それを引用したい。

彼(注・イリイチ)の場合にはヴァナキュラーという形容詞と結びついたジェンダーが経済によって媒介されたセックスと対置されている。この用法では、「ジェンダーの崩壊から経済を媒介とするセックスへ」とジェンダーが時代的に限定されたものとして理解されている。私はスコットと同じようにジェンダーが今日においてきわめて明瞭な現れ方をしていると理解しているので、イリイチの特殊な用語法にはしたがわない。[石田 1994:241-242]

また、青木やよひ氏のように、性差を三つの次元に分かって「生物学的性差」「心理・社会的性差」「象徴的性差(宇宙論的雌雄性)」と分類する論者もいる[青木 1983]。が、ここでは生得的に決定されている性差と、学習によって獲得される性差とに二分する通例の用法にしたがって、「セックス」と「ジェンダー」のふたつで当面は十分であると考える。

セックスとジェンダーのずれ

セックスとジェンダーの区別が可能になってから後も、性差のどこまでが生物学的に決まり、どこからが社会・文化的な影響に左右されるかをめぐって、決着のつかない論争に道を開くことになった。

その中でセックスとジェンダーのずれを問題化したのは、ジョン・マネーとパトリシア・タッカーの『性の署名』[Money & Tucker 1975＝1979]である。ジョンズ・ホプキンズ大学の性診療の外来をうけもっていたふたりは、半陰陽や性転換希望者などの患者を相手にして、ジェンダーがセックスから独立していることをつきとめた。

生物学的に性別を決定する要素には、遺伝子、内分泌、外性器などの異なった次元がある。だが自然界にある性別には、どのレベルでも連続性があり、男／女のような二項対立にはできていない。遺伝子ではX遺伝子とY遺伝子の組み合わせが性別を決定すると言われているが、現実にはXXX（超女性）やXYY（超男性）のような組み合わせも存在する。XXXの遺伝子をもった女性はたまたま「超女性」と名づけられているが、だからといってその個体がとくべつに「女らしい」外見やふるまいをもっているわけではない。X遺伝子とY遺伝子との二項的な組み合わせからなる遺伝子上の性差でさえ、二種類以上の組み合わせによる連続体を構成している。

内分泌の次元でみると、自然的性差の連続性はもっとはっきりする。胎発生時の胎児はすべて女性の身体的機能をもっているが(マネーとタッカーはこれを「イヴ原則」という)、発生の途中で特定のホルモンのシャワーをあびて、男性機能が分化していくと言われている。発生学的にみれば、男性は「第二の性」なのである。このホルモンのシャワーには発生の過程における臨界期があって、それを過ぎるとあとはどんなにホルモンを注入しても胎児の性別は変化しない。「女性ホルモン」「男性ホルモン」と便宜上呼ばれているこのふたつのホルモンは、その後も第二次性徴や更年期などにはたらいて、性機能を変化させる。内分泌学的にいえば、男性と女性のちがいは、ただこのホルモンのバランスのちがいにすぎず、それも一生をつうじて、また性周期をつうじても、変化する。ホルモンの連続性からいえば、世の中には「より男性的」もしくは「より女性的」なホルモン分布をもった個体、または状態があるにすぎない。

外性器についても同じことが言える。出生時の性別の判定は、とりあげた医師や助産婦によって外性器の形状から判断されるが、これにはまちがいがしばしば発生する。

発生の途中で、なんらかの事情で男児の外性器が矮小化したり、女児の外性器が肥大したりすることがある。まれには半陰陽といって男女の外性器をともにそなえて生まれてくる場合もある。性別判定の誤認があきらかになるのは、ふつう第二次性徴期を迎えた時である。女の子だと思っていたのに声変わりがしたり、ヒゲがはえてきたり、いつまでたっても初潮がなかったりすることで、生物学的性別の誤認が発見されることがある。

すなわち、遺伝子、内分泌、外性器のどれをとっても、自然界には性差の連続性があるのに対し、文化的な性差は中間項の存在をゆるさず、男でなければ女、女でなければ男、と排他的な二項対立のいずれかに、人間を分類するのである。

マネーとタッカーは、性診療の外来で、性転換希望者の相談と指導にあたっていた。性転換希望者には男もしくは女として育てられて、第二次性徴期に性別の判定のまちがいに気づいたケースが多い。カウンセラーは当初、患者の生物学的な性別に心理的な性別を合わせようとした。そのほうが「自然」だからである。それだけではない。性転換には、苦痛の多い身体改造がともない、時間もお金もかかる。かれらは現実を変えるかわりに、「気持ちの持ちよう」を変えるよう、患者にすすめたのである。だがかれらが発見したのは、患者の「性自認(ジェンダー・アイデンティティ)」はその年齢までに強固に形成されており、それを変えるのは容易でないこと、もしその「指導」を強制すれば、患者はアイデンティティの危機から自殺にさえ追いこまれかねないことであった。多くの患者は、豊胸術、ペニス切除、造膣術のような苦痛の多い手術をほどこしてまで、自分の「性自認」に生物学的身体のほうを合わせることを選んだ。つまり、セックスにジェンダーを合わせるより、ジェンダーにセックスを合わせるほうが、まだ抵抗が少なかったのである。

「性自認」は二歳までの言語習得期に形成されると言われている。ホルモンと同じく、この臨界期を過ぎるとその後は変化しない(3)。心理学的な性差研究にはおびただしい蓄積があり、幼児の時から、男児は空間能力にすぐれ、女児は言語能力にすぐれているといった調査結果があるが、マネーとタッカーによれば、被験者が調査に応じられるようになるまでには、「性自認」は形成されてしまっていることになる。したがって言語によっておこなわれるあらゆる心理学的性差研究は、一種の「予言の自己成就」、すなわち言語によって形成された性差を言語によって追認するという作業になる。

マネーとタッカーの業績は、セックスとジェンダーのずれを指摘したにとどまらない。もっと重要なことに、かれらの仕事は、セックスがジェンダーを決定するという生物学的還元説を否定した。万一外性器に異常があっても、もし遺伝子やホルモンが性差を決定するならば、患者たちは周囲の性別誤認にもかかわらず、自然に「男性的」もしくは「女性的」な心理的特徴を発達させていたはずである。マネーとタッカーは、生物学的性差の基盤のうえに、心理学的性差、社会学的性差、文化的性差が積み上げられるという考え方を否定し、人間にとって性別とはセックスではなくジェンダーであることを、明瞭に示した。人間においては、遺伝子やホルモンが考える、のではない。言語が考える、のである。

マネーとタッカーの業績は、つぎの二点にまとめることができる。第一に、生物学的還元説に対して、セックス(生物学的性差)とジェンダー(心理学的性差)とは別なものだとあきらかにしたこと、第二に、だからといってジェンダーが自由に変えられるようなものでなく、その拘束力が大きいことを証明したことである。

同じ頃、フランスでは社会学者のエヴリーヌ・シュルロが、マネーとタッカーと同様な結論に学際的な性差研究からたどりついていた。一九七六年にシュルロとチボーは、パリのロワイヨーモン人間学研究所において性差をめぐる学際的な会議を主催した。その会議には生物学、医学、社会学、歴史学など多くの分野の研究者が参加し、マネーとタッカーも招かれた。その頃までに、フランスでもフェミニズムの影響力は大きく、性差研究はいわばフェミニズムの「タブー」領域となっていた。「科学的」

な性差研究をおこなうことそのものが、性差別的だとうけとられかねない雰囲気が形成されていたことは、シュルロの「まえがき」からも読みとることができる。このタブー視を打ち破るべく、性差がほんとうにあるのかないのか、あるとしたらどのようなものなのか、「冷静で客観的な学際研究」をめざすのが、シュルロとチボーの動機だった。

『女性とは何か』は、その会議から二年後に刊行された報告書である。そのなかで編者のひとり、シュルロはこう書いている。

> 「女性の生物学的本性(ナチュール)」についてもっと知りたいと強くおもっていたにもかかわらず、私はやはりこういったアプローチのしかたをおそれずにはいられませんでした。女性の免れがたい運命を動かぬ固定したものにするものが何によらずこわかったのです。内心ひそかに変革の希望を社会的要因の上にのみおきつづけていました。ところが自然/文化の長い討論を経たのちに、私は科学と文明の現状においては、文化的事実をかえるよりも、自然に関する事をかえるほうがずっと容易にみえるということがわかったのです。[Sullerot & Thibaut eds. 1978 =1983: 26]

シュルロが到達した結論もまた、第一に、セックスに合わせてジェンダーが決定されているのではなく、セックスとジェンダーは別のものであること、第二に、ジェンダーの拘束力のほうが大きいことであった。

九〇年代に入って、性転換症(TS、Trans-Sexual)の臨床研究がすすむにつれ、マネーとタッカーの発見の一部は追認され、一部は反証された[小倉 2001]。日本では九九年に埼玉大で性転換手術の実施が承認され、希望すれば「自然」を「文化」に合わせることが可能になった。TS臨床が示すのは、身体的性別とまったく独立に性自認が成立すること、そしてそれが臨界期の後も変わりうることであった。すなわちセックスとジェンダーは端的にべつのものであること、セックスとジェンダーが連続しているのではなく、切断されていることをTS臨床は明らかにしたのである。

ジェンダー本質主義

ところが八〇年代になって、アメリカを中心に一種のフェミニスト版性差本質主義が登場する。それはかつてのような生物学的性差還元主義ではないが、ジェンダーが人間のアイデンティティにおいて核心的であり、かつ文化と社会のなかでジェンダーがつくられるとするなら、そのジェンダーを逃れるのは男にとっても女にとってもむずかしいという認識にもとづいている。彼女たちは、「解剖学的宿命」は拒絶するが、かわりにジェンダーの社会化過程や「女性文化」のなかで形成され受け継がれる「女性性」を、今度はおとしめるかわりに賞賛する。これは生物学的本質主義にかわって、文化本質主義というべき立場である。

その代表的な著作は、キャロル・ギリガンの『異なった声でIn a Different Voice』(邦訳題名は『もうひとつの声』)[Gilligan 1982＝1986]である。タイトルの「voice」には、「声」という意味と文法用語の受動態・能動態の「態」をかけてある。ギリガンは女性の感情や道徳意識は男とは「異なった態で」成り立っており、自然や生命への共感という点で男性よりも「すぐれて」いる、と主張した。この書物は、女性のあいだに共感をまきおこし、全米で圧倒的なベストセラーになった。

女性のほうが高い「徳」の持ち主であるという考え方は、耳新しいものではない。シェリー・オートナーが「男は文化で女は自然か？」[Ortner 1974＝1983]というテーゼをめぐって議論をひきおこしたとき、マリリン・ストラザーン[Strathern 1980]は「自然でもなく文化でもなく」という論文を著して、構造主義が示した「男性：女性：：文化：自然」(男性の女性に対する関係は文化の自然に対する関係と同じである)の定式のさまざまな反証例を出したが、そのなかにヴィクトリア期の性差観がある。のちになって「美女と野獣」イデオロギーの原型とみなされるこの考え方によれば、男はより自然に近く、獣性を抑えられない生き物であるから、これを高い徳性で導くのはより文化的な女性の役割である、とされていた。人格と道徳との関係は、ヴィクトリア期にはフロイト説と男女の位置が逆転していたのである。九〇年代の今日になっても、ある日本の性科学者は「女はホルモンの奴隷である」と公開の場で発言しているが、その言い方にならえば、ヴィクトリアン・イデオロギーのもとでは「男は性欲の奴隷である」ということになる。ヴィクトリア期は、一夫一婦婚にもとづく近代家族の成立期であったとともに、買売春のような性産業がひろく成立した時期でもあったから、「男が(自分でも統制不可能な)獣欲の持ち主である」という言説は、性の二重基準を成り立たせるのに貢献した。

女性を「女部屋」に閉じこめる結果になったヴィクトリアン・イデオロギーも、その成立の当初には、女性の地位を向上させる考え方と受けとめられていた。女性は「女部屋」の主として、男性から自律的な領域を確保し、そこで女同士の連帯や女性文化をはぐくんだ。第二波フェミニズムのなかで、「シスターフッド」の探求が行なわれたとき、西欧の女性史家はシスターフッドの歴史的なルーツをこの「女部屋の連帯」に求めた[Cott 1977]。八〇年代の女性史のなかで、一八世紀から一九世紀にかけての「女性領域」「女性文化」の再発見・再評価はあたらしい課題になった。

性差の文化本質主義は、性差が文化の産物であることに同意する。そしてそのジェンダーの文化的な拘束力が容易に変更できないものであることを前提に、「女性文化」「女性性」の逆説的な優位を説く。そこでは従来の性差観は保存されたまま、価値の逆転がはかられる。それまでのラディカル・フェミニズムからは後退した、保守的な思想であると言わなければならない。

八〇年代のアメリカで性差の文化本質主義が登場した理由はいくつかあげられる。

第一は、七九年からのレーガン政権下で、社会全体の保守化とフェミニズムへの「バックラッシュ」がはじまっていたことである。(4) 一九八二年におけるERA(Equal Right Ammendment 憲法修正平等条項)の最終的な不成立は、アメリカのフェミニズムの挫折を意味した。

アメリカ合衆国憲法に「男女平等」条項を付け加えようというERA法案は一九七二年にいったん連邦議会で成立、その後各州で批准がおこなわれたが、期限内の七九年までに、憲法修正に必要な全州のうち四分の三には達せず、さらに批准期間を三年間延長する措置をとった。そのあいだにアメリカの政治的状況は保守化に転じ、一部の州ではいったん決議した批准を取り消すところもあらわれ、憲法改正の可能性はさらに遠のいた。最終期限である八二年までに目標に達せず、ERAはついに不成立に終

わった。このERA運動の失敗はアメリカのフェミニズムに深い挫折感をもたらした。(5)

第二は、保守化への反発から、運動内部では政治的急進化がすすみ、多くのフェミニスト団体で運動の主導権をレズビアン・セパレーティスト(レズビアン分離派)がとるようになったことである。彼女たちは男社会の壁の厚さに絶望し、男に変化を迫るよりも、むしろ男無用のコミュニティをつくることを当面の課題においた。

第三は、その過程で「女性文化」や「女同士の連帯」が象徴的な価値をもったことである。「シスターフッド」の歴史的なルーツの探究だけでなく、女性的な宗教や「女神崇拝」がブームになった。保守主義と物質主義に背を向けて、瞑想や女性の「霊性」の探究に向かう動きがあらわれた。

第四に、出産を遅らせていたラディカル・フェミニズムの担い手が、母になる生物学的なタイム・リミットを迎えたことも原因のひとつであろう。七〇年代にはキャリアの確立を優先した女性やレズビアンの女性たちが、八〇年代になって三〇代のかけこみ出産ブームをつくった。彼女たちは男性との関係には希望を抱いていなかったが、母性の価値を捨てようとは思わず、八〇年代アメリカのフェミニズムは母性価値の再評価に向かった。

ギリガンの著作とそれを受け入れる土壌とは、このような背景のなかにあった。だがそれはフェミニズムにとって一種の後退戦であり、歴史的な挫折感の産物である。

ジェンダーの非対称性

八〇年代のジェンダー論に決定的な転換をもちこんだのは、フランスのクリスチーヌ・デルフィである。社会学者であり、唯物論フェミニストとしても知られるデルフィは、ジェンダー概念の展開にも貢献している。デルフィはジェンダー概念の核心を、ジェンダーという項からジェンダーという差異 gender difference へとシフトさせた。一九八六年刊のリサ・タトル編『フェミニズム事典』の「ジェンダー」の項には、デルフィの文が引かれている。

われわれがジェンダーと呼んでいる「性役割 sex role」は、階層的な労働の分業の前に起こったのではなく、あとから起こったのであり、以前には社会的に無関係であった解剖学的差異を、「社会的慣習にとって意味のある区別」に変容させたのである。[Tuttle ed. 1986＝1991：141]

この引用ではわかりにくいかもしれない。デルフィには、そのものずばり「セックスとジェンダー Sexe et genre」[Delphy 1989＝1989]という論文があるが、そのなかで彼女は「ジェンダーの概念に到達したことによって三つのことが可能になった」と書く。

①　社会的でかつ恣意的であると思われる男女間の差異が、一つの概念に含まれたこと。

②　ジェンダーという単数によって、強調点を分割された各項(二つのジェンダー)から、分割それ自身の原則へと移行することが可能になったこと。

③　ジェンダー概念のなかに階層性が組み入れられたこと。

マネーとタッカー、そしてシュルロがあきらかにしたのは、セックスとジェンダーは別のものであること、そしてジェンダーの拘束力のほうがセックスより強いという二点だったが、デルフィはさらにその先まで踏みこむ。ここでは第一に、セックスがジェンダーを規定するどころか、ジェンダーがセックスに先行すること、第二に、ジェンダーとは、男もしくは女というそれぞれの項なのではなく、男／女に人間の集団を分割するその分割線、差異化そのものだということである。したがってジェンダー論の対象とは、男もしくは女という「ふたつのジェンダー」なのではない。「ひとつのジェンダー」、すなわち差異化という実践そのものが対象になる。

この差異化という実践は、政治的なものである。政治的というのは、そこに権力関係が組みこまれているということである。デルフィが三番目に指摘する「階層性」とは、ジェンダー関係の権力的な非対称性を意味する。男／女の二項は、男でなければ女、女でなければ男、というたんなる排他的な二項関係ではない。この二項は非対称的につくられていて、その実、項のあいだに互換性はない。男 man, homme はいつも人間を代表し、男を標準として女 woman, femme はそれとの差異化においてのみ定義される。女はつねに差異をもった性として有徴化される。これは言語学でいう二項対立のうち、正常／異常のように項の一方だけが有徴化される欠性対立 privative opposition[6]の一種である。

ジェンダーの非対称性を語るのに、デルフィの次のような言い方以上に雄弁な表現を、わたしは知らない。

> ジェンダーの問題枠組みのなかに男性を位置づけるなら、男性とはまず、なによりも支配するものである。男性に似るということは、支配するものになるということである。しかし、支配者になるためには、支配されるものが必要になってくる。皆が〝いちばんの〟お金持ちである社会が考えられないように、全員が支配者である社会は考えられない。[Delphy 1989＝1989]（一部改訳）

ジェンダーの非対称性がこのようにあらわになると、項を入れ替えただけのすべての「平等化戦略」は無効になる。第一に、「男女が平等になる」とか「女が男に似るようになる」という男なみの「平等化」は、定義上も論理的にもありえなくなる。したがって「差異の消滅した世界」に対する不安やおそれも、杞憂か、そうでなければ、フェミニズムに対する誤解から生じる、ためにする批判というほかない。第二に、差別の解消を項の入れ替えに求めるようなすべての戦略も、無知のあらわれでなければ、問題の矛先をそらすものにすぎないことがあきらかになる。たとえば女が「主婦」になりたくないのなら、反対に男が「主夫」になれるようにすればよい、とか、売春を批判するのなら女も男を買えばよい、といった形式平等論は、夫の「支払い労働」と主婦の「不払い労働」のあいだの非対称性をそのままにして、ただその性別配当だけを変えようという提案だし(主夫もまた「主夫的状況」に苦しむにちがいない)、男の「買春」批判は性の売買にともなう権力の非対称性に対する批判なのだから、その非対称性をそのままにして項を入れ替えても、解決にならないのは言うまでもない。男がやることを女もやればよい、という戦略は、ジェンダーの概念からは、定義上あやまりである。理論はたんなる「机上の空論」ではない。現実を解釈し、実践的な帰結を導く道筋をも示すものである。

男／女のカテゴリーは、とくに日本語では、一見したところ形式的な対称性をもっているように見える。社会的にも人口の性比がほぼ半々であることから、女性が「社会的弱者」である現実は見えにくい。さらにたてまえ上の平等イデオロギーが、カテゴリーのうえでも現実のうえでもジェンダーの非対称性を隠蔽するはたらきをする。だが「ジェンダーの正義 gender justice」への要求とは、女性の「男性化」への要求でもなければ、男／女の項の互換性への要求でもない。それがたんなる論理矛盾であることは、デルフィの議論で明瞭になった。それはこのように非対称的な差異化そのものの解体の要求なのである。

差異の政治学

八〇年代にフェミニズムは、執拗で徹底的な言説分析のなかから、「差異の政治学」と言うべき理論を展開していく。とりわけ、フェミニズム批評は、「あらゆるテクストにはジェンダー(性別)がある」として、この理論の最前線にたった[Johnson 1987＝1990；織田 1988；Showalter 1977＝1993]。

フェミニズム批評を、それ以前の社会主義リアリズムなどのマルクス主義批評と同じく、文学における「政治主義」だとみなす批判はあまりにナイーヴである。構造主義の言語論とフーコーの権力論を経たあとのフェミニズム批評では、「言説の政治」の意味がまったく異なっている。それを旧態依然とした「政治主義」と批判するのは、たんなる無知か、さもなければ故意にする曲解としか思われない。

言語は中立的な意味の乗り物ではない。マネーとタッカーの性自認の理論であきらかなように、言語のなかにジェンダーが組みこまれているとするならば、どんな言語表現もジェンダーの刻印をまぬがれることはできない。書き手の性別が問題なのではない。たとえ書き手がじぶんの性別とは異なった「女装文体」「男装文体」を採用しようとも、ヴィトゲンシュタインの言い方にならえば、人は「ジェンダー化された言語の外に出ることはできない」。そしてジェンダーに中立的な言説とは、その「中立性」において、有標性をもった女性を排除した、男の言説の別名にほかならない。そこでは「ジェンダー中立性」そのものが、抑圧的に機能している。イリガライをはじめとするフランスの差異派フェミニストが、「女のエクリチュール」の探求の過程で、クリステヴァのいう「ル・セミオティク」、いわば象徴秩序の残余カテゴリーを引き受けるほかなくなっていったのも、同じ事情による。

「政治」の意味もまた、ウェーバー流の「支配と服従」のような可視的な権力支配から、フーコー以降見えない規範が身体を管理する微視的な政治 micro-politics へと、置き換わった。フェミニズムが「個人的なことは政治的である」といったとき、その政治の概念は身体にはりめぐらされた微視的な政治を意味していた［江原 1988a, 2001］。

ダイエットやエステで女性が自発的にジェンダー化された身体規範に自分をあわせようとするとき、その「主体的」な行為のなかにこそ微視的な権力ははたらいている。ジェンダーをめぐる差異の政治学は、かつてのマルクス主義のイデオロギー論のように敵と味方が階級的にはっきり分かれるようなものではない。フェミニズム批評は、精緻な言説分析を通じてこの微視的な権力がはたらく磁場をあきらかにした。

フェミニズム批評の言説分析を積極的に歴史学のなかにとりいれたのが、ジョーン・スコットである。彼女は『ジェンダーと歴史学』[Scott 1988＝1992]のなかで、歴史を「テクストの織物」とみなしたうえで、そこにジェンダー概念をもちこむことの重要性を説く。それは歴史学に「女性史」という補完史をつけ加えることではなく、歴史学そのものを「ジェンダー化」することである。ジェンダーは「女性領域」や「私的領域」に限定されない。したがって、政治史であれ経済史であれ、公的な領域の歴史もまた「ジェンダー化」をまぬがれない。歴史を「テクストの織物」とみなす考え方は、「歴史的事実」を対象とする実証史学の立場とはあいいれないが、逆に誰の目からみても客観的な「事実」とはなにか、という問いをつきつけかえす。スコットは、「ジェンダー史」の「党派性」を、はばかるところなく認める。

私は、ジェンダーにかんする問題は両性関係の歴史ばかりでなく、具体的な話題はなんであれ、すべての、もしくはたいていの歴史にたいして光を投げかけると主張したいと思うが、そのようなアプローチから生じる結果が必然的に偏ったものになるだろうことも、認識している。私は全体を見通すことができるとか、あらゆる不平等、あらゆる抑圧、あらゆる歴史を説明することのできる決定的カテゴリーをついに発見したなどと主張するつもりはない。……このように偏りを自認することは、普遍的な説明の追求において敗北したと認めることではないと、私は考えている。むしろそれは、普遍的な説明はこれまでも可能ではなかったし、いまも可能ではないと示唆しているのである。[Scott 1988＝1992：29]

スコットはジェンダーを「身体的差異に意味を付与する知」と、簡明に定義する。ここでは第一に、ジェンダーがセックスに先行していること、第二に「差異の意味づけ」とは何より政治的な実践であることがあきらかにされる。スコットによれば、歴史学じしんが「性差についての知の産出に参与」している[Scott 1988＝1992：16]。したがって歴史学を「ジェンダー化する」とは、この知の産出過程そのものの政治性を暴くことでもある。ジェンダー史は、正史に対して「女性」という「見逃されてきた領域 missing perspective」を付け加えることで正史の「真理性」を高めることに貢献するのではなく、自らの偏りを認めることで、返す刀で正史を僭称するものに対して、「おまえはただの男性史にすぎない」と宣告したことになる。

ポスト構造主義のジェンダー論

スコットのジェンダー定義、「身体的差異に意味を付与する知」は、その簡明さとラディカルさで、八〇年代末までにはフェミニストのあいだで世界的に流通するようになっていた。ここでも「ジェンダー」は、「ふたつの項」ではなく、「知」によるひとつの差異化の実践であることが明らかにされる。デルフィやスコットの「ジェンダー」概念は、孤立した営みから生まれたわけではない。彼女たちのジェンダー概念は、言語論的転回[7]以降のフェミニズム理論の動きのただなかから生まれた。

ジェンダーとセックスの二元論のなかで、デルフィは「ジェンダーがセックスに先行する」と喝破したが、それでもなおセックスがジェンダーの「外部」にある何物かであることは否定されていない。セックスとジェンダーとのあいだには関係があるのか、ないのか。あるとしたらどんな関係なのか。デルフィのように徹底的にセックスとジェンダーとのあいだを切断しても、「それでも女は子どもを産む身体を持っている」という呟きはなくならない。デルフィはジェンダーについての問いをラディカライズしたが、かえってセックスをめぐる問いを不問のままにした。

この問いに、「ジェンダー」の構築的な性格をさらに徹底化することで答えようとしたのが、ポスト構造主義の立場にたつフェミニストたちである。(8) リンダ・ニコルソンは性アイデンティティの「生物学的決定論」と「生物学的基盤論」とを区別する。「生物学的基盤論」は「生物学的なるものはその上に文化的意味が構築される土台である」とみなすが、「程度の差はあれ、あらゆる形の生物学的基盤論にはなんらかの社会構築論の要素が含まれている」[Nicholson 1994＝1995：107, 109]。「生物学的決定論」に反駁して、「セックス」から「ジェンダー」を切り離そうとしたフェミニストたちは、「セックス」と「ジェンダー」の連続性を多少なりとも認める点で「生物学的基盤主義」に立つが、同時にニコルソンのいうとおり「すべての生物学的基盤論者は何らかのかたちで社会的構築論者でもある」。

ポスト構造主義者たちは社会構築論[上野編 2001]の立場を徹底的におしすすめることで、「ジェンダー」という概念を創出した初期のラディカル・フェミニストたちの意志を引き継いでいるといえる。が、同時に、七〇年代のフェミニズムは何がしか「生物学的基盤論」という「実体の形而上学」(バトラー)に立つことで、「女性」というカテゴリーの同一性の産出に寄与してきた。それは「階級」や「国籍」「人種」に分断された「女性」に集団的アイデンティティをもたらすことには貢献したが、かえってそのためにカテゴリー内部にある差異を抑圧する結果となった。八〇年代のフェミニズムはジェンダー間の差異だけでなく、ジェンダー化された同一集団内の差異をも問題にする。この言い方でも正確ではない。「ジェンダー」という差異化の記号は、そのつど実践のなかで境界を定義されるような多様な文脈のもとに置かれている。「差異の政治学」はそのように微分化された微視的な政治であり、言説のなかでそのつど再生産される。

この動きの急先鋒に立つのがジュディス・バトラーである。

「セックス」というもっとも物質的な概念について考えてみよう。モニク・ウィティグはこれを徹底的に政治的なカテゴリーと呼び、ミシェル・フーコーはこれを規範的な「仮構の統一体」と呼んだ。どちらの理論家にとっても、セックス(というカテゴリー)は所与の物質性を記述するのではなく、身体の物質性の了解可能性を産出し規定している。どちらにとっても、それぞれ違うやりかたではあるが、セックスというカテゴリーは身体に二元性と画一性を強要するものとみなされている。それというのも強制的秩序としての再生産的セクシュアリティを維持するためなのである。[Butler 1992：17]( )内引用者)

ウィティグは、「人はジェンダーを持つことができるだろうか」という問いに対して、デルフィと同じく「ジェンダー」を「ふたつではなくひとつ」と答える。だが「ジェンダー非対称性」の概念を、デルフィよりもっと徹底したしかたで答える。

ジェンダーとは両性間の政治的対立関係の言語的インデクスである。ジェンダーはここでは単数で使われているが、それは実際に二つのジェンダーは存在しないからである。あるのはひとつ、女性だけであり、「男性」とはジェンダーではない。なぜなら男性は男性ではなく、一般だからである。[Wittig 1983 : 64]

すなわち「ジェンダー」という言説の「規制的実践」(フーコー)が産出するのは、一方で「女性」という「ジェンダー化された客体」と、他方で「ジェンダー化する言説の主体」(たまたま「男性」と呼ばれている)である。

ウィティグが「女が普遍的主体の地位につくことができるよう、「セックス」の破壊を要求している」ことを、バトラーは「実体の形而上学」と批判する。バトラーが「実体の形而上学」と呼ぶものは「セックスというカテゴリーそのものの産出と自然化の原因」を問う代わりに、その産出の結果を「セックス」という実体と見なして原因ととりちがえる倒錯のことである[Butler 1990 = 1994-95 : 上 125]。

もしもジェンダーが、セックスを持つ身体が身にまとう文化的意味であるとすれば、何らかの単一の筋道によってセックスからジェンダーが導き出されるとは言えないことになる。この論理を突き詰めれば、セックスとジェンダーの区別は、セックスを持つ身体と文化的に構築されたジェンダーとのあいだには根本的な非連続があると示唆していることになる。[Butler 1990 = 1994-95：上 118]

ここまでは、従来のジェンダー理論の到達点と変わらない。だが、バトラーはさらにその先へと進む。

そもそも「セックス」とは何なのだろうか。（中略）セックスには歴史があるのだろうか。それぞれのセックスには違った歴史、もしくは複数の歴史があるのだろうか。セックスの二元性がどのように確立されたかについての歴史、二元性の選択は変化の可能性を持つ構築物であることを暴露するような系譜学が存在するのだろうか。[Butler 1990 = 1994-95：上 119]

そう問いかけて、バトラーはフーコー以後の「性の歴史」に踏みこむ。

もしもセックスの普遍の性質に対して異議をさしはさむことができるとすれば、おそらくこの「セックス」と呼ばれる構築物も、ジェンダーと同じように文化的に構築されていることになろう。実際のところ、おそらくそれはこれまでも常にジェンダーだったのであり、したがってセックスとジェンダーの区別はなんら区別ではないということになる。[Butler 1990 = 1994-95：上 119]

「ジェンダーは、……まさにそれによってセックスそのものが確立される生産の装置を指す」とバトラーは論じる。「こうした言説に先行するものとしてのセックスの産出は、ジェンダーと呼ばれる文化的構築装置の作用として理解されるべきなのである」[Butler 1990＝1994-95：上 120-121]（一部改訳有り）。

これは「解剖学的宿命」への反発から始まった「ジェンダー」の概念を、その言説の極北において転倒する試みであり、「生物学的決定論」に対して「言説決定論」ともいうべきものである。それによれば「解剖学的宿命」こそは、当の言説の効果にほかならない。バトラーはラディカル・フェミニズムが切断した「セックス」と「ジェンダー」のあいだを再び接続するが、今度はまったく反対の方向からそうするのである。

この極端な言説決定論に対して、「それでも身体＝物質は存在する」という強固な反論がくりかえし提起される。「もしすべてが言説なら……」身体＝物質はどこに存在するのだろう、という素朴な信念のことをこそ、バトラーは「実体の形而上学」と呼ぶのだが、これに対して周到かつ執拗な再反論を試みたのが『問題なのは身体 Bodies That Matter』[Butler 1993]という論争的な一書である。彼女はそこでポスト構造主義の記号理論をたどりながら、「規制的な言説実践」のもつ「物質性」を強調する。したがって「言説による身体的秩序の産出」こそ「物質的暴力」というべきである[Butler 1992 : 17]。

ここでわたしたちが到達するのは、「ジェンダー化された身体 gendered body」の概念を転倒した「セックス化されたジェンダー sexed gender」もしくは「セックス化された身体 sexed body」という概念である。身体がジェンダーに先だって存在するわけではない。あるいはジェンダーという記号的秩序が身体の性別という所与の差異をとりたてて有標化するわけでもない。「ジェンダー」という言説実践がその効果として、言説に先行するものとしての「セックス化された身体 sexed body」を作りだすのである。同じことを「セックスの自然化 naturalization of sex」といってもよい。なぜなら言説の効果とは、言説の起源を問うことを封じて、それを自然視するところにあるからである。この立場から見れば、八〇年代のスコットの定義、「ジェンダーとは身体的差異に意味を付与する知」というのも、不徹底に見える。

フーコーの『性の歴史』[Foucault 1976–84 = 1986–87]にはじまったセクシュアリティの脱自然化の動きは、バトラーのいう「性の系譜学」を可能にした。再びニコルソンを引こう。ニコルソンは「セックス・アイデンティティを所与のもの、文化をつうじて基本的で共通のものと考える傾向は非常に強力である」としたうえで、このような

「セックス」や「身体」の「自然視」「物質視」そのものがどのように成り立ったかを問う。

> 女と男の関係をいかに理解すべきかについて聖書やアリストテレスがよりどころであった時代には、女と男の間にあると主張されたいかなる差異も、まずこれらのテクストを参照することによって正当化されなければならなかった。しかし、アリストテレスや聖書のテクストがその権威を失った時代には、自然や身体が女と男の間に感知されるいかなる差異にもよりどころを与える手段となる。[Nicholson 1994 = 1995: 114]

「身体が性別をつくる」という言説が疑ってはならない「自然」であったように、中世までの人々にとっては「神が人間をつくる」という言説は疑ってはならない真実だった。「身体のセックス化」「セックスの自然化」は、その言説の強度に比して思ったほど歴史が古いわけではなく、その起源は一八世紀にさかのぼる程度であることが、ミッシェル・ペロー[Duby et Perrot eds. 1991–93 = 1994–95]などの女性史研究者やトマス・ラカー[Laquer 1990 = 1998]のような身体史の研究者によって指摘されてきている。中世には「神」が絶対的な「外部」であったように、近代は「自然」と「身体」とをその「外部」として構築した。そしてその起源を問うことを禁止したのである。

終わりに

フェミニズムが生んだ「ジェンダー」概念は、その出自を問うて近代の言説の限界を超えていこうとしている。ジェンダーが社会的構築物であるということを理解することは、それから逃れることが容易だということを意味しない。ジェンダーは差異化の記号のうちでも屈強の記号、歴史性と文化とをふかく背負い、その「自然性」がもっとも疑われにくい記号のひとつである。だが、だからといってそれを「運命」だと考える必要もない。ヴィトゲンシュタインのいうように、わたしたちは言語の外に出ることはできないが、どのような言語のうちにいるかを、知ることはできるからである。

ジェンダーに限らず、差異化は必ず「われわれ」と「かれら」、「内部」と「外部」に非対称な切断線を引くことで、カテゴリー相互の間にも、またカテゴリーの内部にも、権力関係を持ちこむ。したがって、政治的でないような差異化は存在しない。「差別のない区別」のような一見中立的な概念も存在しない。

だが差異の政治学の指摘は、すべての「差異」の解消という単純でユートピア的な帰結をも意味しない。差異が固定的な実体でも運命でもなく、差異化という日々の言説実践が権力関係を生んでいくこと、しかもその差異化には、ジェンダーだけでなく人種や階級など多様な切断線がありうることを知れば、経験の固有性の現場から、対抗的な政治実践を生み出すこともまた可能である。「個人的なことは政治的である」というラディカル・フェミニズムの直観が示した認識は、「ジェンダー」理論の洗練と展開のなかで「遠くまで」来た。わたしたちはそこに理論の力を見てとることができる。理論もまたひとつの規制的実践、そしてフェミニズムは、何よりも対抗的な言説実践だからである。ジェンダーを分析概念としたジェンダー研究は、今や「女性」を対象とした局地的なものではなく、ありとあらゆる分野に関わる領域横断的なものとなった。人間と社会に関わる領域で、ジェンダー化されていない領域はないからである。「女性」の存在する領域はもとより、「女性」のいない領域があれば、その「不在」が説明されなければならない。そうしたなかでジェンダー中立性を装った「中立・客観的」な公的領域こそが、批判の焦点となってきた。さまざまの領域でジェンダーから超然としたカノン(正典・典範)とみなされてきた「個人」「真理」「価値」「美」などの「ジェンダー非関与性 gender indifference」そのものが、ジェンダー・バイアスを組みこんで構築されたものであることを、ジェンダー研究は次々に暴いていった。

ジェンダーは「学問的に中立的」な概念どころではない。(9) むしろあらゆる学知のジェンダー超然性に挑戦する、破壊力と生産力をもった概念である。そして最後に付け加えておけば、今日あらゆる分野で、ジェンダーだけで対象を分析することはできないが、同時にジェンダー抜きで分析することもできなくなった。

(1) 一九七〇年にケイト・ミレットは『性の政治学 Sexual Politics』[Millet 1970=1973]を書くが、今なら彼女は Gender Politics と表現するだろう。ミレットは、Politics in sex (sexual behavior) も扱っているが、それも正確には、Gender politics in sex (性行為におけるジェンダーの政治学) というべきものである。

(2) イリイチ批判については、上野[1986]および萩原[1988]参照。

(3) 最近では、ジェンダー・アイデンティティは臨界期を過ぎた後も変更しうるとする考え方も登場した[小倉 2001]。

(4) スーザン・ファルーディの『バックラッシュ』には、八〇年代アメリカの反フェミニズムの社会現象とその社会的背景とが克明に分析されている[Faludi 1991=1994]。

(5) アメリカが日本に押しつけた日本国憲法のなかにある「性によって差別されない」という男女平等条項が、アメリカ合衆国憲法には存在しない。一九六四年、公民権法が成立したとき、「人種」に加えて「性による差別の禁止」が明文化されたが、この条項をさらに憲法にも含めようと、七〇年代初めのアメリカのフェミニズムは、積極的にERA運動を推進した。アメリカ合衆国は各州(国)政府の連合による連邦制を採っており、合衆国憲法の改正は、国際条約と同じように、連邦議会でいったん成立した後、各州レベルで批准しなければ成立しない。この経緯は有賀[1988]に詳しい。

(6) 欠性対立は、有標(しるしつき)/無標(しるしなし)の二項対立とも言われる。例えば「非行少年」の反対語は「善行少年」ではありえず、「(非行少年でない)ふつうの少年」と言うほかない。「ふつう」とは、その特性を定義することができないような項のことである。

(7) 「言語論的転回 linguistic turn」については上野編『構築主義とは何か』[2001]を参照のこと。

(8) ここでは多義的で誤解の多い「ポスト・モダニズム」という用語は使わない。バトラーによれば「ポスト・モダニズム」とは「ポスト構造主義」の別名のことである[Butler 1992]。

(9) ジェンダー概念が登場したとき、「女性学」や「フェミニズム」というイデオロギー色の強い用語を嫌って、ジェンダーが学問的に中立的であるかのような誤解が流通したが、そしてその誤解に対する反発からジェンダー概念への疑わしさを抱く人々も現われたが、いずれもジェンダー概念への誤解から生じたものであることを、ここではっきり指摘しておきたい。

2　セクシュアリティの社会学

「セクシュアリティ」とは何か？

ジェフリー・ウィークスは、そのものズバリの題名の著書、『セクシュアリティ』[Weeks 1986＝1996]のなかで、「セクシュアリティ」という概念そのものが近代の所産であると注意深く限定する。近代以前には「セクシュアリティ」は存在しなかったし、したがって近代以後にも「セクシュアリティ」は存続しないかもしれない。対象の成立にともなって研究が成り立つものなら、セクシュアリティ研究とはその対象の成立とともに成立し、消滅とともに消えてなくなる運命にある。このことには注意を喚起しておく必要がある。

したがって、「セクシュアリティの歴史」という表現は、ミスリーディングである。なぜなら、この表現は、「セクシュアリティ」というものが通歴史的に存在し、それぞれの時代に応じたセクシュアリティがあるかのような問題構制を、いっきょにつくりあげてしまうからである。「古代のセクシュアリティ」というものは、存在しない。なぜなら、その時代には、「セクシュアリティ」というもの自体が存在しないからである。そのように「近代のセクシュアリティ」というものも、存在しない。わたしたちがここで語るのは、「セクシュアリティの近代」であって、「近代のセクシュアリティ」ではない。というのも、「セクシュアリティの近代」とは、「セクシュアリティ」の発明と、それによって憑かれた時代、を意味するからである(1)。

『性の歴史』の著者、ミシェル・フーコーは、「セクシュアリティ」に歴史があるかのような仮構に対して、じゅうぶんに自覚的であった[Foucault 1976-84＝1986-87]。かれは古代ギリシャにさかのぼって「セクシュアリティの歴史」研究をするが、それはギリシャの「アフロディジィア(アフロディテの営み)」が、いかに「セクシュアリティ」でない、かを示すためであって、「古代のセクシュアリティ」を論じるためではない。かれが歴史について語るのは、すべて「セクシュアリティの近代」が、それ以外の時代とどう違っているかを論じるためである。その意味で「セクシュアリティ研究」とは、すぐれて「いま・ここ」そして「われわれ」をめぐる探究なのである。

「セクシュアリティ」の定義

社会学はセクシュアリティをどう定義してきたのであろうか。手許にある代表的な三冊の社会学事典を点検してみよう。福武直・日高六郎・高橋徹編による一九五八年有斐閣版『社会学辞典』には「セクシュアリティ」という項目自体が存在しない。ちなみにこの辞典には「ジェンダー」という項目も含まれていない。かわりに「性sex」はあるが、「生物学的に規定された構造上・機能上の差」となっている。「セックス」と区別された「ジェンダー」の用語がフェミニズムによって流通し始めたのは七〇年代以降のことであるから、フェミニズム以前の辞典に「ジェンダー」の項目がないのも不思議ではない。

一九八八年に刊行された見田宗介・栗原彬・田中義久編の弘文堂版『社会学事典』には、「ジェンダー」の項目はあるが、「セクシュアリティ」はない。索引には「セクシュアリティ」の用語が挙がっており、「アナール学派」「ウーマン・リブ」が「セクシュアリティ」を問題にしたという記述がある。そのかわり「性」と「性差・性別sex difference」という項目があり、後者のなかで「性的逸脱」が扱われている。「性sex」の項目は井上俊によって書かれているが、「生物学的に見れば……生殖に関わる有機体の構造上・機能上の差異」となっている。それに加えて「人々を性別によって二分する社会的カテゴリー」という「第一の意味」と「人間の持つ強力な欲求」という「第二の意味」が「社会学の主題」として挙げられている。前者が「ジェンダー」、後者が「セクシュアリティ」にそれぞれ対応すると考えられる。さらに興味深いのは、弘文堂版の事典では、「性的倒錯 sexual perversion」という項目が独立して立てられていることである。「セクシュアリティ」という概念が最初に登場したとき、それが「逸脱」や「倒錯」と結びついていたことを想起させる。(2)

九〇年代に入って、一九九三年に森岡清美・塩原勉・本間康平編の有斐閣版『新社会学辞典』が刊行された。ここには「ジェンダー」は入っているが「セクシュアリティ」はない。代わって「性」という項目に、まとめて「セックス・ジェンダー・セクシュアリティ」と記載されている。「セクシュアリティ」は「男女の別のあることから生じるさまざまな現象、異性に対する行動、傾向、心理、性的魅力など、性的なことを意味する」。執筆者は天野正子である。この記述には、いくつかの問題がある。

第一に「セクシュアリティ」を記述するのに「性的なこと」というのは、たんなる同義反復にすぎない。この辞典の扱いでは、「性」の項目のもとに「セクシュアリティ」が入っているから、「セクシュアリティ」の訳語も「性」ということになるのだろうか。「セックス」は「ジェンダー」と区別して、「生物学的な性」と「社会的・文化的な性差あるいは性別」と説明してあるから、生物学的な「セックス」に対して、「セクシュアリティ」は性心理、性行動、性的価値など「社会的・文化的な性現象」をさす、という含意があるのかもしれない。「セクシュアリティ」の訳語として「性現象」という用語が定着しつつあるが、「セクシュアリティ」と同様、「性現象」という用語もさまざまな「性的なことを意味する」という以上に内包のない、空疎な概念である。

第二に、セクシュアリティ研究の今日の水準からは、問題のある記述がここにはある。「男女の別のあることから生じる」という表現と「異性に対する」という記述である。それだけでセクシュアリティが異性愛heterosexualityとして定義されていることが明らかである。リッチの「強制異性愛compulsory heterosexuality」[Rich 1986=1989]の概念に見られるように、異性愛が自動的にセクシュアリティの「標準」だとみなされることに疑問が呈されるようになったゲイやレズビアン解放の視点からは、この記述の政治性が問題にされかねないだろう(3)。

セクシュアリティという概念は、一九六四年アメリカで、全米性情報・性教育評議会(SIECUS、Sex Information and Education Counsil of the United States)を設立したカルデローン M. S. Calderone とカーケンダール L. A. Kirkendal によって、次のように簡明に定義されている。

セックスは両脚のあいだに、セクシュアリティは両耳のあいだにある。[石川他 1984 : 74-75 ; 小倉 1988 : 163-164]

「両脚のあいだ」にあるのはすなわち性器であり、「両耳のあいだ」にあるのはすなわち大脳である。大脳新皮質か旧皮質か、という揚げ足取りはやめておこう。ここでの論点は、セクシュアリティは生理的現象であるよりも心理・社会的な現象であり、文化によって学習される、という点である。(4)

セックス／ジェンダー／セクシュアリティのあいだにはこみいった関係がある。ジェンダーがセックスから分離したように、セクシュアリティもセックスからテイクオフ(離陸)しようとするが、ちょうどジェンダーがそのスタートの時から社会構築主義の立場に立ちながら、同時に生物学的基盤論を離れられなかったように、セクシュアリティのこの定義もまた、その「社会的・文化的」要素を強調しながら、「セクシュアリティ」が「セックス」にもとづく現象だという本質還元論を払拭できないでいる(5)[上野 1995b]。この本質主義にとらわれている限り、わたしたちはあいかわらず「セックス」という「普遍的なもの」の、時代と社会をつうじて変化するその「さまざまなあらわれ方」を「セクシュアリティ」として考察することになる。そうやってわたしたちはふたたび、「古代ギリシャのセクシュアリティ」や「江戸のセクシュアリティ」を捏造する結果になるのだ。

性の科学

セクシュアリティ研究は、セクシュアリティという概念そのものの成り立ちへの問いを含む自己言及的な研究である。読者は、ここに至るまでセクシュアリティという用語に対して満足な定義ひとつ与えられないことにいらだつかもしれない。ありていに言えばセクシュアリティとは、「無定義概念」である。そして、セクシュアリティ研究とは、人々が「セクシュアリティ」と呼び、表象するもの、そしてその名のもとで行為するしかたについて研究する領域である。

これまでそのような「性に関する知」はなかっただろうか。セクシュアリティ研究sexuality studiesは、その名のとおり学際的な領域だが、それ以前には、「性科学」と訳される「セクソロジー sexology」があった。

セクソロジーという用語を初めて使ったのは、一九〇六年、ブロッホ I. Bloch によってだと言われるが、ブロッホは sexology ではなく、ドイツ語で sexualwissenschaft(性に関する知、性科学)という用語を用いた。ブロッホ自身はセクソロジーを自然科学的なアプローチに限定していない。一九一四年には『性科学雑誌』が創刊されるが、それには生理学、医学、解剖学、心理学のほかに、哲学や文学も含まれていた[Bloch 1914]。それが自然科学的な意味での sexual science(性の科学)になるのはあとになってからである。

フーコーは ars erotica(性愛の技巧)と scientia sexualis(性の科学)とを分けているが、ラテン語の scientia は、もともと広い意味の「知」というほどの意味であって、近代科学的な知 science に限定されない。それが自然科学を範とする近代西欧的な知に編成されていく過程で、性科学 sexology も生まれている。というよりも、フーコーによれば「性に関する知」の「近代科学的な編成」こそが「セクシュアリティ」の概念を成り立たせている当のものである。事実、性科学者 sexologist と呼ばれる多くのひとが、医学、生理学、解剖学、遺伝学等の自然科学畑の出身者であった。最初の「科学的」なセックス調査をおこなったことで有名な性科学者、アルフレッド・キンゼイ A. Kinsey も、もとはといえば、ハチを専門とする動物学者であった。むしろ、性は自然だとする生物学的本質論そのものが、性科学を成り立たしめる背後仮説であった。

セクシュアリティ研究は、たんに性科学にその多様性を加えるために、人文・社会科学者を招きいれただけのものではない。ジェンダー研究同様、セクシュアリティ研究は性の社会構築主義の立場に立っている。その立場からは、性科学の、性にかかわる「自然」へのまなざしそのものが説明されるべき対象となる。

フーコーはセクシュアリティの研究を自然科学の対象からいっきょに人文・社会科学の探究の対象へと転換した。このパラダイム転換の意義はいくら強調しても強調しすぎることはないが、その功績はフーコーひとりに帰せられるわけではない。

ウィークスは「フーコー前史」として、(1)クラフト＝エビングやハヴェロック・エリス、さらにはフロイトへとつながる性心理学、(2)ミードやマリノウスキーらの文化人類学的研究、(3)アナール派社会史の日常生活の歴史やセクシュアリティの歴史研究をあげる。さらにこれに(4)フェミニズムのインパクトを付け加えることもできる。

クラフト＝エビングが『性的精神病質 Psychopathia Sexualis』[Krafft-Ebing 1886]を著したのは一八八六年。この書物は、一八九四年に日本法医学会から『色情狂編』という題名で出版、発禁処分にあっている。その後一九一三年に大日本文明協会から『変態性欲心理』の題で出版。さらに戦後、一九五六年に平野威馬雄の訳で『変態性慾心理学』と改題して再刊行された。タイトルの変遷からもわかるように、性心理は初期には「性病理」としてスタートした。やがてフロイトが「性欲論三篇」[フロイト

1969]のなかの「小児の性欲」において、人間のセクシュアリティをほんらい「多型倒錯 polymorphous perversion」的なものとしながら、性の発達心理のうえで「正常」と「異常」を定義することで、「セクシュアリティの病理学化」に貢献する。その過程で、エディプス・コンプレックスという「抑圧された性」の物語を生みだし、「無意識」を発明することで「神経症の女」を生産するにいたる。フーコーはフロイトにすこぶる冷淡だが、それは彼がフロイトの影響を受けていないことを意味しない。セクシュアリティを扱う研究にとって、フロイトを避けて通ることはできない。フロイトこそが性心理学の完成者であり、セクシュアリティにメタ・ディスコースを与えた当の人物だからである。むしろ、フロイトの歴史化こそが、フーコーの「系譜学」のかくれた意図のひとつであった。

性差の比較文化的研究に先鞭をつけたのは、マーガレット・ミードの『男性と女性』[Mead 1949＝1961]である。ニューギニアの五つの部族を対象に、「男らしさ」「女らしさ」が文化によって恣意的でかつ多様であることをあきらかにして、のちのジェンダー論へと道を拓いた古典である。ミードは、『菊と刀』[Benedict 1967＝1972]の著者、ルース・ベネディクトとともに、「文化とパーソナリティ culture and personality」学派と呼ばれるフランツ・ボアズの門下にいた。「文化とパーソナリティ」学派は、アメリカに紹介されたフロイト説の通俗化の過程で生まれた人類学の一派である。この学派は、発達過程のなかで口唇期と肛門期にかかわる訓練、すなわち授乳および排泄がその後の人格を決定するという仮説のもとに、各文化の産育行動を比較するという一種の文化本質論に立った。ミードはフロイト派のゲザ・ローハイム G. Roheim による「原始的文化の型の精神分析」(一九三二)に大きな影響を受けており、エリクソン E. H. Erickson のよい読者でもあった。ミードは「精神分析学は私の理論的装備の欠くことのできない部品となってしまった」[Mead 1949＝1961：93]と書く。

フロイト説が文化人類学の世界にどのくらい猛威をふるったかは、イギリスの機能主義人類学者、マリノウスキーの「未開社会の性生活」についての研究にみることができる。彼のフィールドであるトロブリアンド島民は、西欧近代人であるマリノウスキーとはまったく異なる性についての観念と行動をもっていた。母系社会のトロブリアンド島民が示す「抑圧のない」性生活を見て、彼は『未開人の性生活』[Malinowski 1929＝1971]を著すが、それ以前にマリノウスキーはすでにフロイトに影響を受けて『母権家族とエディプス』[Malinowski 1924]を著している。西欧近代の発明品である「エディプス・コンプレックス」の概念をフィールドに持ちこみ、そこに「エディプス期の抑圧」がないことをこと改めて発見する、という「倒錯」が起きる。ここにあるのは、人類学のユーロセントリズム(西欧中心主義)である。

もうひとつ、アナール派の社会史は、初期からセクシュアリティを主題にしてきたわけではない。アリエスが『〈子供〉の誕生』[Ariès 1960＝1980]を著したのが一九六〇年、「私生活の歴史」がようやく主題化されたとき、それはブローデルやブロックの「全体史」に対しては異端であった。それに先だって、ドニ・ド・ルージュモンの『愛について』[Rougemont 1939＝1959]やジャック・ソレの『性愛の社会史』[Sole 1976＝1985]が書かれている。その後、フランドランやセガレーヌ、デュビィらによって愛、性、婚姻、家族などの歴史研究がぞくぞくとあらわれる[Flandrin 1981＝1987 ; Segalen 1981＝1987 ; Duby et Perrot eds. 1991-93＝1994-95]。彼らはフーコーの同時代者であり、フーコーの『性の歴史』は孤立した研究ではない。

忘れることのできないのが、フェミニズムのインパクトである。社会史に性や身体の歴史が次々に主題としてとりこまれていったのも、フェミニズム以後の女性の研究者の参入によるところが大きい。フェミニズムは「セックス」と区別して「ジェンダー」の概念をつくりあげたが、それというのも、フロイトの「解剖学的宿命 Anatomy is destiney」に対抗するためであった。フェミニズムにとってフロイト説を批判することは、その当初から避けて通れない課題であった。「ジェンダー」が社会構築的な概念であることがわかれば「異性」というジェンダー、「同性」というジェンダーに向けられたセクシュアリティの社会構築性もまた明らかになる。フェミニズムとほぼ同時期に成立し、フェミニズムと微妙な距離をもって伴走しつつあるレズビアン／ゲイ・スタディズも、フェミニズムによる「異性愛」の脱「本質」化から恩恵を受けている。ウィークスの『セクシュアリティ』研究も、そして言うまでもなく、フーコーの『性の歴史』研究そのものが、レズビアン／ゲイ・スタディズの産物であると言ってもよい。フェミニズムとレズビアン／ゲイ・スタディズの関係、セクシュアリティ研究とジェンダー研究との関係は単純なものではないが、相互の影響関係抜きには語れないのもまたたしかであろう。(6)

セクシュアリティの近代の装置

フーコーの『性の歴史』の翻訳者である渡辺守章は、sexualité を「性的欲望」と訳した。身体のエコノミーにもとづいた「性欲 sexual desire」という対象設定そのものが、すこぶる近代的なセクシュアリティ観であることを考えると、この訳語はそう的外れなものではない。(7)

セクシュアリティは今日、広く「性現象(性に関わる諸現象)」と訳されているが、これもまたトートロジーというほかない。セクシュアリティ研究の名において、わたしたちは何にアプローチできるのだろうか。

フーコーや他の「性の歴史」研究が依拠したのは、性に関わる言説や表象である。それには歴史学の文書資料中心主義も与《あずか》っているが、それだけではない。セクシュアリティとは、くりかえすが、人々が「セクシュアリティ」だとみなしているものの意にほかならないからである。

フーコーは「セクシュアリティの近代」の「装置」のなかに、有名な性に関する「抑圧仮説」を導き出した。

(1) 女性の身体のヒステリー化
(2) 子どもの性の教育化
(3) 家族の性化・夫婦のエロス化
(4) 性の病理学化

(1)からは「神経症の女性」が、(2)からは「マスターベーションする子ども」が、(3)からは「マルサス主義的夫婦」が、(4)からは性の「正常・異常」の定義が、それぞれ生み出される。だが、フーコーの言う「セクシュアリティの近代の装置」はこれにとどまらない。「抑圧仮説」の背後に、性の言説を通じての「真理」の産出が問題化される。「セクシュアリティ」という領域の成立は、それを通じて「私的な領域」というものが「公的」につくりだされるための装置だったのである。プライヴァシー privacy(私的な領域)という言葉には、「公的領域から分離された」「秘匿された」もの、という含意がある。「公的人間」の背後にある「内面」「心理」というものが捏造され、セクシュアリティについて語ることが「真理」について語ることと同義になる。すでに多くの論者によって指摘されていることだが、近代以前には性について語ることが「内面」や「人格」に結びつけて考えられることはなかった。近代以降、「真理」は「公的領域」から隠されたことがらと同義になり、人々は秘匿された「自己の真実」を「告白」しはじめる。「われわれ」から「わたくし」というものが分離し、「われわれ」に還元しがたいものだけを、人々は「個性」や「人格」とみなすようになる。アイデンティティ研究が示すのは今でも、人々が「真の自己」とみなすのは、当事者が「他の誰も知らない私」「誰にも見せたことのない私」と考える「自己」——そんなものがあるとして、のことだが——のことである。(8) かくしてセクシュアリティは「身体」を通じて「個人」を管理する権力の技術となり、そのような権力のことを、フーコーは「生権力 bio-pouvoir」と呼ぶ。

セクシュアリティが「私領域」を構成し、それが「公領域」における「公的人間」

を背後から支えている。「公領域」と「私領域」の分離とその相互依存性、共犯性については、つとにあばかれてきた。近代の「性の抑圧」仮説は、正しいわけでも間違っているわけでもない。セクシュアリティは「公領域」から「抑圧」されたが、「性の非公然性」の原則のもとで、セクシュアリティは「私領域」に封じこめられる。「性の非公然性」の原則とは、その実、トートロジーである。それはただ「公領域」を非―性化し、「私領域」をセクシュアリティの用語で定義するためのルールにほかならない。そのまさに「効果」として「偽善者狩り hypocrit hunting」[Gay 1984]もまた同時に成立する。人々が「ひそひそ隠れて」語ることを、公的な場で過剰に言い立てることそれ自体が、叛逆的で革命的であるかのような錯覚が、政治的に成り立ったのである。「性的人間」がそれ自体、冒険的で革命的であるという信念が支配した二〇世紀の文学を、やがて将来の人々が「性に憑かれた世紀」の産物とみなすだろうことは想像にかたくない。

そう考えればフロイトが、ライヒやマルクーゼのようなフロイト左派を生みだしたことは少しも不思議ではない。彼らは、フロイトが抑圧によって捏造したものの「解放」を言い立てることで、結果的にフロイト説の強化に手を貸したのである。ピーター・ゲイが指摘するように、「抑圧」と「偽善者狩り」とは、その成立の初めから同

伴している。(9)

内田隆三は、したがって「猥褻 obscene」を「オフ・シーン off scene」すなわち公的領域から排除されるべきもの、と定義する[内田 1987]。ほんらい「オフ・シーン」であるべきものが「場違い out of scene」に公領域に登場することこそ、「猥褻」なのである。だが、裏返して「猥褻」を公領域において政治的に実践することが、すなわち「解放」であるとするナイーヴな信念もまた、フーコーのいう「セクシュアリティの近代の装置」の射程にあると言うほかない。(10)

「公領域」における性の排除は、裏返しに私領域における性の言説を特権化した。セクシュアリティ研究は、この性の言説の特権化に参与することや、「真理」の産出に寄与することを意味しない。むしろ、性の言説の特権化のメカニズムをあきらかにすることを通じて、その研究の対象から、どのような特権性をも奪うことを企図する。

セクシュアリティ研究の方法

セクシュアリティ研究には、いくつかの困難がつきまとう。第一は、セクシュアリティ研究それ自体が、性の近代の装置のなかにまきこまれているために、タブー視され抑圧されがちなことである。(11) 第二は、それにともなって、セクシュアリティをめぐる言説そのものが公領域では抑制され、産出されにくいことである。フーコーがいうように、それは私領域での言説生産の抑制を少しも意味せず、それどころかその「爆発的増殖」をもたらしたが、私的な言説にはアクセスがむずかしく、仮にそれが可能でも、歴史学の分野では史料的な価値が劣るとみなされてきた。その背後には「公式」歴史学のなかでの、史料の正統性をめぐる政治がある。第三に、仮に史料が生産されていたとしてさえ、どのような史料が今日手に入るかについては、時間の経過のなかで検閲がおこなわれてきたと考えられる。第四に識字率の低い社会では、文書史料の生産者が、階層的・性別的に偏っていることである。もし「書かれた歴史」だけが「歴史」というに値するとすれば、文字を残さない多くの人々の歴史は存在しないことになってしまう。デュビィとペローは『女の歴史』[Duby et Perrot eds. 1991–93＝1994–95]を書くにあたっての障害は、と問われて、彼らの専門である中世には、「女性について語ったり書いたりしている者が専ら男性ばかりであったこと」と述べる[デュビィ・ペロー 1994]。文書史料に代わって、考古学的資料や民俗学的資料が重要視されるようになるが、身体と性にかかわる領域は、この分野でもアクセスがむずかしい。

それだけではない。もっと大きな問題は、言説や表象 representation がいったい現実を代表 represent しているか、という問題がのこる。成人男性向けのコミックでレイプが日常的に描かれ、その媒体を一〇〇万人の読者が読んでいるからといって、世の中が強姦者であふれているとみなしてよいだろうか。春画のなかで、信じがたいようなアクロバティックな体位が描かれているからといって、それを江戸の人々が実践したと考えてよいだろうか。

ここで問題になっているのは、言説と実践との関係である。だが、言説と実践とを二元化する見方そのものが、すでに表象と現実との二元論に立っている。フーコーなら、「言説的実践」ということだろう。だが、ある種のポスト・モダニストのように「言説の外に現実はない」と言う必要はない。言説は、現実を構成する諸実践のひとつであり、フーコーの言うように規制的実践だからである。

性についての「科学的」なまなざしは、性を言説ではなく実践のレベルでとらえようとした。だが、歴史上初めての科学的なセックス・レポート、アルフレッド・キンゼイによる「キンゼイ・レポート」[Kinsey, Pommeroy & Martin 1948 = 1950](12)は、人間の「性反応 sexual response」を「放出 outlet」(ここでは射精のこと)と定義することで、すでに性に対する「規制的実践」を前提としている。そこには、(1)オーガズムの総量で性行動を測定するオーガズム中心主義、(2)オーガズムを「放出(射精)」で定義するペニス中心主義したがってはっきりした男性中心主義、(3)「放出」の合計を性行動の総和とみなすことで、異性愛、同性愛、マスターベーションなどの多様な性行動を、互いに代替可能だとみなす還元主義、(4)「放出」を伴わない「性的実践」の無視もしくは貶価、それに何より(5)性行動を数量化可能だとする「自然科学的」な信念、がある。

キンゼイ・レポート以降、さまざまな性行動調査がおこなわれてきたが、そのどれもが信頼に値するデータとは考えられてこなかった。というのも、サンプル数の大きさや、一見「科学的」な調査項目にもかかわらず、そのどれもが「自発的なサンプル voluntary sample」による偏ったデータだったからである。言い換えれば、自分の性生活について積極的に語る意志のある人々だけから得られた情報にもとづいていたからである。

八〇年代に入ってから、ポスト・エイズ時代の疫学的データの必要性がにわかに高まり、九〇年代にイギリス、フランス、アメリカとやつぎばやに性行動の大量調査がおこなわれたが、そのひとつ、アメリカの「国民健康社会生活調査（NHSLS、National Health and Social Life Survey）」[Michael, Gagnon, Lauman & Kolata 1994＝1996]では、調査グループは歴史上初の「真に科学的な truly scientific」な調査であると胸を張る。(13)

それというのも、ランダム・サンプリングという社会科学的な定量調査の方法を正確に踏襲している、というだけのことを意味するのだが、その調査結果が明らかにするのは、平均的なアメリカ人は、予想に反して、おどろくほど凡庸で陳腐な性生活しか送っていない、という「事実」である。この逆説的に「衝撃的な事実」が明らかにするのは、アメリカ人がフリーセックスやスワッピングなどの刺激的な性生活を送っているという「アメリカの性の神話」が、「神話」にすぎない、という事実である。だが、この「科学的な」調査自身も、それ自体によって性についての「規制的実践」をおこなっていることに、調査グループは無自覚である。それは「平均型」というものを生み出すことで「標準」をつくり出す「社会科学的」な「真理」の強制と言い換えてもよい。

それ以外にも、この調査は、カテゴリーの構築(言説的実践!)によって、いくつかのパラダイム転換をおこなっている。たとえば同性愛を意識・嗜好・実践の三つの次元の組み合わせから定義することで、「現実」を「実践」に還元することを避けている点や、「性の強要」というカテゴリーを設けることで、性の現実についてのジェンダー間の落差を明らかにしていることなどがある。(14)

何よりおどろくべきことは、パートナーのあるセックスを「公的」、マスターベーションを「私的」なセックスと定義することで、従来の「プライヴァシー」の概念を、おそらくはそれと意識せずに超えていることである。ここでは「私的な関係」とは、切り自己の「他者身体に対する関係」から、自己の「自己身体に対する関係」へと、詰められている。わたしたちは、ここで「家族」「性愛」の領域から「自己身体」へと「私的領域」の「境界の再定義」がこともなげにおこなわれたことを知るが、もちろん著者たちはことの重大さをさして自覚しているようには思われない。この背後に、「性的他者」としてあくまで「私的」な存在でしかなかった女性が「公的人間」へと昇格したフェミニズムの影響を見てとるのは容易である。

だが、この調査がそれ自体述べるメタ・メッセージは、さらに別のところにある。この調査は、なぜ「アメリカの性の神話」が成り立ったかという「現実」については少しも明らかにしてくれず、メディアが煽る言説と平均的アメリカ人の性の実践との間の「落差」を少しも説明してはくれない。さらに、著者たちの語り口は、「平均的アメリカ人は、あなたと同様、たいして刺激的な性生活を送っているわけではない」というメッセージを送ることで「神話からの解放」を図るという「使命 mission」を帯びているかのようだ。そしてこの調査のとる「宣教師の立場＝正常位 missionary position」は、同時に「隣人の性生活」の「真実」を知りたい、という「セクシュアリティの近代」の強迫がもたらした当の産物なのである。

カテゴリー化とプロブレマタイゼーション

どのようなデータも臨床的 clinical なものである。言い換えれば、情報の送り手と受け手の相互作用のなかからしか成立しない。たとえ「科学的」に見える調査でも、問われないことに対して被験者は答えない。被験者が与えた情報でも、読み手が取り落とすこともある。性が「性器に関わる行動」と定義されているかぎり、性器的エロス以外の性的な行動について、わたしたちが知る手だてはない。

前述のアメリカの性行動調査では、「性の強要」や「性的虐待」が、そのような項目にあたる。キンゼイの調査にはこれらの項目自体がなく、したがってデータも得られない。ここにはカテゴリー化、別な言葉でいえば、問題構制 problematization それ自体の構築が関わる。そしてカテゴリー化とは、すぐれて政治的な言説実践にほかならない。

家庭内暴力や強姦について、わたしたちは歴史や社会を超えて比較可能なデータをもたない。それは「現実」の生成と「言説実践」とが分かちがたく結びついているからである。アメリカはほんとうに日本に比べて「強姦社会」なのか。家庭内暴力は以前に比べて増えていると言えるのか。わたしたちが知りうるのは、「性暴力」についての報告件数 reported case が増えている、という「現実」だけである。そしてそれは、「性暴力」の問題化という言説実践の直接の効果にほかならない。

カテゴリーの差異は、文化によっても多様である。日本には「同性愛者」はいるのだろうか？　江戸時代の色好みのヒーロー、西鶴の創造した『好色一代男』の主人公、世之介は「バイセクシュアル」と言ってよいのか。ウィークスも、ヨーロッパでも、近代までは「同性愛行為」というものはあっても「同性愛者」というものは存在しなかった、という。性的な行為のタイプが人格を定義することがなかったからである。同性愛の社会史研究者、古川誠は大正期になって初めて、「性の病理学化」を内面化した「悩める同性愛者」が誕生したという[古川 1994]。世之介は「男色」「女色」の二道をかけるが、異性愛中心主義が「同性愛」というカテゴリーを生み出したあとに、「バイセクシュアル」というカテゴリーは初めて成立するのだから、世之介を「バイセクシュアル」と呼ぶのは、間違いか、さもなければカテゴリーの越権行為であろう。

掛札悠子は、さらに「日本には「レズビアン」はいるのか」と問う。マスメディアで最初にカムアウトした勇気ある「日本のレズビアン第一号」と言われる掛札自身、『「レズビアン」である、ということ』[掛札 1992]という自問自答の過程で、親密さをセクシュアリティで定義しなければならない「セクシュアリティの近代」の装置に対する疑問にたどりつく。もし、「「レズビアン」である、ということ」が同性に対する「性的欲望」で定義されるとしたら、そのような西欧的な意味での「レズビアン」を日本に適用することは可能か、と彼女は問いかける[掛札 1994]。それを「日本」の「レズビアン」における「性欲の不在」もしくは「抑圧」の言説ととってしまうのは、それもひとつのユーロセントリズムであろう(15)。

セクシュアリティをそれが成り立つ文脈のもとにさしもどし、歴史と文化のコンテクストのなかで見ていくこと。それには、わたしたちの研究そのものが、セクシュアリティを論じるためのメタ・コンテクストを造り上げていることにじゅうぶん自覚的でなければならない。

セクシュアリティの脱神話化に向けて

このように論じてきてもなお、セクシュアリティ研究には、屈強の自然主義的本質論が反論として待ち受けている。そうはいっても、やはりそこに身体が、性が、生殖があるではないか、と。バトラーが『問題なのは身体』[Butler 1993]で直面した問題である。だが、なぜアイデンティティが性と性器をめぐって定義されなければならないのか。生殖が異性愛的な性交と結びつけられなければならないのか。何も生殖を身体から切り離す高度な生殖テクノロジーを待たなくともよい。トロブリアンド島民は、妊娠は女性が精霊に感じて起きるとみなした。そして性交から妊娠し、その一〇カ月後に出産すると主張したマリノウスキーを、「おまえは何も知らない」と嗤った。

「自己」が身体と性とに還元され、「自己」と「他者」との関係のなかでセクシュアリティが特権化される、そのようなしくみのなかにわたしたちはいる。セクシュアリティの社会学とは、さまざまな研究のなかにセクシュアリティというこれまで見落とされてきた主題を新たに付け加えることを意味するのではない。それはセクシュアリティという「語られざるもの」を虚焦点にはりめぐらされてきた近代の言説の布置を脱構築し、セクシュアリティの呪力を脱神話化する試みなのである。

(1)　概念が研究領域を創造することでその通歴史性が仮構されてしまう事情は、「天皇制」の場合とよく似ている。よく知られているように、「天皇制」という用語は、戦前、「日本資本主義発達史講座」に拠ったマルクス主義者たちによって、打倒すべき政治体制を呼ぶための用語として採用された。「天皇制」は、ただそれを相対化する目的のためだけに、反対派によってつくりだされたのである。だがいったん概念が成立してしまうと、それは一人歩きを始める。「天皇制」はもともと、日本近代の政治制度を批判的に呼ぶ用語だったのに、歴史家によって「古代天皇制」「中世天皇制」のような用語が生み出され、そのことによってありもしない対象がつくりだされる。七世紀以前のヤマトをスメラミコトが支配していたとき、オセアニア圏の首長制と大差ないその大王支配を、「天皇制」との「同一性」を仮設して、同じ用語で呼ぶ根拠はない。古代のオオキミと近代の天皇が「同一性 identity」をもっていると、神話的な「万世一系」イデオロギーを信じている人以外の誰が、主張できるのだろうか。「天皇制」に歴史があるという誤認は、ついに「近代の天皇制」を研究対象とする、という同義反復的な「倒錯」さえ生み出す。「天皇制」とは、もともと近代の所産であった政治体制に対して与えられた名前にほかならなかったというのに。

(2) 後述するが、クラフト＝エビングやハヴェロック・エリスなどのセクシュアリティ研究は、「性病理学」として始まった。今日でも雑誌が「セクシュアリティ」特集をするときには、ゲイやレズビアンなどの「ふつうでない」セクシュアリティを含意する傾向がある。異性愛者は「わたしのセクシュアリティは」というように問題化することが少ない。

(3) ちなみに一九八六年刊のリサ・タトル編『フェミニズム事典』[Tuttle ed. 1986＝1991]によれば、「セクシュアリティ」の項はあるが、定義はほとんど与えられていない。ただ、セクシュアリティをめぐってフェミニストのあいだにどのような政治的な態度選択があるかについて述べられている。「セクシュアリティに関するフェミニズムの分析は必要であるが、この問題のために現在のフェミニズム運動は(「背教徒」と「清教徒」のふたつに)分極化してしまった」。それを読んでも「セクシュアリティ」とは何かは少しもわからない。

(4) 石川弘義は『日本人の性』[石川(弘)他 1984]で「セクシュアリティーへのアプローチ」という一章をさいて、キャルデロン(カルデローンのこと)とカーケンダール、バンス・パッカードらの「セクシュアリティー」概念を紹介している。

(5) セックスとジェンダーの関係については、上野[1995a]および本書第一章を参照。ジェンダー理論の今日的な展開のなかでは、むしろ「セックス」の歴史的構築について議論がおこなわれている。「自然的」「本能的」なものとしての「セックス」の歴史はそう古いものではない。[Nicholson 1994＝1995 ; Butler 1993]

(6) ゲイ・スタディズのなかにはかくれたマスキュリニズム masculinism, man-loving と女性嫌悪 misogyny がある、という指摘はフェミニストの側からおこなわれているし、フーコーのセクシュアリティ研究がジェンダーに無関心であることもつとに指摘されている。

(7) 「性欲」という概念が日本に持ちこまれたのは新しい。「性欲」パラダイムが普及したのは大正期以降のことである。斎藤(光)[1994]、小田[1996]参照。

(8) 石川准は、「ジョハリの窓」に映る「わたし」を紹介して、多くの人が他人には見えず自分にしか見えない「わたし」を「ほんとうのわたし」と考える傾向があると指摘する。「どうやらわれわれには、隠したものを自分の本質と信じる傾向があるらしい。本質を隠す傾向ではない。隠したものを本質と信じる傾向だ」[石川(准)1992：24–25]。

(9)『社会学事典』[見田・栗原・田中編 1988]の「性」の項の執筆者、井上俊は、ラッセルの「無政府的権力」という言葉を紹介し、「(性という)この危険な力を社会がどのようにコントロールするか」が課題だとしている。こういう性の言説もまた、それ自体が「抑圧」と「偽善者狩り」のコードの枠内にある。

(10) だが、それには公私の領域分離と、公領域からの性の排除が前提になっている。橋爪大三郎は、『性愛論』[橋爪 1994]のなかで、「猥褻」を定義して、「公私の領域の混同」を挙げるが(したがって、同じものが私領域にあれば少しもわいせつではない)、彼はそれを「性の分離公準」という本質規定に還元し、その公準そのものの歴史的成り立ちを問わない。

(11) 宮台・石原・大塚の『サブカルチャー神話解体』[1993]は、戦後の性の言説を検討して、七〇年代までの性の言説が「反体制コード」の枠内でおこなわれていたことを明晰に分析する。つまり、性的であればすなわち反体制的である、というナイーヴな信念が信じられていた。言い換えれば、「セクシュアリティの近代」の射程の範囲でおこなわれていた、ということでもある。

(12) 邦訳は sexual outlet を「性的捌け口」と訳しているが、「放出」のほうが適当であろう。

(13) 本書は邦訳されて『セックス・イン・アメリカ』として日本放送出版協会から刊行さ

れている。邦訳書には詳細な解説を、上野が付けている。

(14) 同性愛を対象選択理論で説明する用語には、「性的志向 sexual orientation」や「性的嗜好 sexual preference」など異なった用語があり、それぞれに異なった政治的意味内容が付与されているが、本書では preference の用語が使われているために、「嗜好」と訳した。

(15) 「西欧文化とはまったく違った現実があいまいに、あるいはあやまって示唆されているのであろう日本人女性の「セクシュアリティ」、あるいは「レズビアン」「ヘテロセクシュアル」といった輸入概念そのものを、今さらであるにしてもすべて一旦破棄し、日本の現状を表現しうる言葉や概念に置き代えていかなければならない。この作業を進めていくなら、日本に現存するいわゆる「フェミニズム」自体、その存在を問わざるをえまい」[掛札 1994：31]。上野[1995b：10–11]参照。

3 歴史学とフェミニズム——「女性史」を超えて

女性史とフェミニズム

日本女性史とフェミニズムの出会いは、不幸なものであった。

欧米圏ではどこでも、フェミニズムの成立と女性史の発展とのあいだには切っても切れない関係がある。六〇年代末のウィメンズ・リブの影響を受けた女性学によって、人文・社会科学はどの分野も挑戦を受けるようになったが、歴史学も例外ではなかった。ヨーロッパでもアメリカでも、女性史はフェミニズムの影響下にある担い手によって、学際的な女性学の一環として成立した[早川 1991b]。女性史がフェミニズムの影響のもとにあることに疑いの余地はなかったのに対し、日本ではフェミニズムの登場に対して、女性史の担い手たちは困惑と反発を示した(1)。

九〇年代に入ってから、日本女性史のパイオニアの一人である米田佐代子は、八〇年代をふりかえってこう発言している。

八〇年代以降、女性解放の理念をめぐってフェミニズムにかかわる論争が展開されてきたが、女性史研究とかみ合う議論は少なく、とくに女性史研究者の側からの発言はきわめて少ないと言ってもよいだろう。(中略)とくに、一九七五年の国際婦人年以降、日本社会に起こった女性をめぐるさまざまな現象を歴史の所産としてとらえる発言は、率直に言って女性史研究者の側からは微々たるものである。[米田 1991：239]

同じ現実を、女性学の立場から女性史に積極的に関わってきた荻野美穂はこう記述する。

日本の女性史研究はほぼ八〇年代を通じて、社会史や女性学、言語学、その他女性史と関連のある他の分野で活発にたたかわされたさまざまな議論にも、ほとんど関心を示さないままであった。とりわけ七〇年代初期に見られたフェミニズムに対する不信感や距離感がそのまま持ち越されてしまったことは、それが八〇年代には理論面で最も活発で多産な分野の一つであっただけに不幸というほかない。[荻野 1993b：7]

日本女性史がフェミニズムと不幸な出会いをした理由の第一は、日本では女性史がフェミニズムに先だって確立していたこと、第二に、その女性史が唯物史観の「解放史」の強い影響下にあったことである。いわば、日本女性史の「先進性」が、後発のフェミニズムとの関係をねじれたものにしたと言ってもいいかもしれない。

犬丸義一は戦後の女性史を三つに時代区分している[犬丸 1982]。ここでは犬丸の区分にいくらかの修正を加えて、次のように区分しておこう。

第一期。一九四五年から六〇年代まで。唯物史観の強い影響下に、井上・高群女性史に代表される啓蒙的通史が「解放史」として書かれた。犬丸によれば女性史の「第一の花盛り期」であるが、爆発的な女性史ブームに比して、多産な成果は生んでいない。

第二期。七〇年代。女性史論争を転換点とする女性史学の新段階。個人史や地方史などの個別実証研究が進み「第二の花盛り期」を迎えた。

第三期。八〇年代以降。女性史の確立期。女性学の影響を受けた隣接分野の若手研究者たちが社会史や歴史社会学などですぐれた成果を挙げただけでなく、アカデミズムのなかの歴史家の共同研究によって、新たな日本女性通史の試みが登場した。

第一期＝フェミニズム前史

第一期は、フェミニズムとの出会いの「前史」と言っていい。日本でウーマン・リブ、のちの第二波フェミニズムが誕生するのは一九七〇年のことである[上野 1994b]。それまでに日本女性史はすでに「解放史」として成立を見ていた。

第一期を代表するのは、井上清『日本女性史』[1948]と高群《たかむれ》逸枝《いつえ》『女性の歴史』[1948]である。どちらも敗戦後の高揚のなかで書かれ、啓蒙的な通史として女性史研究の出発点となり、ひろく読みつがれた。とくに新書の体裁をとった井上女性史は、そのコンパクトさから各地の勉強会でテキストとして読まれ、女性史ブームをひきおこした。

井上女性史は、唯物史観にもとづいた「解放史」の代表的なものである。講壇歴史学のなかで唯物史観は大きな影響力をもっていたが、そのなかでも「女性の従属」は主要な主題のひとつであった。エンゲルスの『家族、私有財産および国家の起源』にもとづいて、私有財産制度の成立とともに階級と女性の抑圧が始まったとする図式的な説が受け入れられ、女性の歴史は被支配階級としての抑圧の歴史として描かれた。いわゆる「被害者史観」である。

だが、敗戦と米軍による占領は、日本に強制的な平等と民主化をもたらした。占領軍を「解放軍」ととり違えた日本共産党の規定によって、戦後史学には解放の気分があふれていた。井上女性史は、そのような時代背景のもとに書かれた。アメリカが占領政策を転換し、レッドパージが起きる前のことである。井上は戦後を労働者と女性の解放の時代ととらえ、「労働者の家庭は男女の不平等を知らなかった」と美化する。井上にとって女性の解放は、あくまで労働者の解放に従属するものであった。井上女性史は、現実の記述であるよりは、教条的なイデオロギーの記述であった。一九五三年に出された改訂版のなかで、井上は、四八年からの「四年半の歴史は、アメリカ占領軍による、女性解放、が、どんなにいいかげんなごまかしにすぎなかったか、ということをもあきらかにした」と指摘する。だがこんどは、女性のたたかいは「全民族の外国支配からの解放、祖国の独立のたたかいの一部」に還元されてしまう［井上（清）1953：11］。

戦後の唯物史観と「解放史」の影響がどんなに強かったかは、在野の民俗学者、赤松啓介が一九五〇年に書いた『結婚と恋愛の歴史』にも見てとることができる。

日本の女性も、また世界的な苦難の歴史をたどって今、新しい解放を目にしている。特にアジア的な古い家父長制の残存によって個性を奪われていた日本の女性が、心にもない貞淑と犠牲の古い絆から解放されようとしていることは、すべての働く者にとってまた楽しい喜びであろう。［赤松 1950：上野 1993］

他方、高群は講壇歴史学者でもなく唯物論者でもなかった。古代における母系制の影響の実証研究のために、戦時下に「門外不出」の一〇年間を自らに課したこの在野の歴史家は、皇国史観の男性優位には批判的だったが、同時に自分の母性主義を天皇制と結びつけようとした。(2) 戦時中の戦争賛美の翼賛的言説から手のひらを返したように、戦後は井上と同じく、「解放史」を高らかに唱えるようになる。

高群は、モルガン、エンゲルスの婚制の歴史に大きな影響を受けるが、唯物史観を共有しているわけではない。だが、原始母系制を認める点で、高群の歴史観もまた、原始共産制のもとで「女性が太陽であった時代」から、私有財産による女性の抑圧とそれからの解放の歴史であるとする発展段階論的な「解放史」観を共有している。高群女性史の構成は、第一章「女性が中心となっていた時代」から、第二章「女性の地歩はどんなぐあいに後退したか」、第三章「女性の屈辱時代」とつづき、明治以降の四〜七章は「女性はいま立ち上がりつつある」、そして終章の「平和と愛の時代へ」となっているが、それを見ても、高群の「解放史観」を見てとることができる。

唯物史観の陣営でも、井上女性史に女性の視点から批判があったことを記しておかなければ公平ではない。古庄《こしょう》ゆき子によれば、米田佐代子[1972]や伊藤康子[1974]は、井上が労働者階級の解放に還元してしまえない「婦人解放の独自な課題とたたかい」の必要性を認めない点で、「史観を同じくする井上……への批判者」であった[古庄編

1987：304]。

女性史が歴史学のなかで独自の下位領域を形成することについての合意は、日本では早くからできあがっていたといってよい。井上は講壇史学における「女性史」の成立を一九三六年に見ている。「人民のよりよき半分としての女性を、歴史の重要な問題として本式にとりあげたのは、一九三六年六月、雑誌、歴史教育、特集号において、北山茂夫、横井保平、藤原治、小此木真三郎そのほかの諸氏が、それぞれの時代の民衆女性史を書いたのが、おそらくわが国ではじめてではあるまいか」[井上(清)1962：8]。井上自身は、自分を女性史家とはみなしていない。彼は唯物史観の応用問題を、女性について解いただけである。だが、学問的背景のまったく違う井上・高群の二人の学者は、ともに女性の歴史を抑圧の歴史、そして敗戦を女性にとって「解放」と見る進歩史観を共有している。その図式的な見方はのちに、女性の歴史をあるがままに見ることを妨げるという批判にさらされることになった。

第二期＝「女性史論争」とその展開

第二期への転換点は、六九年から七二年にかけての村上信彦著『明治女性史』全四巻[1969-72]の刊行であろう。それをきっかけに「女性史論争」が起きる[古庄編 1987]。

古庄ゆき子は「女性史論争」を二つに分けている。第一は、村上の「女性史研究の課題と展望」[1970]をきっかけに起きた「生活史」派と唯物史観派の論争、第二は、水田珠枝の『女性解放思想の歩み』[1973]を契機としたフェミニズム派と唯物史観派の論争である。この論争は、その後の展開も含めて、実は三つどもえになっていて、(1)生活史vs解放史、(2)フェミニズムvs解放史、(3)フェミニズムvs生活史の三つの対立軸を含んでいる。しかもその内容は単純ではない。ここでは古庄がまとめる狭義の「女性史論争」を超えて、それが新しい女性史研究にもちこんだインパクトを、三つの対立軸にそって検討してみよう。

生活史 vs 解放史

村上は『明治女性史』第一巻のまえがきのなかで、井上女性史を念頭において、女性史をすなわち婦人解放史ととらえる見方の問題点を指摘する。

第一は、あらかじめ結論が決まっているために過去をそのための過渡期と見る目的論的な構成である。「生きた人間にとって過渡期の時代というものは存在しない」。第二に、論証される目的にそって有益な資料だけが利用され、そうでない素材は淘汰される。「これまでの女性史の多くが図式的な絵解きにおわって、歴史的な実感に乏しい理由の一つはここにある」。第三に、歴史的な評価が現在を基準に下されるために、文脈を無視して間違いを犯すことが多い。第四に、解放の目的にそって事実を善悪のどちらかに、一面的に単純化する傾向がある。「ひとつの事件、ひとりの人間のなかにも矛盾や葛藤があり、保守と進歩の錯綜がありうる」[村上(信)1969：一巻1―3]。

井上女性史が提供したのは、「女の歴史が抑圧から解放へのコースだった」という「歴史の概念化」である。村上は、敗戦後の一時期に井上女性史が果たした役割を認めながら、同時にそれが女性史への関心を一過性の低次元のものにとどめた限界を指摘する。「歴史の概念化」とは、一度だれかが言ってしまえばそこで終わり、あとが続かないからである[村上(信)1970(古庄編 1987：67–68)]。

井上女性史に宛てた村上の批判にただちに反応したのは、米田や伊藤などの、どちらかと言えば井上に批判的なはずの女性史研究者たちだった。だが皮肉なことに、彼女たちは村上批判のなかで井上の代理人としてふるまい、(1)村上が労働者の解放という「科学的」な歴史観を放棄していること、そして(2)労働婦人の解放の闘いを不当に軽視していることを批判する[米田 1971：伊藤(康)1971]。本来なら、村上の井上に対する批判、「庶民の概念のなかに女の問題が解消されてしまう」という指摘は、米田の立場に近いことは古庄も指摘している[古庄編 1987]。

村上の「生活史」とその女性史に対する貢献については、もうすこし付け加えておかなければならない。村上は、第一に女性史を「解放史」から解放し、第二に女性史を「階級史への従属」から解放した。したがって歴史における女性の役割は、たんに歴史の受動的な被害者としてでなく、より個別的で多義的なものになる。例えば、戦争が庶民女性に対してもった解放的な側面をいちはやく指摘したのは村上である[村上(信)1978]。彼はまた、「労働が女性を解放する」というテーゼにも、「労働者の家庭は性差別を知らない」というオプティミズムにもくみしなかった。女性の抑圧を「家」と「父権への従属」という固有の領域と見る点で、村上はのちに述べるフェミニズムと共通した歴史観をもっていた。

村上の「白紙の状態からの再出発」や「実証研究のすすめ」は、聞き書きや自分史のような実証的な女性史の研究に道をひらいた。六八年には山本茂実『あゝ野麦峠』[1968]、七二年山崎朋子『サンダカン八番娼館』[1972]、七六年森崎和江『からゆきさん』[1976]などの「底辺女性史」、さらにもろさわようこ『信濃のおんな』[1969]のような庶民女性史、地方女性史があいついで刊行され、樋口恵子の表現を借りれば「公式書でない女性書ブーム」[1973]、犬丸の言い方では「女性史の氾濫」[1973]の様相を呈していた。だが、この「公式書でない」女性史のブームは、犬丸にとっては唯物史観の危機、「科学的」な歴史観からの「理論的には後退」と映った(3)[犬丸 1973：4]。

村上の生活史の背後に、さらに津田左右吉《そうきち》や西岡虎之助ら、近世・近代の生活史の伝統を忘れることはできない。村上はすでに五〇年代に『服装の歴史』全三巻[1955-56]を著して、風俗史への強い関心を示している。同じ背景のもとに、柳田国男の風俗史も生まれている。柳田が『明治大正史 世相篇』を書いたのは一九三〇年、その前書きで彼は「固有名詞をいっさい使わない歴史」を書こうという志を表明している[柳田 1931]。アナール派に代表される西欧の社会史の成立から独立して起きたこの動きは、雑誌『アナール Anale(年報)』の創刊とほぼ同時期のことであった。

村上の生活史の果たした役割を、六〇年代の西欧史においてアリエスの果たした役割に比肩してみることもできるだろう。七〇年代に入ってからフランスの社会史の仕事は次々に日本に紹介されるようになったが、村上の生活史はそれより前のことである。アリエスの提唱した「私生活の歴史」はその後、一九六八年五月革命の洗礼を浴びた女性史家たちによって身体や性、婚姻や出産などの領域にいっきょに拡がったが、一九六〇年にアリエスが『〈子供〉の誕生』[Ariès 1960＝1980]を著したとき、アナール派の社会史のなかでは、彼の仕事はまだ異端だった。マルクス主義の影響下にあった社会史のなかでは、唯物史観に対抗したとはいえ、マルク・ブロックやフェルナン・

ブローデルらの経済史が主流だったからである。

村上の背後にはまた、六〇年代の色川大吉や安丸良夫、鹿野政直らの「民衆史」の動きがあった。「民衆」という用語は、唯物史観の「人民」という言葉に対抗して、色川によって選ばれたものである。フランスのアナール派の動向と並行しながら、同時期にまったく独立して進められたこの新しい歴史の動きは、社会史と同様、歴史学と民俗学の接近をもたらし、聞き書きや自分史など膨大な史料の発掘に向かった。「底辺女性史」や「地方女性史」の隆盛は、この背景ぬきに考えることはできない。

フェミニズム vs 解放史

ウーマン・リブが最初に登場したとき、女性史家の示した反応ははなはだ冷淡なものであった。

日本の「既成の婦人運動」とは断絶したところから始められたウーマン・リブ運動は、それゆえに、性差別の意識変革を求め、男女の主体形成をいいたてるにとどまり、初の大会でも「女のおん念はき出す」「女の恨みはらし合う」に終始しただけであったこと。ここには、現実への焦りと爆発があるだけで、婦人解放への道すじも明確でないし、展望もない。(4)　[伊藤(康)1971(古庄編 1987：100)]

日本のリブが、「既成の婦人運動から断絶」しているのは事実である。リブ以前にも、日本には主婦連や母親大会のような大衆的な女性運動の伝統があった。だが、「妻」「母」「主婦」役割を自明視するところから出発したそれらの女性運動を、フェミニズムと呼ぶことはできない。ウーマン・リブはのちに、世紀末から世紀の転換期にかけての第一波フェミニズムと区別して、第二波フェミニズムと呼ばれるようになったが、性差別を根底的に問う思想と運動としてのフェミニズムは、七〇年のリブの誕生まで待たなければならなかった。そしてその担い手は、伊藤の指摘どおり、「既成の婦人運動から断絶したところから」生まれた。既成左翼に属しているおおかたの「解放史」の担い手にとっては、「極「左」派」[伊藤(康)1971(古庄編 1987：102)]から成るリブの批判が当の自分たちに向けられているのは明らかだったから、彼女たちの示した困惑と反発も無理はない。

フェミニズムが提起する新しい女性史の方法を代表したのは、七三年に『女性解放思想の歩み』[水田 1973]を出した水田珠枝であった。「女性史論争」の第二弾は、水田と「解放史」派とのあいだに闘わされた。

水田は「階級差別とは次元のちがうもうひとつの差別、すなわち性差別」の存在を認め、「女性が階級支配と性支配の二重の抑圧のもとにおかれてきた」として、女性史を階級闘争史に従属させることを拒否する[水田 1973(古庄編 1987：209)]。そのために持ちだしたのが、男性支配を可能にする制度としての「家父長制」という概念であった。戦後改革をつうじて家父長制はすでに過去のものとなっているという「解放史」派のオプティミズムに抗して、「古代の家族から現代の家族にいたるまで、基本的なちがいはない」という「家父長的性格の歴史的連続性」を強調するためであった。水田は「女性史は成立するか」という問いを投げかけ、階級支配の歴史から性支配の歴史の自立を主張した。「家父長制」下の女性の二重の抑圧の認識と女性史の階級史からの自立の主張は、村上の立場と共通する。古庄によれば、

ちがうのは村上氏が家父長制をすでに過去のものとしているのに対して、水田氏がこれを現存する、変革すべき対象と考えている点である。これは水田氏個人というより、六〇年代末からアメリカに起こり、七〇年代前半、西ヨーロッパ、日本等を席巻したウーマン・リブ運動、それを支えたフェミニズムの女性解放論の主要な柱として、この時期出てきた新しい解釈である。村上氏と水田氏らフェミニズムの立場の人びとは家父長支配を階級支配と無関係ではないとしながらも、別次元の支配とするという同じ結論に達している。[古庄編 1987：287–288]

水田に対しては、「解放史」の立場から米田が批判しているが、米田は自分でそう

自覚しているより水田に近いところにいる。第一に、女性史の階級史に対する相対的な自立性を説く点で、第二に、戦後の女性解放運動を階級闘争の一環であったと同時に民主化のための闘争であったと位置づける点において。おなじ唯物史観の内部ではむしろ井上女性史に対する積極的な批判者であった米田が、ここでは唯物史観の代理人として水田に対する批判者としてふるまう事態は皮肉である。

第一期の女性史が第二期の「新しい女性史」の動きに敵対する役割を果たしたことを、荻野は次のようにまとめている。

かつては女性解放の最先端の理論であったはずの社会主義婦人解放論が、女性史の中に性による利害の対立や性支配の究明という新しい問題意識が生じてきたさいには、そうした方向で女性史が階級運動史から自立していこうとすることにブレーキをかける役まわりを演じたのである。[荻野 1993b : 6–7]

だがここでも問題は単純ではない。水田が理解した「ウーマン・リブ」とは、水田自身によれば「青鞜《せいとう》の継承者」であり、「克服されたはずの思想が息をふきかえしたことであり、時代錯誤であり、異端の復活」とみなされるもの[水田 1979 : 8–9]、すなわちブルジョア婦人解放思想のことであった。たしかに、戦前の社会主義婦人解放論にとっては、平塚らいてうらの思想はプチブル的な「克服されるべき傾向」を意味していた。だが水田にとっては、それは女性の「自我の解放」というフェミニズムの原点にたちかえることを意味していた。

水田が依拠したメアリ・ウルストンクラフトら第一波フェミニストは、たしかに近代主義的なブルジョア女性解放思想の持ち主であった。だが、およそ一世紀をおいて登場した第二波フェミニズムは、第一波フェミニズムのたんなる「継承」や「復活」ではなかった。その一世紀のあいだに歴史は、近代の完成とその挫折とをともなっていたからである。

つけくわえておけば、第一波フェミニズムをブルジョア近代主義フェミニズムに還元するのは公平とは言えない。それは、母性主義や反近代主義など、もっと多くの多様性を含んでいたからである。また、第二波フェミニズムのなかにもブルジョア近代主義フェミニズムの要素は存在しており、しばしばそのように理解される原因をつくった。だが、第二波フェミニズムをたんに第一波フェミニズムの「継続」や「復活」ととらえるのは、ふたつの波のあいだにある歴史的背景の変化を無視することになる。

水田は「自由・平等・独立の個人」という近代主義的な理念を受け入れたうえで、それがなぜ女性にまで拡張されないのかを問う。近代主義的な「平等」の理念を共有した点で、水田とその批判者たちは思いがけない近さにいた。

フェミニズムvs生活史

八九年になって鹿野政直によって提起され、のちに鹿野vs脇田論争として知られるようになったこの論争を、七〇年代の「女性史論争」と同列に置くのは適切でないかもしれない。時代背景もちがうし、脇田晴子にフェミニズムを代表させるのが適切かどうかも問題であろう。だが、第三期、新しい女性史の確立期に起きたこの論争は、生活史と女性史のねじれた関係を示して興味ぶかい。生活史や民衆史は、そのまま女性史の味方というわけにはいかないのである。

鹿野は『婦人・女性・おんな』[1989]のなかで戦後女性史をていねいにたどりながら、八九年にいたる女性の歩みを概観する。表題にある「婦人」「女性」「おんな」という呼称の変化はそのまま、女性をとらえる視線の変化をあらわしている。女性史にずっと同伴してきたこの誠実な民衆史家は、七〇年代以降の「新しい女性史」を次の二つの点で批判する。第一に、「足腰が弱」いこと。「実証力や論理構成の弱さ、聴きとりの流行によるお手軽さ、円筒型女性史ともいうべき視野の狭さ、まま盗作に近いようなプライオリティ無視の横行など、さまざまな欠陥」を鹿野は指摘する。第二に、彼は「痛覚の消滅」をあげる。アカデミズムへの参入によって、「熱い初心が目立ちがちだった女性史を〝冷たい〟科学へと離陸させる」と書く［鹿野 1989：68–69］。

第一点の「円筒型女性史」とは、どこまでも視野の拡がらない狭い女性史を意味する。あいもかわらず平塚らいてうや高群逸枝の研究をくりかえす女性史家の努力不足を指摘したものだが、女性の手によって書かれた史料の少なさや女性史研究者の不利な研究状況を思えば、一部の思想家に研究が集中するのもやむをえないと言えた。それをおぎなうように、地方女性史、庶民女性史の掘りおこしがおこなわれたが、多くは「聴きとり」という史料の生産で満足し、それ以上のレベルに達しなかったのは、鹿野の指摘するとおりであろう。女工や娼婦の体験者の聴きとり、祖母・母のライフヒストリーの聞き書きは、それだけで聞き手と語り手双方に大きな感動と感情的な満足をもたらして終わることが多かった。だが、ほとんどの女性史研究者がアカデミズムで訓練を受けたことのない草の根の女性たちであったことを考えれば、「実証力や論理構成の弱さ」を批判するのは酷であろう。むしろそれらの膨大な史料の生産を、近代史の見直しにつなげていくことのできなかった講壇歴史学者たちの怠慢こそ、責められるべきである。在野の女性史研究者たちの多くは、研究を発表したり相互に錬磨する媒体さえもっていなかった。そのなかでも名古屋女性史研究会や北海道女性史研究会などの地方女性史のグループは、七〇年代の早い時期から独自に研究誌を出して、相互に交流をはかってきた。七七年にスタートし、二〇〇一年に第八回を迎えた「全国女性史研究交流のつどい」は、その成果のひとつである。全国的な「学会」をつくらず、在野の女性史研究者を主体として各地でこうした会が運営されてきたことは、人的・経済的負担を考えれば驚くべきことである。

第二の点は、アカデミズムにおける女性史の進出を指している。八二年、脇田晴子を中心とする女性史総合研究会編『日本女性史』全五巻が東大出版会から刊行された[1982]。さらに八五年には脇田編『母性を問う――歴史的変遷』[1985]、八七年には『日本女性史』[脇田他 1987]が刊行されている。これらは、(1)井上・高群女性史以降、非マルクス主義的なアプローチによって書かれたはじめての通史であること、(2)単独の著作ではなく共同研究の成果であることの二点において、それまでの女性史とは異なっていた。実証史学の名に耐える仕事をしようとすれば、もう単独で通史を書くことは不可能な時代を迎えていたからである。

鹿野が「アカデミズムへの進出による〝痛覚〟の消滅」という表現でターゲットとした脇田とそのグループの人々は、ただちに反発を示した。脇田は『日本女性生活史』全五巻刊行の前書きで、「女性史とは女性を歴史学の対象とすることを忘れていた学問の家父長的体質、父権的学問の中身を問うものである。どうして冷たい学問と言えようか」[女性史総合研究会編 1990]と反論する。

八二年に『日本女性史』「中世」の巻の「編集後記」で「女性史は応用問題」と書いて鹿野に「ショックを与えた」脇田の、八〇年代における変貌もあるだろう。それ以前にすでに中世商業史の研究者としての地位を確立していた脇田にとっては、女性史への傾斜は、むしろ学界のなかで周辺的な分野を選ぶ不利な選択を意味していた。脇田を含む共同研究者たちもまた、女性として味わった差別とフェミニズムへの共感を「熱い初心」としてもっているという強い自覚があった。

このやりとりは、むしろ一民衆史家の女性史観を示すものとして興味ぶかい。この背後には、女性史の担い手と対象の、中産階級化がある。その変化こそ、フェミニズムを生む背景にあり、かつ「婦人問題論」から「女性学」へのシフトを促した当のものであったから、この対立には看過できない問題がひそんでいる。

エリート女性史への反発から、「生活史」「民衆史」の支持を得て、「底辺女性史」「庶民女性史」が成立した。そこにはたしかに、鹿野の言うとおり、弱者・被害者としての女性に対する「熱い」共感がよせられていた。「解放史」が解放と抵抗に貢献した女たちを輝かしく描いたのに対し、村上「生活史」は、「近代」の被害者となりながら逆境のなかで生存のための闘いを放棄しなかった無名の女たちを描き、「おしん史観」「けなげ史観」と揶揄されたりした。「近代」が女性にとって解放への道筋であるというナイーヴな「解放史観」のかわりに、生活史は「近代」が女性にもたらした否定的な面を強調した。が、そこには、女性が弱者・被害者である(もしくはそうあってほしい)という生活史・民衆史の側のロマンチシズムが見られなかっただろうか。そしてその傾向は底辺女性史にも反映している。

そこには、エリート女性史への反発からくる一種の中産階級嫌いがある。だが、大正期のエリートたち、らいてうや『青鞜』の女たちを中産階級と呼ぶとすれば、この半世紀のあいだに中産階級の意味はすっかり変貌していた。ことに第二波フェミニズムを準備した六〇年代の歴史的な変貌の意味を、彼らはつかみそこねた。

解放史が主人公にしたのは労働婦人たち、それも主として賃労働に従事する女性たちであった。他方、エリート女性史に対抗して成立した底辺女性史は、娼婦や出稼ぎ者など、社会から疎外された人々を描いた。どちらも女性のマジョリティではない。柳田が民俗学を「常民の研究」と定義したことにならえば、女性史はそれまで女性の多数派を占める「女性常民」の研究をしてこなかったのである。戦前の「女性常民」である「農村女性」を研究対象にしてきたのは、むしろ民俗学と、その影響下にあった生活史であった。そして六〇年代をつうじて、「(男性)常民」が雇用者化するのにともなって「女性常民」は農村女性から「主婦」と呼ばれる都市雇用者の妻にシフトしていた。

女性史のこの問題点は、フェミニズムの登場による「婦人問題論」から「女性学」へのシフトと、重ね合わせて論じることができる。七〇年代、女性学が登場したとき、婦人問題論の研究者たちは、女性を対象とした研究領域ならすでにあるではないか、と言って困惑を示した。だが、従来の婦人問題論が主として社会規範から逸脱した「問題婦人」たちを扱う社会問題論、すなわち社会病理学の一部だったのに対し、女性学は社会規範そのものを問うことで病理学を構造論に置きかえたからである。事実、婦人問題論がしばしば対象にしたのは、売春婦の更生や戦争被害者の独身女性や母子家庭などの研究だった。彼らは、規格はずれでない「ふつうの女」たち、結婚して妻・母になった女性たちを「問題婦人」とはみなさなかったのである。そしてフェミニズム同様、女性学の担い手も、従来型の婦人問題論とは「断絶したところから」登場した。

婦人問題論から女性学へのパラダイム・チェンジは、第二波フェミニズムの登場とふかく結びついている。一九六三年、ベティ・フリーダンは『フェミニン・ミスティーク Feminine Mystique』(「女らしさの謎」、邦訳題名『新しい女性の創造』)[Friedan 1963＝

1965, 1977]のなかで、郊外中産階級の妻の「名づけられない問題 unnamed problem」を論じて「ウーマン・リブの母」となった。藤枝澪子《みおこ》は、日本のリブがアメリカからの「輸入品」であるという俗説を否定して、リブの世界史的な同時多発現象の背後に、日本の社会もまきこんだ次のような共通の要因をあげる。「(1)工業化諸国がうみだす膨大な中産階級の存在。(2)六〇年代の世界を特徴づけたラディカリズムの高揚と、新左翼運動の台頭。(3)従来の女性運動の形骸化ないし硬直化。(4)女性自身による情報ネットワーク、人的ネットワークの広がり」[藤枝 1985：174-175]。七〇年代にリブが誕生するまでに、フリーダンの「名づけられない問題」は、日本の女性のマジョリティに共有されるにいたっていた。

七九年に、「女性学」という名を冠した最初の本、原ひろ子・岩男寿美子編『女性学ことはじめ』[1979]が刊行されたが、このなかで原が「主婦研究のすすめ」を論じているのは示唆的である。この本には民俗学者、瀬川清子による歴史的な講演録「日本女性の百年——主婦の呼称をめぐって」も収録されている。私自身の仕事を含めて、女性学は、「主婦」というあたりまえの女性のライフコース、そして「主婦のおこなう労働」を研究の主要な柱のひとつとして展開してきた[上野編 1982]。それを考えると、女性史が主婦を問題化してこなかったことは驚くべきことである。「解放史」が主婦を淘汰すべきおくれた存在とみなす一方で、「民衆史」は主婦を特権的なプチブル的存在とみなすことで、どちらも主婦を問題の対象とはしてこなかった。その後の女性学の展開のなかで、主婦役割と家事労働は、資本制と家父長制の二重支配のもとでの女性の抑圧のかなめとして対象化されるにいたったのだから、解放史も生活史も、性役割を自明視することで、近代のただなかにある女性の抑圧を問題化することに失敗したというべきであろう。

第三期＝女性史からジェンダー史へ

社会史 vs 女性史

犬丸が「女性史の確立期」と呼ぶ第三期の転換点を示すのは、八四年の長谷川博子「女・男・子供の関係史にむけて――女性史研究の発展的解消」[1984]がひきおこした論争であろう。女性学の新しい世代であり、フランスのアナール派社会史の影響のもとに育った長谷川は、フェミニズムから距離を置いて、「「進歩」の見方で女の歴史を追求することは、女をとらえる視角と女のもっている能力とを極端にせばめてしまう」と批判する。この論文は、表題の挑戦的な響きもあって、フェミニストと女性史家のあいだにただちに反論をまきおこした[ゆのまえ 1984；船橋 1984]。長谷川がフェミニズムを研究の原動力どころか桎梏ととらえること、そしてようやく成立しはじめたばかりの女性史の「発展的解消」を唱える時期尚早ぶりが、彼女たちの怒りをひきおこしたのである。古庄は激烈な調子でこう書いている。「長谷川氏にはたたかいも進歩もない。……かつて新しい世界認識の枠組みをつくり出そうとしたフェミニズムの流れの激しい変貌である(5)」[古庄編 1987：313]。

この論争の八〇年代における含意は、次のようにまとめることができるだろう。第一に、女性学の担い手の世代的なギャップである。フェミニズムの第一世代にとっては、女性学はアカデミズムのなかで闘いとるべき成果だったが、第二世代の長谷川らにとっては、女性学はすでに目の前にあって選びとることのできる、公認の研究主題のひとつとなっていた。第二は、長谷川のアカデミックな訓練が西欧の社会史を背景にしたものであり、これまでの日本の女性史学とは断絶していたことである。長谷川が論じているのは日本の女性史ではない。第三に、長谷川の議論は、西欧女性史の文脈に置いてみれば、女性史のゲットー化に危機感を表明したものであり、女性史からジェンダー史への雇用というフェミニスト的な西欧女性史の流れにそったものである。したがって古庄らの短絡的な誤解と反発は、彼女に対してフェアとは言えない。

長谷川の女性史批判を日本的な文脈に置きなおして、古庄は次のようにまとめている。

　七〇年代初頭……村上氏が攻撃したのは「在来のマルクス主義史学」の女性解放史観であった。八〇年代に長谷川氏が論難しているのは人権を基礎とした初期のフェミニズムの史観である。［古庄編 1987：313］

かつて「解放史」に対する果敢な批判者であった「フェミニズム史観」は、七〇年代から八〇年代にかけてのわずか一〇年のうちに、批判される対象に変わってしまった。だが前述したように、日本では水田のようなリベラルフェミニズムがフェミニズム一般を代表したところに、女性史家のフェミニズム理解の限界があった。

　事実、ブルジョア的なリベラルフェミニズムの歴史観は解放史を裏返したものだった。近代を女性にとって解放への曙と見るかわりに、水田は「家父長制は、封建制がくずれ市民社会が形成されるにつれて、弱められたのではなく、強化された」［水田 1973(古庄編 1987：220)］と書く。私はかつて、これを「解放史観」に対して「抑圧史観」と名づけたことがある［上野 1991a］。だが同時に近代こそが女性解放への覚醒をもたらしたことを認める点で、「抑圧史観」も「解放史観」も共に、単線的な「進歩」と「発展」の観念を共有している。「解放史観」が「労働者の解放の歴史」と見るところに、フェミニズム的な「抑圧史観」は「人権の拡張の歴史」を見る。そして、それに至るまでの女性の現実を暗鬱な色合いで染め上げる点においては、双生児のように似ていた。

その点においては「生活史」派も例外ではない。近代を女性の抑圧の歴史として描く点では、生活史や底辺女性史も人後に落ちなかった。ただ、叙述の焦点を、それに対して自覚的にたたかったとされるエリートから、運命を甘受しながらも抑圧のなかで生き抜いた庶民女性たちに移すことによって、「おしん史観」と呼ばれたのである。

だが、ここにもうひとつ、社会史vs女性史の潜在的な対立を付け加えてもよいかもしれない。フランスでも、社会史と女性史の関係は一筋縄ではいかない。アリエス以降、社会史のなかに身体や私生活の歴史が入ったからといって、そしてそこに女性が登場するからといって、それがそのまま女性史になるわけではない。六八年五月のインパクトを受けてアカデミアに参入した女性史家のあいだにも、社会史とのあいだに潜在的なテンションがある。第一は、すべてを当事者の「心性 mentalité」で説明する一見中立的な態度、第二は、それからくる社会史の必然的に現状肯定的な保守性に対してである。女性の抑圧に関していえば、もし当事者による「被差別感」がなければ、そこに差別はないことになってしまう。ミッシェル・ペローがのちに明らかにするように、例えば中世のように女性の言説が不在の時代を扱うとき、女性史はその不在の理由そのものを問いかけて「歴史的な知の産出のされかた」というメタ歴史にまで踏みこまざるをえない。フェミニストの女性史家のあいだには、この事態にいらだちをあらわし、女性史の「党派性」を鮮明にすべきだと主張するスコットのような人もいた(6)[Scott 1988＝1992]。

女性史の展開

第三期の女性史は、それまでの単線的な「解放史観」「抑圧史観」にくらべて、はるかに多様かつ多義的である。例えば脇田らの仕事は、次の点で、一面的な「発展史観」と異なる性格をもっていた。

第一は、「解放史」から見れば「暗黒の中世」としか見えない前近代の女性史を、既存の史料を読み直すことをつうじて、女性にとって肯定的な側面を含む多様な相のもとにうかびあがらせたことである。脇田自身による「主婦権」の確立の歴史[脇田1992, 1993]や、田端泰子による「職人絵合わせ」から見る中世の女性労働の研究[田端1987]などがそれである。高木侃の「三くだり半」の研究は、男の一方的な専制のもとにあったと思われていた夫専権離婚説を覆して、江戸時代の女性の主体性を示した意表を衝くものであったし[高木(侃)1987]、横田冬彦も「女大学」の再検討をつうじて、抑圧的なテクストだと思われていたこの書物から近世の女性労働の諸相を明らかにした[横田 1995]。

第二は、近代の女性に対する両義性、抑圧と解放の両側面を明らかにしたことである。その具体的な成果は、西川祐子、牟田和恵らの「近代家族」をめぐる仕事に見ることができる[西川 1990, 1991, 1995, 2000 ; 牟田 1990a, 1990b]。小山静子の仕事、『良妻賢母という規範』[1991]もまた、女性差別的な儒教イデオロギーにすぎないと思われていた「良妻賢母」思想を、その歴史的な成り立ちをていねいに追うことをつうじて、成立の当初は、反動派の攻撃に抗して女子教育を守る進歩思想であったことを論証した。

第三期の女性史は、「抑圧の歴史」のなかから「女性文化」「女性の権力」の発見に向かった。それが、八〇年代フェミニズムの自信と成熟に対応していたのは偶然ではない。女性史は、「被害者」としての歴史、そしてそれからの解放としての歴史観を、みずから脱皮しつつあった。それが一方においては前近代における女性の肯定的な表現、他方においては近代における女性の抑圧の発見に向かったのは、それまでの一面的な歴史観に対してバランスを回復するものであった。そしてまたそれが何故、隠蔽されたかを問うものでもあった。

「被害者史観」からの脱皮のもうひとつの傾向を、戦時下の女性の戦争協力を問う「反省的女性史」に求めることもできるだろう。西川や鈴木裕子は、市川房枝や高群逸枝の翼賛的な言動を再検討することで、戦前のフェミニズム指導者の戦争責任を問う[西川 1982a；鈴木(裕)1986, 1989a, 1989b, 1996a, 1996b, 1997]。それと同時に日本のフェミニズムの思想的な限界をも問題化しようとする。平塚らいてうの母性主義も、その国家主義的な優生思想との親和性が問題にされるにいたる[古久保 1991]。エリートだけではない。加納実紀代は「銃後史」の名において、庶民女性の自発的な戦争協力を問題にする[加納 1979, 1987]。

それらの「新しい女性史」は、「解放史」が女性を歴史の受動的な客体として扱っているのに対し、女性を歴史の主体的な担い手とみなす立場をとっている点で共通している。そしてこの女性を「客体」とする研究から女性を「主体」とする研究へのシフトこそが、フェミニズム以後の女性史研究の特徴であった。それらの研究が女性の被害よりは加害を、女性の「抑圧」よりは「自律」をより強調することで、逆に女性の現実に対して容赦のない視線を向けたのは、皮肉な結果であった。

女性史と近代

女性史は、近代をどう評価するかという問いをさけて通ることができない。「解放史観」にせよ「抑圧史観」にせよ、近代評価とふかく関わっているからである。近代による女性の抑圧は、近代家族をどう評価するかという問題と関わっている。その例として、西川祐子に対する小路田《こじた》泰直の批判[小路田 1993]と、西川による反批判[西川 1993]をとりあげよう。この論争は、とりわけ日本の「戦前家族」、明治から敗戦までの時期の「家」を、前近代の延長ととらえるか、さもなくば近代の開始ととらえるかという視点の違いをめぐって、「近代」評価の分かれ目を示すものだからである。

女性史総合研究会『日本女性生活史』近代編[1990]の書評のなかで、小路田は大半のスペースを西川の批判に割いている。小路田は、西川の「戦前家族を考えるときのキーワードは家制度の「家」であるというのが常識であるが、そうではなくて、家庭、であったのではないだろうか」[西川 1990：2]という文章を引いて、本書がもたらした「新たな方法的視座」を「家庭という家概念の重要性を発見することによって、日本近代＝家社会という場合の家を封建遺制とみる見方に一応のピリオドをうち、それをあくまでも日本社会の資本主義化と対応するものとみる見方に道を開いたこと」とまとめている。このまとめかた自体はすこぶる公平なものである。そのうえで小路田はこれに対して、ウェーバー＝大塚久雄流の市民社会的「近代家族」観から批判を加える。すなわち「近代社会にあって、家と国家は依存しあいながらも緊張関係にある団体」であり「家こそが市民の倫理的自律性を保つ砦になる可能性」をもっているのに、著者には「その観点がない」と言う。

小路田の「家」理解は市民社会的なものである。彼は村上淳一の『ドイツ市民法史』[1985]に依拠して、絶対主義権力に対する「家の自律性」を強調する。そのうえで、⑴ヨーロッパ伝統社会の家と戦前の日本の「家」を同一視し、⑵「家」を「市民の倫理的自律性の砦」と理想化し、さらに「家」を「家長権の自律」のみならず「女性の市民的自律」の契機として理想化する[小路田 1993：135]。第一に、戦前の「家」を「近代的市民」の自立をはばむ封建遺制とみる日本主義者の見方と違って、この点については小路田は「家」の市民社会的な性格という西川の説を受け入れている。第二に、この見方は、「家」が女性に対してもった抑圧的な役割というフェミニストが告発する現実と、おおいに抵触する。西川は「家」の抑圧性をその「前近代性」にではなく、「近代的性格」にこそ求めるのだが、この点を市民社会論者は受け入れることができない。そして西川が批判するとおり、市民社会のこの神話化こそ無自覚な女性差別なのである。

西川は怒りを抑えた口調で、だが完膚ない反批判を書いている。

「家」「家庭」の否定的な面ばかりを見るべきではないと言いはじめる小路田さんは、すぐれた歴史家の分析からとつぜん家庭生活の当事者、その擁護者としての発言にかわってはいないだろうか。あらためて「家庭」という語のイデオロギー性の強さをおもい知らされる感がする。［西川 1993：28］

女性史が闘うべき相手は、唯物史観的な「解放史観」だけでなく、市民社会的な「解放史観」でもあった。ハイジ・ハートマンは「マルクス主義はセックス・ブラインドである」［Hartman 1981＝1991］と書くが、市民社会論も変わるところはない。社会主義婦人解放論はブルジョア家族に対してプロレタリア家族を神聖化し、市民社会論は前近代家族に対して近代家族を聖域化する。いずれもそのイデオロギーによって家族の現実を隠蔽する役割を果たした。

「夫権小家族」からなる近代家族を「もうひとつの家父長制」と呼んで、その女性に対する抑圧性を批判するだけでは十分ではない。川村邦光は女性性とセクシュアリティの歴史的形成をあとづける作業をつうじて、女性もまた近代家族の諸規範を主体的に内面化してきたことを論証する[川村 1993, 1994]。落合恵美子は、「フェミニズムと近代」と題する論文のなかで、第一波フェミニズムは近代家族の成立期に、第二波フェミニズムは近代家族の解体期に登場するそれ自体歴史の産物であると的確な指摘をしているが[落合(恵)1989]、このふたつのフェミニズムのあいだにはさまる時間は、近代の完成と解体を見るに十分な歴史的時間であった。

結論的に言えば、近代が女性にとって解放的か抑圧的かは、階層によっても地域によっても民族によっても違う。ある歴史的な変化が当事者にどういう意味をもつかは、文脈によっても時期によっても違ってくる。女性史はその多様性を明らかにする課題を果たそうとしている。

歴史学のジェンダー化——「女性史」を超えて

長谷川博子の提起したもうひとつの問題点、「関係史」の提唱について、もう少し検討してみよう。「女性史の発展的解消」といういささか挑発的な表現のおかげで、長谷川がむしろ女性史の限界にいらだち、女性史をより大きなコンテクストに置きなおそうとしたことは、その批判者の怒りに消されて、正当に評価されなかった。長谷川が西欧女性史から受け継いだ問題意識は、女性史の「ゲットー化」への批判とジェンダー史への発展と言い換えることができる。「女・男・子供の関係史」といういささか素朴な言い方で彼女が言い表そうとしたのも、「女領域」にとどまっている女性史に男性と子どもをまねきいれたいという期待であった。

女性史という領域がアカデミズムのなかで市民権を得たあとも女性史家の不満がますます募ったことは、スコットの次のような文章が雄弁に語っている。少し長いが引用しよう。

最近の女性史研究の質の高さと、にもかかわらず歴史学の分野全体のなかでは依然として周縁的な位置にとどまっていることとのあいだに見られる矛盾が、学問分野における支配的な概念に取り組まない、あるいは少なくともこれらの概念のもつ力を揺るがし、おそらくは概念自体を変容させるような形では取り組んでいかない叙述的なアプローチのもつ限界を、はっきり示しているからである。女性史の研究者にとって、女にも歴史があったとか、西洋文明における重要な政治的変革に女も参加していたと証明するだけでは十分ではなかったのである。女の歴史といった場合、たいていのフェミニストではない歴史家の反応は、いちおう承認し、そのうえで隔離するか、あるいはきれいさっぱり忘れてしまうというものであった(「女には男とは別な歴史があったそうだから、フェミニストたちには女性史をやってもらおう。われわれには関係なさそうだ」、あるいは「女性史というのは性だの家族だのについての研究だから、政治史や経済史とは別なところでやってもらわなくては」)。女の参加にかんしては、反応があったとしても、せいぜいちらっと関心が示される程度であった(「女もフランス革命に参加していたことを知ったところで、この革命についての私の理解が変わるわけではない」)。[Scott 1988＝1992：56]

スコットの文章のなかでは、「フェミニスト」であることと「女性史」とは当然のように結びついている。フェミニストでない女性史家はスコットにとって考えられない。

欧米の女性史が「女性史」に替わって「ジェンダー史」という言葉を用いるようになったのは、女性史のこの「ゲットー化」への危機感からだった。「ジェンダー」は、「社会的・文化的性別」をあらわす言葉として、「セックス(生物学的性別)」と区別してフェミニズムがつくり出した言葉である。「ジェンダー史」は、女性史とちがって、第一に男女の両性を含むことができること、第二に「性別」の歴史的編成を問題化できることで、女性史をより大きな領域のなかに置きなおすことができる。

だが、アカデミズムのなかから提起された「ジェンダー研究 gender studies」(「ジェンダー史」を含む)の動きに、警戒心を示す戦闘的なフェミニストもいた。事実、その一見中立的な響きのために、「女性学」には抵抗を示した男性の研究者や保守的な女性の研究者も参入する傾向があったからである。彼女たちは、女性学の保守化に抵抗して、あえて「フェミニスト研究 feminist studies」という党派的な用語を選んだほどである。(7)

だが、「ジェンダー」という概念を持ちこむことは、デルフィが言うように、分析に次のような三つの視角を可能にする。

(1) 文化的・歴史的に多様な「性別」の概念をひとつの用語で言い表すことが可能になったこと。

(2) 分析の対象が(男と女という)ふたつの項から、ひとつの対象、すなわち差異の切断線へと移ったこと。

(3) この差異が階層性をともなう非対称的な差異、すなわち権力関係であることが明らかになったこと。[Delphy 1989 = 1989 ; 上野 1995a]

ジェンダーが「ふたつの項」ではなく、「差異化」という「ひとつの実践」であるという命題の背後には、八〇年代のフェミニズム批評理論における「性的差異 gender difference」の理論的貢献がある。スコットがジェンダー概念を歴史に持ちこむにあたっても、ジュディス・バトラーのようなフェミニズム理論家との影響関係がある。とりわけ英語圏のジェンダー史は八〇年代フェミニズム理論の動向と切っても切れない関係にあるが、日本では事情がちがっていた。

ジェンダーの概念を持ちこむことによって女性史は次のように変わる。第一に、ジェンダーが「差異化されたふたつの項」でなく「差異化」そのものを指すことになれば、ジェンダー史は女性史に限定されなくなる。第二に、男性が女性や子どもと関わる私領域だけを扱う「関係史」にも限定されなくなる。

長谷川の「関係史」はおそらくもっと広い概念を指していたのだろうが、「女・男・子供の関係史」といえば、男性が「女・子供」の領域、すなわち私領域に関わるときだけを問題化すると受けとられる傾向があった。したがって性や家事・育児への参加のような私領域だけが、男性が「ジェンダー史」に登場するときの主題となりがちであった。なぜなら男性が「女・子供」と関係する場は私領域と限定されていたからである。すなわち男性は、私領域にいるときだけ男性としてジェンダー化され、公領域にいるときにはジェンダーレスな抽象的個人としてふるまう、とみなされたのである。そしてこの「普遍主義」そのものが、ジェンダー概念によって「男性中心的」と批判を受けることになる。

ジェンダー史の第三の貢献は、この歴史学のジェンダー化 gendered history そのものにある。ジェンダー・バイアスによって私領域が女性領域と等置されるのと逆に、公領域は同じジェンダー・バイアスによってジェンダー中立的な領域とみなされる。公領域はジェンダー中立どころか、その実、公領域の諸特性の「男性性」の用語による定義こそが、公領域からの女性の組織的な排除をもたらす当のものである。したがって「政治」は「男子一生の仕事」であり、「戦争」はもっとも「英雄的な行為」であり、「仕事」は「男らしさ」のゲームとなる。抽象的な「個人」や「市民」「労働者」が男性性の用語でしか定義されてこなかったために、女性がその残余にしかなりえなかったジェンダー・カテゴリーの非対称性を衝くことが、ジェンダー史の課題なのである。

その課題に答える仕事のひとつが、大沢真理の『企業中心社会を超えて——現代日本を〈ジェンダー〉で読む』[1993a]である。大沢はそのなかで、日本の労働研究が「家庭責任のない特殊な労働者」である「男性労働者」を「標準」とみなしてきたことのジェンダー・バイアスを衝く。この「標準」からは女性労働者は「特殊」か「二流」の労働者としかみなされず、その結果、「男性なみ平等」を求めるか、「二流の地位」に甘んじるかというダブルバインドな状況におかれる。必要なのは「労働」概念そのものをジェンダー化することであろう。男性労働と女性労働のこの非対称性をこそ明らかにすることで、「(男性)労働」のゆがみを暴露することである[上野 1995b]。

公領域のジェンダー・バイアスをめぐるもうひとつの収穫は、館かおるの「女性の参政権とジェンダー」[1994]である。このなかで館は婦人参政権の成り立ちを克明に追いながら、「普通参政権」という名の「国民の創出」にジェンダーと民族が密接に関わっていることを、スリリングに論証する。「国民」の概念には最初からジェンダーの非対称性が組みこまれていた。このような研究が明らかにするのは、経済や政治などの公領域の研究にジェンダー概念がもはや不可欠であるという事実である。

ジェンダー史の私領域へのきりつめに対する批判は、身体とセクシュアリティの歴史という新しい領域にもあらわれている。荻野は「身体史の射程」という刺激的な論文のなかで、こう書く。

身体とか性といった新しい問題を歴史研究の対象として取り入れようとする場合、男＝普遍、女＝特殊という知の枠組み、あるいは女のみを性的、肉体的なものとみなしてきた従来の感覚のもとでは、とかく身体＝女の身体と理解されてしまうおそれがある。あるいは、妙な表現だが女のほうが男より「身体度」の高い存在と思いこまれてしまう。(中略)結局そこで対象化されているのはあいも変わらず「他者」の身体、男にとっての客体としての女の身体なのであって、男自身の身

体性には解析の目は向けられず、身体=女という前提は微動だにしない。［荻野 1993a：58］

女性身体が私的な身体として特権化される一方で、男性身体は不可視の存在になる。その男性身体が公的な身体として歴史的に形成される経緯をフジタニは描いた［フジタニ 1994］。学校と軍隊という近代化の二大エイジェントのもとでは、身体史は私領域に限定されない。

ジェンダー史においては、公領域における女性の不在が解かれるべき対象になるのとおなじく、私領域における男性の不在も説明の対象になる。公／私の領域がジェンダーの用語で定義されている以上、ジェンダー史が扱えない領域はないと言っていい。もちろんジェンダー史は、かつて階級史観がそう主張したように、どんな問いでも一刀両断に解くアレクサンダーの剣ではない。言い換えれば、どんな領域も、ジェンダーだけで解くことはできないが、ジェンダー抜きに論じることはできなくなったのである。

（1）ここでいうフェミニズムは、六〇年代末から世界的に成立した第二波フェミニズムを指す。当初「ウーマン・リブ」と呼ばれたこの世界的な思潮と行動は、のちに前世紀末から世紀の転換期にかけての、婦人参政権運動に代表される第一波フェミニズムと区別して、第二波フェミニズムと呼ばれるようになった[藤枝 1985]。日本では一九七〇年にリブが誕生している[上野 1994b]。宮崎ふみ子は、「日本でもそうだったが、西欧における女性史は一九七〇年代以後のフェミニズム運動の高まりの中でひとつの学問の領域として成立し、今もフェミニズムと強い関わりを持つ」[宮崎 1995：828]と、女性史とフェミニズムの関係を、地域を問わず自明視しているが、それは以下に論じるような理由で事実に反する。フェミニズム以降の女性史研究者にとっては、フェミニズムが女性史研究の出発点になっている場合もあるが、日本では女性史はフェミニズムとは独立に、それに先だって成立した。ただし世代論を言うなら、フェミニズム以降の世代には「フェミニズムとの強い関わり」を研究にとって束縛としてとらえる人々も出てきている。

(2) 高群は古代の「一氏多祖」現象を、天皇制の万世一系イデオロギーと結びつけた。高群研究者栗原弘は、高群の「母系制の研究」の原資料である『新撰姓氏録《しんせんしょうじろく》』にさかのぼって、自分の論証に都合のよい資料の改竄があると論証した[栗原 1994]。高群の戦後の変化は「転向」というほかないが、高群自身はそれを深刻にとらえたふしがない。西川祐子は高群のこの無節操さを、彼女の「大衆性」に求めている[西川 1982b]。高群の戦時下の翼賛的な発言は、夫、橋本憲三編の理論社版全集からは削除されている[高群 1965–67]。高群女性史の再評価については、一九六五年から七〇年にかけてのこの全集一〇巻の刊行の影響が大きい。リブの誕生前夜にあって、女性の問題にとりくむ途を探しあぐねていた人々にとって、階級闘争に還元されない女性史の領域設定は大きな力になった。高群は「女性史の母」としてその後の女性史ブームに火をつけた。

（3） ここで言う「科学的」とは「法則定立的」という意味である。自然科学にならって社会科学も「法則定立科学」であること、したがって「未来予測」の必然性が期待された。資本主義の破滅と社会主義革命の「必然」を唱える唯物史観は「科学的」とみなされたが、八〇年代の社会主義圏の世界史的崩壊を前にして、この説の「科学性」を支持するものはもはやいないだろう。

（4） 伊藤は日本のウーマン・リブの結成を、『月刊婦人展望』の記事にもとづいて六八年の反戦平和婦人の会が最初としているが、今日では七〇年一〇月二一日の国際反戦デーの「女解放集会」をもって「日本のリブの誕生」とみなすのが定説になっている。担い手がみずから「リブ」を名のるのは、七一年八月の「リブ合宿」からのことである［上野 1994b：27］。七二年五月には第一回「リブ大会」が開催された。

（5） 古庄は同じ文章のなかで長谷川博子を、保守派の女性哲学者、長谷川三千子と混同するという間違いを犯している。「長谷川氏は女性史発展解消説を出した全く同時期「男女雇用平等法は文化の生態系を破壊する」（『中央公論』一九八四年五月号）を発表している」。「長谷川」憎さのあまりの混同であろうが、長谷川博子の論文の主旨を考えると、この混同は短絡的にすぎる。その後、古庄は改訂版のなかで、この間違いを訂正した。

（6） 社会史の保守的な「悪用」の典型が、イヴァン・イリイチの『ジェンダー』［Illich

1982＝1984]であろう。本文と注の分量が同じという衒学的な体裁をとったその書物のなかで、彼は西欧中世についての最新の社会史の成果を駆使しながら、中世が「性区別」はあったが「性差別」のない社会であったことを論証しようとして、「差別なき区別」派、その実、現状維持を図る人々の支持を得た。イリイチの『ジェンダー』批判については、上野[1986]を参照。

(7)「例えば、一九九一年一一月、オックスフォードのラスキンカレッジで開かれた第二五回ヒストリーワークショップ大会の冒頭において、「女性史とフェミニズム」というタイトルで講演したシーラ・ロウボタムは、ジェンダーヒストリーはフェミニストヒストリーよりも中立的であると批判していた」[酒井 1993：24]。ロウボタム(ローバトムとも言う)は、七〇年代のイギリスの社会主義陣営から出た戦闘的なフェミニスト、『女の意識・男の世界』[Rowbotham 1973＝1977]の著者。

4 「労働」概念のジェンダー化

「家事は仕事ではないのか」

一九二〇年から五年毎に行われてきた国勢調査(1)に、一九八五年、ひとつの異変が起きた。国勢調査では一〇月一日現在の国民生活実態について悉皆調査をおこなっているが、そのなかに、問8「九月二四日から三〇日までの一週間に仕事をしましたか」という調査項目がある。選択肢は「少しでも仕事をした人は」と「少しも仕事をしなかった人は」の二者択一に分岐し、前者はさらに「主に仕事」「家事などのほか仕事」「通学のかたわら仕事」等に分かれる。後者は「仕事を休んでいた」「仕事を探していた」「家事」「通学」「その他」に分かれる。さらにご丁寧に、「仕事とは、収入を伴う仕事をいい、自家営業(農業や店の仕事など)の手伝いや、内職・パートタイム・アルバイトも含めます」と注記があり、「少しでも仕事をした人は」の選択肢には「家事・通学だけの場合は含めません」と但し書きがそえてある(図)。

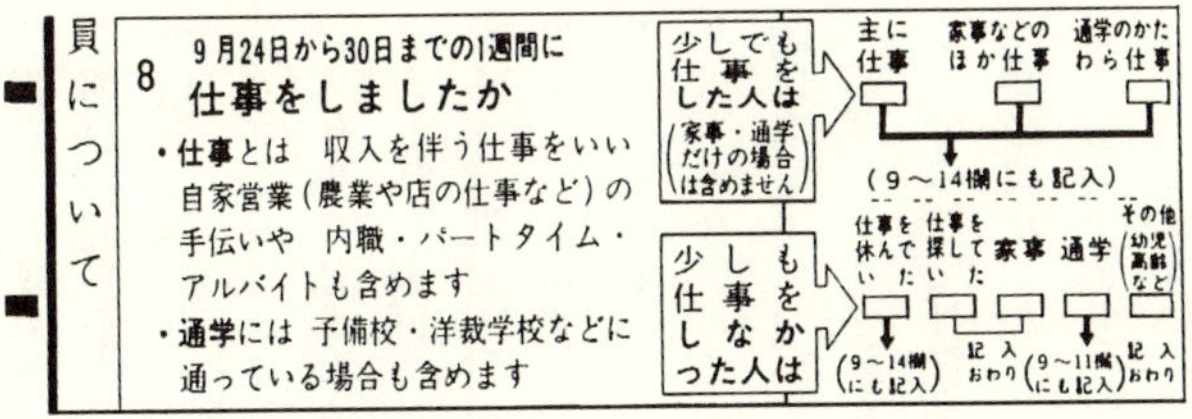

図　国勢調査調査票　平成2年10月1日(部分)

問題は「家事」だけしていた人が、「少しも仕事をしなかった人」に含まれるということから起きた。他の選択肢、「仕事を休んでいた」は「休職」、「仕事を探していた」は「失業」だが、主に「家事」をする人は、国勢調査によって、「休職」「失業」なみの「無職」者とみなされたのである。

国勢調査の担当部局、総務庁統計課や各新聞社には苦情が寄せられたが、そのうちのひとつ、一〇月二日付朝日新聞に次のような投書が載った。

最近は家事も社会生活を支える労働だという見方が、定着してきているのに、専業主婦に対して「少しも仕事をしない」と決めつける政府の見方は、女性蔑視ではありませんか。うちのかみさんも怒っています(2)。

この投書が「西宮市、会社員、五二歳」という男性からのものだということも、この異議申し立てが、世代を問わず、男女ともに広く共有されていることを示した。その後朝日新聞は「家事は仕事ではないのかという反発も出た国勢調査」

と題して、家庭面で特集をおこなった。

朝日新聞の担当者は読者の疑問を代弁して総務庁統計課に問い合わせをしたが、その返事は「統計分類上、国際的な約束事でもあるし、過去一三回の調査でも同じ質問なので急に変えると前の調査と比べられません。資本主義国では収入を伴わない仕事は、仕事ではありません」という、木で鼻をくくったようなお役所的なものであった。たしかに前回、五年前の一九八〇年国勢調査でも、同じ調査票が使われていたのだから、総理府の言い分ももっともではある。そのときには今回のようなクレームは、少なくとも新聞がとりあげるような大衆的な規模では、生じていない。「西宮市、会社員、五二歳」は、五年前には四七歳だったはずなのだが、同じような疑問をもったとは思えない。この五年のあいだに、変わらなかったのは調査票だが、変わったのは国民の家事についての受けとめかたのほうだったのである。

家事も仕事である、しかも収入を伴わない仕事であるというコンセンサスが成立するまでの歴史は紆余曲折に満ちている。そのためには、通念の疑問視と概念の組み替えが必要だった。しかもそれは多くの抵抗や障害をおしのけて、ようやく手に入れられたものであり、平坦な道ではなかった。「壁」としてたちはだかったのは、常識知ばかりではない。専門家の専門知もまた、もっとも頑強な抵抗物であった。

七〇年代から八〇年代にかけてマルクス主義フェミニズムは「家事労働」を問題化するなかから、(1)家事も労働である、(2)しかも不当に支払われない労働である、という二つの含意をもつ、「不払い労働」という概念を確立した。これは近代と資本制のただなかにおける女性の抑圧を説明する概念として、市場と家庭のミッシング・リンクをつなぐ画期的な「発見」であり、その理論的貢献はいくら強調しても強調しすぎることはない。だが、八五年の国勢調査の調査票に対する市民レベルでの反発は、必ずしもそうしたマルクス主義フェミニズムの潮流の影響とはいえない。大半の人々はフェミニズムの理論的な著作と無縁なところで暮らしていたからである。(3)

「家事は仕事ではないのか」という生活者の直観的な反発は、皮肉にもこの期間に、家事を専業にする人々が稀少化してしまったという社会史的な変化を背景にもっている。一九八三年に、既婚女性のうち有業者が半数を超えるという歴史的な変化が起きる。七〇年代を通じて進行した「女性の職場進出」の結果、八〇年から八五年のあいだに、専業主婦は少数派に変貌したのである。

この事態は女性に、外に出さえすれば賃金を稼ぐ機会があるという「機会費用」の上昇をもたらした。外に出て働けば一時間いくらで売れる労働力が、家で家事をしていればタダなのはなぜかという疑問が、女性のあいだに分かちもたれるようになるのに時間はかからない。「家事は仕事ではないのか」という疑問は、逆説的に、女性が賃労働の経験を積み、主婦であることの自明性が崩れることによってもたらされた。

　しかしながら、家事が労働であることにもっとも反発するのもまた、主婦である。朝日新聞の特集でも、「家事は家族に対する愛からするもの。それを労働と見なすのはプライドが許さない」という意見が「主婦」自身の口から語られる。家事を労働だと認めてしまえば、割に合わない無償の労働に従事するだけの自分があまりに惨めだからである。「愛」の名における搾取を、自由意志による選択といいくるめて自尊心を守ろうとする機制がここにはある。

　「家事」を「労働」だとみなす試みは、長い障害の多い道筋をたどってきた。この論文は、「家事労働」の概念が形成される歴史的な経緯と、それがもたらした理論的・実践的インパクトを、日本における「第二次主婦労働論争」を中心に跡づける試みである。

第二次主婦論争の背景

　一九六〇年に起きた「第二次主婦論争」として知られる「家事労働の値段」をめぐる論争は、七〇年代にイギリスを中心に成立した「家事労働論争」に先立つこと一〇年、その時期の早さでも、論点の網羅性でも、世界水準から見て、群を抜いていた。

主婦をめぐる議論は、戦後数次にわたってマスメディアでくりかえされている。石垣綾子の「主婦という第二職業論」[石垣 1955(上野編 1982 I)]で始まった一九五五年の第一次主婦論争は、主として「主婦身分」をめぐる論争だったが、第二次主婦論争は「主婦」のおこなう「労働」、すなわち「主婦労働」の評価をめぐって闘わされた。(4)口火を切ったのは、磯野富士子が『朝日ジャーナル』に載せた論文、「婦人解放論の混迷」である。磯野は自分の課題を「これから取り組もうとしているのは「妻の座」でなくて「主婦労働」なのである」[磯野 1960(上野編 1982：II 7)]と、問題設定している。(5)

第一次主婦論争の石垣論文、「主婦という第二職業論」が、「女性よ、もっと職場へ出よう」とするものであったのに対し、第二次主婦論争の磯野論文は「主婦労働」を問題化する点で、たしかにこれまでの議論の死角を衝くものであった。ブルジョア・フェミニズムにしろ社会主義フェミニズムにしろ、「女性の解放」をもっぱら「職場進出」において、家事を取るに足りないもの、なければないほどよい必要悪とみなしている点では変わらない。そしてその点で「生産優位」の経済原理を受け入れている点では同じだからである。

ここで磯野にしたがって概念の定義をしておこう。磯野によれば、「ここで「主婦」

というのは、雇用関係なしに家事労働を担当している婦人をさす」[磯野 1960(上野編 1982：II 7)]とする。ここでは夫が「自分の労働力を売って生活している」「サラリーマン」の場合の主婦労働と限定されている。

この定義のなかにすでに「主婦労働」と「家事労働」との区別が含まれている。というのは「雇用関係のもとで家事労働に従事している婦人」、すなわち女中や家事使用人が、当時は膨大にいたからである。すでに一九五五年、第一次主婦論争で嶋津千利世は「主婦を家事労働に結びつけるものはなにか」[嶋津 1955(上野編 1982：I 41)]という問題提起をおこなっている。「主婦」と「家事労働」の結びつきの歴史的偶然性はすでに認識されていた。磯野もこう指摘する。

主婦労働が他人に委せられ、あるいは機械化などによって減少するという事実をみれば、家事労働が妻の地位に内在する活動ではないことがわかる。[磯野 1961(上野編 1982：II 96)]

「家事使用人」の歴史は都市雇用者家庭の「主婦」の歴史より古い[Oakley 1974＝1987；上野 1994a；今井 1993]。「主婦」の語源が「家事労働者」どころか「世帯の女主人」として権威をもったものであること、それがやがて家事使用人を失って、かつて使用人がおこなっていた仕事をみずから無償でやらなければならなくなった都市雇用者の妻をさすにすぎなくなる過程は、日本でも、イギリスでも実証されている[Ueno 1987]。第一次主婦論争で経済学者の都留重人が「女中がやれば報酬のある仕事を、妻がやれば無償なのはなぜか?」[都留 1959(上野編 1982:Ⅰ177)]と正当な問いを立てたのは、この歴史的な背景によっている。

事実、都留は「もしわたしが女中と結婚したら?」という仮定を立てている。五〇年代の日本では、それは決してありえない仮定ではなかった。だが都留はせっかく立てた経済学的な問いに答える代わりに、「目的のない仕事」と「目的のある仕事」とを区別することで、「女中が妻に転じて家事に張り合いを感じる」という心理的な問題にすりかえる。それを可能にするのは妻が雇用関係にない、という事実なのだが、その同じ事実は抑圧関係にもただちに転化することは、都留自身が指摘している。

いかに主婦の貢献の方が大であっても、また労苦の程度からいって、いかに主婦のそれのほうが大であっても、社会の誰かが主人の労働にたいしてカネを払う気になるという事実は、外で働く主人の「優越性」を確立するに十分なのだ。[都留 1959(上野編 1982:Ⅰ181)]

このなかには、「支払い労働」と「不払い労働」との格差が、的確に指摘されている。都留は磯野の問いに限りなく近づきながら、「心構え」論を持ち出すことで、問いをすりかえる。これでは「主婦よ、経営者としての自信を持て」と呼びかける関島久雄・畠山芳雄［関島 1956；畠山 1960（上野編 1982 I）］などの、保守的な経済学者と結果的に変わるところがない。

第一次主婦論争ではすでに経済学者の大熊信行が、問題を受けとめ、経済学に自己批判を迫っている。

近代家族の生活は……第一にそれは生産の営みであるという基本事実が出てまいります。産むとか生まれるとかいうのは、もとより生命に関する用語ですから、生産という言葉は（たとえばマルクスやエンゲルスがそうしたとおなじように）いわば優先的に、この家族について使わなければならない言葉なのです。ところが今日、生産という用語は、経済学のへんぱな用例にわざわいされて、もうそれだけで物財の生産を意味し、物財の生産だけを意味するように変わっており、それがそのまま、すべてのひとびとの日常の用例にまで、ひろまってしまいました。そして、そのような用語例にしたがうということは、実は今日の経済理論に特有のものの見かたに、知らず識らずしたがうことになってしまいます。それは営利企業本位のものの見かたに、また物財中心のものの見かたに、自分自身の志向を託するということなのです。いま、家族生活の本質をとらえようとするわたしたちは、まずこれまでの経済理論的なものの見かたから、きれいさっぱり脱却しないことには、一歩もすすむことができません。〔大熊 1957(上野編 1982：I 114-115)〕

だが、大熊の問題提起は、戦後の経済学説のなかで孤立したまま、うけつがれることがなかった。

主婦労働の問題化とその社会的背景

「主婦労働」の問題化には一定の歴史的背景が必要であった。一九五五年から一九六〇年のあいだに、何が起きたのか？　五五年に朝鮮特需が終わってから同年に神武景気、五八年になべ底不況の後、五九年に岩戸景気と日本は戦後復興をなしとげる。六二年には「女子学生亡国論」が出るなど、戦後混乱期を終えて、女性の労働市場からの排除は進行していた。それは同時に、女性の主婦化の進行でもあった。

磯野は自分が扱っているのは「成人婦人の過半数を占める主婦の問題」〔磯野 1960(上野編 1982：II 6)〕だという。この事実認識は歴史的にみて正しくない。日本の女子労働力率は二〇世紀を通じて五〇パーセント以上を維持、それが五〇パーセントを割ったのは六〇年代以降のことである。「労働婦人」のあいだでも、「自営業の業主」および「家族従業者」と、「雇用者」の比率が逆転したのは六〇年代半ばにすぎない。磯野が論文を発表した六〇年には、農家の女性を含めて働く女性が過半数を占め、ここでいう「主婦」すなわち「夫が雇用者の無業の妻」は、少数派にすぎなかった。だが、六〇年代を通じて女子労働力率、とりわけ既婚女子労働力率は低下をつづける。男性の「サラリーマン化」とともに女性の「専業主婦化」が大衆規模で成立したのが高度成長期である。磯野論文はこの時代の趨勢を先取りし、都市中間層の主婦の立場を代弁するものであった。

のちに磯野は「再び主婦労働について」[1961(上野編 1982 II)]という反批判のなかで、「中間層の主婦専従者が現状維持を正当化するために都合のいい理論」という高木督夫[1960]の批判に応えて、自分のスタンスを変えている。「家事労働が大きな問題となるためには、それ相応の社会的背景が必要である」としながら、自分が問題にしているのは「都市中間層の主婦専従者」ではなく、「主婦が家事の責任から解除されないままで、他の仕事をしようとする時」のことであると説明する。なるほどそれは磯野の「実感」を説明するかもしれないが、スタートの問題意識から見れば、後退したものである。主婦が有業だろうが無業だろうが「主婦労働はなぜタダか?」という根源的な問いを、磯野は提起したからである。そしてその問いは「主婦化」が進行する時代の趨勢を的確にとらえていた。

ベティ・フリーダンが『女らしさの謎 Feminine Mystique』[Friedan 1963 = 1965, 1977]を著したのが一九六三年。大衆社会化とそのなかでの主婦の「名前のない問題 unnamed problem」はアメリカで一般化しつつあったが、同じ状況が日本で大衆化するまでには、高度成長期の終わりまで待たなければならなかった。

女子労働の点からみると、六〇年代は未婚女子雇用労働市場が確立する時期である。六〇年には女子雇用労働力率は二〇代前半で三〇パーセント台、年齢が上がるにつれて低下の一方をたどる。女子雇用者の配偶関係別構成比をみても、六二年のデータで、未婚が五五・二パーセントと過半数を占める。既婚女性のなかでも死別・離別が一二パーセントと、合計七割近くの女性が、結婚していないか、夫がいないか、いずれにしても結婚の外にいる女性である。これが逆転するのは七五年である。と同時に、女子雇用者の平均年齢も上昇する。

七〇年には年齢階層別女子労働力化率は、二〇歳から二四歳の年齢層で七〇・六パーセントに達する。自営業の家庭の娘でも、学卒後結婚までは、いったんは勤めに出る、というライフコースが一般化した。だが、少なくとも六〇年代までは、女性の就労は「結婚までの腰掛け」であり、女性は働いていれば結婚しておらず、結婚していれば働いていない、という「社会通念」が成立していた。「結婚退職制」や「差別定年制」のような職場慣行も、七〇年代に現場の女子労働者が次々と裁判闘争を起こすまでは、あたりまえのようにおこなわれていた。六〇年代は「結婚すれば主婦」の「常識」が支配した、主婦化の時代だったのである。(6)

「主婦労働」の値段

「主婦労働はなぜ価値を生まないのか」と問いかけた磯野は、すでに経済学者の家事労働観をよく知っていた。それは「主婦労働は価値を生まない」もしくはせいぜい「主婦労働は有用だけれども、経済学的には価値を生まない」というものであった。だが、一方で「もちろん経済学者の一致した結論にたてつくつもりはもうとうない」と言いながら、磯野は専門家の答えに満足していない。

磯野は論文のなかでくりかえし、自分が経済学の素人であることを言い訳している。「私自身が日ごろからもっている疑問や感想を書きつらねて各方面からのお教えを乞う」とか「専門の学者の通説に立ち向かうのはドン・キホーテ的蛮勇だけれども、無鉄砲な疑問を抱くのは門外漢の特権でもある」と書く。その一方で、磯野は自分が未踏の問題に分け入っていることへの自負も自覚もあったはずである。

私としては決して「地球は動かない」とがんばるつもりではなく、私にはこのように不動に見える地球が、なぜ本当は動いているのかを、……説明していただきたいのである。［磯野 1960（上野編 1982：II 17）］

「婦人に対する論が、あまりにも簡単明瞭に割りきられすぎている」ことへの疑問から「解決済みとされている問題こそ……根本から検討しなおしてみる必要がある」［磯野 1961（上野編 1982：II 105）］と指摘する磯野は、「偏見を自覚しない「公平さ」ほど危険なものはない」［磯野 1960（上野編 1982：II 2）］と、社会科学の「客観性」に疑問を投げかけてもいる。

「主婦労働はなぜ価値を生まないか？」という自分で立てた問いに対する磯野自身の答えは、次のようなものである。

(1) 主婦の家事労働が価値を生まないのは、家事労働の性格によるものではない。家事労働は使用人や商売人によっておこなわれたときには価値を生む。

(2) 夫の労働力が商品として売られるのであるから、妻の家事労働は「労働力という商品の生産」に寄与している。

(3) 夫の労働力を野菜や米と同じ商品とみなせば、農家の無償労働が農村の家族の共同体的性格、つまり家族員の労働が個人の労働として認められないことに起因するのなら、主婦の家事労働が無償とされるのも妻という身分のあり方に関連している。

(4) したがって家事労働は価値を生まないのではなく、生んでも価値を認められないのである。主婦がつくりだした価値は、妻の労働を夫の労働力の価値に算入しないことによって、資本家に着服されている。

この議論のなかには、のちにナタリー・ソコロフ[Sokoloff 1980＝1987]によって「前期マルクス主義フェミニズム」とまとめられた議論の骨格がすべて含まれている。ことに主婦労働が無償である理由を、農家のような家内制生産様式のもとでの非市場的な身分的契約関係においた点では、クリスチーヌ・デルフィの家事労働論[Delphy 1984＝1996]と驚くべき共通性がある。

磯野は「主婦が資本家にとって生産的な労働者でないのはたしか」としたうえで、「資本主義社会において、主婦の労働の価値が資本家によって認められないということは、必ずしも主婦が本質的に非生産的な存在であることを意味しないだろう」[磯野 1960(上野編 1982：II 22)]と主張する。

問題はこの「生産的な労働」が、なぜ市場的な雇用関係の外におかれ、資本主義のもとでは無価値とされるのか、磯野の疑問は、のちのマルクス主義フェミニズムの問題構制とほとんど重なっていた。[Kuhn & Wolpe eds. 1978＝1984；Sokoloff 1980＝1987, 1988＝1994]

「戦後一五年を経て、日本の婦人問題は各分野における専門的研究を必要とする段階にきているのではあるまいか」[磯野 1960(上野編 1982：II 22)]という磯野の問題意識は「男女同権が確立されても「婦人問題」は消滅していない」という認識にもとづいていた。「この近代」のただなかにある性差別、「封建遺制」でも「心理」でもなく「この近代」がもたらした資本制のただなかにある女性の労働の搾取の説明を迫る点で、磯野は戦後社会科学にパラダイム変換をせまる瀬戸際まで来ていた。

水田珠枝は、磯野論文に直ちに反応して、同じ『朝日ジャーナル』に「主婦労働の値段」という論文を寄せる。水田もまた「これほど浸透力の強い商品化現象から、人類の半数が多少なりとも従事し、かつ従事するであろう主婦労働が排除されてしまったのは、一体どうしたことなのだろう」[水田 1960(上野編 1982：II 34-35)]と問いかける。水田の答えは「資本主義社会は、商品生産活動でない主婦労働を前提とし、しかもそれから多くの利益をあげている」というものである。水田は「賃金生活費」説を採用して、「労働者によって生産される剰余価値が、労働者の手にではなく資本家のふところにはいるように、主婦労働の剰余部分はどこかにいってしまって、主婦にはかえってこない」から、少なくとも主婦労働は部分的には「不払い労働」であると論じる。そのうえでその「主婦の無償奉仕」に対し社会全体が補償するための「主婦年金制」を提案する。

この考えも七〇年代の前期マルクス主義フェミニズム、マリアローザ・ダラコスタ、セルマ・ジェームズらの「家事労働に賃金を!」の要求に、その問題点と限界を含めて、きわめて近い[Dalla Costa & James 1972＝1986]。だが「家事労働に賃金を!」の要求は、ただちに理論的・実践的難問にぶつかる。それは「誰が、いくら支払うのか?」という問題である。主婦労働の「価格」を計算するうえでの実践的な問題は、べつなところで論じたのでここではくりかえさない[上野 1990]。たとえ「労働の強度」「熟練度」などの基準で妥当な「価格」が設定されたとしても、「誰が支払うか」の問題は残る。水田は三つの選択肢を提案する。第一は企業から、第二は夫から、第三は国家から、というものだが、第一案では企業は既婚男性と未婚男性の労働生産性が必ずしも違わないのに、無業の妻のいる労働者に高い賃金を支払う必要を認めないだろう。第二案は「夫婦共産制」の提案だが、これは磯野の批判が当を得ている。

これは男女同権論、あるいは妻の人格の独立の論理的帰結ではなく、むしろ夫婦一体論、あるいは家産制の系統につらなるひとつの保護立法と考えた方がよさそ

うに思われる。［磯野 1961（上野編 1982：II 93）］

水田がもっとも現実性があると考えるのは第三案の「主婦年金制」だが、これもシミュレーションの段階から反論を受けている。第一に新たな課税を伴う福祉立法は日本経済の現実から見て、実現困難というもの。もうひとつは、「主婦の職業を家事労働に限定する保守的思想」であり、「女性を家庭にとじこめ、職場の女性の地位を引き下げる根拠となる」「時代錯誤の要求」というもの。その他に、水田は挙げていないが、妻が働いている雇用者、および有業の女性が専業主婦の保険料を負担するのは不公平という批判もありうる。(7)

水田は「主婦年金制」を提案したその同じ文章で、「主婦年金制は女性解放の問題を終局的に解決する手段でない」と付け加える。いずれにせよ主婦労働は縮小していく運命にあるし、家計に「夫婦の賃金の合計」が不可欠な未来が遠からず来るだろうから、「主婦年金制」という提案も歴史的な過渡期の戦略にすぎない、と断っている。

「家事労働に賃金を！」の多くの論者もまた、この要求の理論的・実践的な不可能性に直面した。あとになって、ダラコスタのように、あの要求は家事労働の価値を社会的に訴えるための戦略だった、と言い出す人も出た。ロンドンに本部をもつこの運動そのものは、実践的な課題をもてないまま、七〇年代を通じて衰退していく。

不払い労働論が国際的に再び脚光を浴びるのは、一九九五年の北京女性会議以降のことである。「行動綱領」に女性の不払い労働を国民経済計算のサテライト勘定に含めることが勧告され、日本ではそれを受けて、経済企画庁が『あなたの家事労働のお値段はいくらですか』(一九九七)のなかで、専業主婦の家事労働の評価額を、年間二七六万円とはじき出した。だがだからと言って、その金額を誰かが支払ってくれるわけではない。

マルクス主義者の回答

「これほど浸透力の強い商品化現象から、人類の半数が多少なりとも従事し、かつ従事するであろう主婦労働が排除されてしまったのは、一体どうしたことなのだろう」[水田 1960(上野編 1982：II 34-35)]という水田の疑問は、七〇年代のマルクス主義フェミニストによって「マルクス主義につきつけられた女性の問題 woman's question to Marxism」と同じものだった。これに対する「マルクス主義者の回答 Marxist answer to woman's question」もまた、日本とヨーロッパで驚くべき類似性を示している。

磯野に対して寄せられた批判は、次のようなものである。

第一に、家事労働労働力商品生産説に対する批判。これは家事労働にマルクス理論をあてはめようとする問題構制そのものが、まちがいであり、それは初歩的な経済理論に対する無知から来ているというもの。

第二に、問題設定と家事労働の有用性は認めるが、家事労働は価値を生まないとするあいかわらずの原則論。これにはさらに「家事労働は有用だが価値を生まない」「家事労働は使用価値を生むが交換価値を生まない」「家事労働は剰余価値を生まない」したがって「資本にとって生産的でない」、等々の変種がある。

第三に、「主婦の労働力は商品ではない」、したがって家事労働に価値を認めることは「主婦を賃労働者化する」ものであるという批判。

第四に、磯野の説が主婦天職論を補強し、都市中間層の保守的意識を強化するという、戦略上の批判。

順に論じていこう。

第一の批判は高木督夫(当時法政大学教授・経済学)のものが典型的である。

磯野氏の価値論の中心部分は、労働力商品は(家事労働という労働の)労働生産物である、という一点につきる。……しかし、労働力商品は労働生産物ではない。労働力の消費が労働であり、労働力の生産とは、労働つまり労働力の消費過程以外の労働者とその家族の生活そのものに他ならぬ。……労働力の生産、つまり生活をするためには、一定量の生活資料が必要であり、それの造出のためには社会的に必要な労働が支出されねばならない。この労働が労働力の価値を決定するのである。いわば生活によって生活資料の価値が労働力の価値に転移するといってよい。［高木(督)1960(上野編 1982：II 73-74)］

磯野は「私も労働力が家事労働によって生産されるとは考えていない」と同意したうえで、「生活資料の価値を造出するための労働」を問題にしていると反論する。さらに高木が「家事労働が価値を生ずるとすれば、睡眠やリクリエーションもまた価値を生ずることにならざるをえないであろう」という指摘に対して、睡眠や食事のように「他人に移譲することができない活動」と家事のように「他人に移譲することのできる活動」を混同するのは、妻の活動を夫の「生活」として同一にあつかう「夫婦を未分化の一単位として見る」見方、つまり「妻の人格は夫の人格に包摂されている」という前提が必要だと反論する。

事実、家事労働の問題化は、家族を「愛の共同体」の聖域からひきずりだし、その内部におけるメンバーのあいだの資源と権威の不均等配分を問題にするところから始まった。「夫婦は一体」の神話は妻の家事労働の問題化をはばんできたし、この神話はそれを奉じるのがつごうのよい人々、つまり男性たちによってになわれてきたのである。

もし「家事労働が(夫という)労働力商品を生産する」と仮定したら? それに対しても、ただちに水田が報告するようなカリカチュアライズが起きる。「わたくしはウ飼いのウかサル回しのサルのように、月給袋をもらっては全部はきだしてしまいます。妻が家庭の実権の掌握者なのです」[水田 1960(上野編 1982:II 28)]。

いまでも通用しているこの種の通俗的な議論には、実践的にも理論的にも反論することができる。第一に、夫婦間勢力関係をめぐる膨大な実証データは、意思決定権が夫婦のあいだに不均等に(現実には夫に有利に)分配されていることをあきらかにしているし、第二に、仮に妻に実権がある場合でも、夫には正統的な権力、妻には非正統的な権力が割り振られており、妻の権力はどんな法律によっても保護されていない。したがってそれは夫婦関係がうまくいっているあいだだけ維持されている私的な権力であって、いったん破綻した場合には妻に対する保障はない。渡辺多恵子が言うように「子供が、学校で、お父さんの働きもお母さんの働きも対等であると教えられてウチへ帰ってくると、お父さんはおカネをもってくるがお母さんはおカネをもってこないから対等でないとお父さんにきめつけられて、子供ががっかりする」[渡辺(多)1960(上野編 1982：II 49)」ことも起きる。

第二点についての論争は、主として日本共産党系の人々によって、『婦人民主新聞』を舞台にくりひろげられた。朝日ジャーナル編集部による論争のまとめによれば「まず評論家の嶋津千利世氏が同紙六〇年六月号で『婦人労働無価値説』を発表し、つづいて上杉聡彦氏(七月一七日号)、慶大教授・黒川俊雄氏(七月二四日号)、小林登美枝氏(八月二一日号)、原田二郎氏(九月一一日号)らがそれぞれの立場から無価値説を主張した」[8][朝日ジャーナル編集部 1961(上野編 1982：II 129)]。

このやりとりもまた、七〇年代ヨーロッパの家事労働論争のなかの、マルクス主義者の対応と酷似している。家事労働論争を概説したカルジンスカのまとめによれば、「資本制は無償の家事労働から物質的に利益を得ているであろうか？」という問いに対して、四通りの答えがあった。第一はイエス。家事労働は労働力商品を生産する。第二はノー&イエス。家事労働は不生産的であるが、価値を生産する労働である。第三はイエス&ノー。家事労働は価値を生産するが、それは交換価値ではなく使用価値である。第四は、ノー。家事労働は資本制分析の外にある[Kaluzynska 1980：上野 1990：117-118]。マルクス主義者のあいだでの、回答のこの多様性は、家事労働をなんとかマルクス主義的分析の内部にとりこもうとする努力の、程度の違いによる。

六〇年代の日本と七〇年代のヨーロッパで、判で押したように同じ反応がマルクス主義陣営の側から返ってきたことについては、日本のマルクス主義の歴史・文化的な背景にふれておかなければならない。日本のマルクス主義はドイツ語原典の注釈学的研究においてドイツ本国を抜くほどの国際レベルに到達しており、ソ連がレーニン主義とスターリン主義を経て、修正主義的な改竄をマルクス解釈に施していたことを考えれば、はるかに原典に忠実な原則主義の立場に立っていた。マルクスのテクストに即せば、「家事労働は無価値である」と、かれらは原則的な答えをくりかえしたのである。しかも「専門家の教えを乞いたい」とへりくだった磯野の問いかけに対して、「マルクスに対する無知がこのような誤った議論を生むのだ」と言わんばかりの傲慢さで。

第三の、磯野説は主婦の「賃労働者化」をめざすものだという批判は、誤解にもとづくものである。磯野が言うように、「問題にしているのは主婦の労働であって、労働力ではない(9)」。高木が言うように、「資本制家内工業のような賃労働関係を主婦にあてはめようとした」ものではない。第一に夫と妻の関係は雇用関係ではないし、第二に資本家が妻と雇用関係を結んでいるわけでもない。第三に、これは磯野は指摘していないが、賃労働関係を成立させるために必要な労働市場が、夫婦間では形成されない。妻は自分の労働力を自由に売ることのできる資本主義的な意味での「自由な労働者」ではない。雇用主や雇用条件に不満があっても、彼女は雇用主を自由に変えるという労働力の移動が制限されているからである。

だが、磯野の問題提起を、主婦を賃労働者化しようとするものだとする誤解にもとづくいいがかりと、その誤解にともなう反発は、主婦論争のなかではなじみのあるものである。それは市場原理の外に隔離された「愛の聖域」の神話をもっとも侵すものだからである。この「経済還元主義」は、男性からだけでなく、主婦のプライドを侵す点で主婦当事者からもっともつよい反発を招く。公的労働と私的労働とのこの分離こそが、女性の抑圧の源泉であるのに、この性別隔離は当事者に部分的な権力とアイデンティティを与えるという逆説をもっている。

第四の点については、磯野論文は「保守的言説」として、「いわゆる進歩的婦人運動の側(たとえば『婦人民主新聞』の一連の磯野論文の取り扱いの如き)、とくに労働婦人の側からの批判」を浴びた。これについては、高木がゆきとどいた理解を示している。

……進歩的婦人とくに組織された婦人労働者の側がこれを取り上げた理由としては、この論文が、何よりも主婦達に現実に受け入れられやすいと感じたからに他ならぬ……。主体的に言えば、婦人労働者およびそれに代表される側の運動とその理論が、主婦達をしっかりとつかみえない弱味を持っているからである。いわば主体的な弱味への直感が、磯野論文批判の底流をなしているといってよい。

［高木（督）1960（上野編 1982：II 70）］

磯野論文が社会主義婦人解放論の理論的・実践的弱点を衝くものであったという「直感」は正しい。事実、社会主義婦人解放論のもとでは、エンゲルスの言う「すべての女性の公的労働への完全な復帰」という解放戦略がその当時にもまかり通っていた。磯野が言うように、「「主婦と働く婦人」というように区別されたり、「妻は外に出て直接生産に従事しなければ、夫と対等になることはできない」といわれるのでは、主婦は婦人解放から取り残された前代の遺物のように肩身がせまく、劣等感になやまされる」［磯野 1960（上野編 1982：II 7）］。高木もまた、磯野論文の強味は、労働婦人が問題化しなかった「いえ」に見る近代化にある、と「発展史観」にもとづいた理解を示す。だが、皮肉なことに歴史の過程が示すのは、主婦は「前近代の遺物」でもなければ、「いえ」に見る遅れた近代化の産物でもない、という事実だった。むしろ六〇年代こそ、女性の「主婦化」の時代であり、磯野の論点は、「近代化」の産物としての「新中間層」の主婦の問題を、それが大衆化する以前に先取りしていたのである。だからこそ、「職場で苦闘する婦人達」が「直感的」に示した、いわば階層的な「反発」のもつ、歴史的な意味がある。「婦人は必ずしも職場に進出することによって解放されるものではない」とした磯野説は、彼女たちの労働現場の実感を言い当てていただけでなく、階層的基盤をほりくずす危機感をも与えたにちがいない。

磯野は、自説が「中間層の主婦専従者が現状維持を正当化するための都合のよい理論」と理解されることに当惑し、自分の意図はその反対だと、批判者と危惧を共有する。そして自分が問題にしているのは「主婦専従者」ではなく、「家事の責任から解除されないまま」賃労働にも従事する場合の困難だと、言い訳することで、「労働婦人」と「家庭婦人」とのあいだを橋渡ししようとする。だが、これは当初の問題提起から言えば、後退と言わざるをえない。

第一に、磯野が論じた「家事労働」と「賃労働」の二重の負担は、のちに八〇年代になって樋口恵子が「新・性別役割分担」と名づけたものであり、六〇年にはまだじゅうぶんに現実化していなかった。(10) 第二に、「新・性別役割分担」もまた、女性に家事労働が排他的に割り当てられることからくる抑圧の新しい形態にほかならない。主婦労働の問題の原点は女性が排他的に無償の家事労働に従事することにあるからである。

だが、「家事労働の重みが耐え難く感じられるのは、主婦が家事の責任から解除されないで他の仕事もしようとする時」という磯野の「実感」にも、根拠がある。前述したように女性に選択肢が増え、かつ「機会費用」が上昇することを通じて、はじめて自明視されていた主婦の家事労働がなぜ無償なのか、という問題化が可能になるからである。

沈黙させられた女たち

日本の家事労働論争、第二次主婦論争は、問題をのこしたまま、専門家の説に説得されるかたちで終熄した。磯野は初めから専門家に対して及び腰であった。

> （自分の説は）「もしも主婦労働が価値を生むなら」という仮定にもとづいている。元来私のは、「なぜ生まないのか？」という疑問であり、経済学については資本論第一巻を三回通読した他は何も読んだことのない私には、経済学上の理論について、何事も主張する資格はない。〔磯野 1961（上野編 1982：II 97）〕

したがってもし専門家が「主婦労働は価値を生まない」と宣告すれば、ただちに引き下がる用意があると表明する。

だが、磯野自身による総括のあとも、毛利明子（当時小田原女子短大講師）は「中心課題である労働力の価値と主婦労働との関係についての疑問を真正面からとり上げて、納得いくまで解明したものは、一年間にわたる数多くの論議の中で、一度も現れなかった」[毛利 1960(上野編 1982：II 107)]と不満を表明したうえで、「経済理論の弱さ」が原因だと指摘する。田中豊子(当時兵庫県労働研究所員)も、磯野・水田「両論文の意義は、……主婦の家事労働や妻の無償労働の本質や性格を、経済理論ないし社会科学的に明らかにする必要があることを指摘したこと」と述べる[田中(豊)1960]。彼女たちにとっては、問題はすこしも解かれていないと感じられたのである。

磯野は自説について「実を言うと、主婦労働と資本論を結びつけることの当否については、私も疑問を持っていないわけではない。資本論が扱っている問題の範囲には、主婦労働は入っていないのはたしかである」[磯野 1961(上野編 1982：II 102)]と指摘する。同じ事実を、一九八一年に、ハイジ・ハートマンは、「マルクス主義はセックス・ブラインドである」[Hartman 1981＝1991]と書く。同じ指摘をしながら、磯野は資本論に主婦労働を持ちこんだ自分の問題構制が間違っているかもしれないと断り書きをし、ハートマンは、家事労働の問題を解けないマルクス主義のほうが間違っていると断言する。このパラダイムの逆転のもつ意味は大きい。

家事労働を問題化し、既存の理論の欠陥に肉薄した日本の第二次主婦論争は、問題構制と論点の網羅性において七〇年代ヨーロッパの家事労働論争の水準に達しながら、専門家たちに玄関払いを食らわされて撤退する結果になった。論争が一見終熄したかに見えたあとも、「たしかにわたくしのほうが、内職をいれれば、夫よりもはるかによけいに働いていますが、おカネは夫のとり分が多いので養われている気分になる」［渡辺(多)1960(上野編 1982：II 49)］という不満をくすぶらせたまま、女たちは再び「黙らされた」のである。

それから一〇年後、七〇年代欧米での家事労働論争は、家事労働を扱えないマルクス理論の欠陥を衝くにまでいたった。女たちの沈黙に終わった日本の主婦論争と、マルクス理論の改訂を迫った欧米の家事労働論争との違いはどこにあるのだろう。その後も八〇年代の「欧米のマルクス主義の潮流の中でのMF（マルクス主義フェミニズムの略）の活発な論議に比べると、日本の場合ははるかに低調である」ことを指摘する竹中恵美子は、「欧米におけるMFを生み出す土台となったのは、アルチュセール後のネオ・マルクス主義＝マルクス・ルネッサンスの潮流である」としたうえで、久場の説を引いて、「わが国がいわゆるマルクス経済学先進国であったことが逆にわざわいして、大胆な自己変革を遂げつつある欧米マルクス主義の受容を阻み、一方でマルクス主義＝伝統的マルクス主義の公式がマルクス主義フェミニズムについての認識をゆがめたこと」が原因のひとつであるとする(11)［竹中 1989b：3］。六〇年代の講壇マルクス主義の支配力は、逆に日本を世界的な潮流から孤立させたのである。

だが、それだけではない。何よりも大きな違いは、六〇年代と七〇年代とのあいだにあった世界史的な変化、第二波フェミニズムの存在だった。「個人的なことは政治的である」という標語のもとに、「経験の政治化」をめざしたフェミニズムは、「女の経験」が「理論」に合わないのなら、男仕立ての「理論」に合わせて「女の経験」を切り刻むかわりに、「女の経験」を説明できない「理論」のほうが間違っている、とその作り替えを宣告したのである。

八〇年代の家事労働論争

家事労働をめぐる議論は、その後、八〇年代に入って欧米のマルクス主義フェミニズムの影響のもとに再構築されるまでは、ながらく問題化されずにきた。八〇年代には私自身を含め[上野 1985b, 1990, 1992]、水田珠枝[1991]、久場嬉子[1987]などの論者が登場し、マルクス主義陣営でも渡辺多恵子[1960]や伊藤セツ[1992]、さらに女子労働経済学者の竹中恵美子[1989b：竹中・久場編 1993]のように女性の無償労働に関心を払う論者があらわれた。若手の男性研究者のあいだでも、社会学の瀬地山角[1990a, 1990b, 1994a]や立岩真也[1994, n.d.]、経済学の伊田広行[1994]、哲学の細谷実[1994]など、主婦や家事労働を問題化する論者があらわれた。経済学者のなかには山崎カヲル[1992]や矢野俊平[1994]のように、マルクス主義フェミニズムの問題構制を、経済学に対する挑戦と真摯に受けとめる人々もあらわれた。理論的には、大沢真理[1993a, 1993b]、伊田久美子[1992]、足立真理子[1987]や古田睦美[1994]などの貢献があり、「家事労働論争」はいまだに終わっていない。

錯綜した議論の内容をいくつかに分類すれば次のようになるだろう。

(1) あいかわらず伝統的マルクス主義の立場から、マルクス主義フェミニズムの議論はマルクス理論の「誤解」もしくは「誤用」であり、「マルクス批判」は「批判」になっていないからまともに相手にするに足りないというもの。(伊藤、矢野)

(2) 逆に近代主義の立場から、マルクス主義フェミニズムの主張する「不払いの家事労働」の男性による「領有」や「搾取」の存在を否定するもの。(12)(落合・落合、立岩)

(3)「家父長制」概念そのものの社会理論としての妥当性を疑うもの。(瀬地山)

(4) マルクス主義フェミニズムの問題構制を受け入れたうえで、それを一元的な経済理論の枠のなかにふたたび統合しようとする試み。(竹中、伊田)

(5) 私的家父長制から公的家父長制への理論的展開のなかで、労働のジェンダー分割を含み込んだ資本制下の「本源的蓄積」や「国際分業」を統合的に説明しようとする試み。(古田)

(6) 「市場」と「家庭」の二元論からなるマルクス主義フェミニズムに欠けている決定的な第三の行為者、「国家」の役割を強調する立場。(大沢、足立)

「主婦」や「家事労働」が学問研究の正統なテーマとみなされるようになったこと自体が、そしてそれに男性研究者が参入したことが、八〇年代の新しい傾向だが、それには学問の世界におけるフェミニズムの影響が大きい。八〇年代の「家事労働」論を細部にわたって検討する余裕はここではないので、これ以上議論に深入りはしないでおくが、フェミニズムによる社会科学の諸分野における男性知批判のなかでも、経済学はフェミニズムの挑戦を受けることのもっとも少ない分野であった。もっと正確に言えば、挑戦を挑戦と受けとめることの少ない学問領域だった。政治学や法学に比べてさえそうである。それはその分野に女性の研究者がもっとも少ないことにもよるが、経済学という分野が、マルクス理論であれ近代経済学であれ、自己完結性の高い閉鎖系だったことによる。だがそのなかでも「フェミニズムの挑戦」を受けとめる経済学者があらわれた。矢野は上野のマルクス主義「誤解」をいちいちただしながら、なおそのうえで経済学が「女性だけがなぜ「再生産」労働・家事労働を担当しなければならないのか、そして賃労働者としても差別されなければならないのかを何等説明していない」と、「フェミニズムという妖怪」による「経済学への超越的批判」を認める。「それは結局伝統的なマルクス主義や新古典派経済学とは異なる労働論や「価値」論を提起することでもあろう」[矢野 1994：420]。

「労働」概念の組み替えへ

八〇年代には「家事労働」を問題化するための新しい歴史的なコンテクストが成立した。六〇年代の変化が「未婚女子労働市場の成立」だったとしたら、七〇年代から八〇年代にかけては「既婚女子労働市場」が成立したことである。未婚女子労働市場はほぼ飽和状態に達し、七〇年代に「女性の職場進出」の名のもとに職場に出ていったのは、育児専従期の谷間をM字型にのこしたまま、育児期を終えた中高年の女性だった。八三年に既婚女性の労働力化率は五〇パーセントを突破、九二年には女性全体の労働力化率が五割を超すにいたる。八五年には女子雇用者の有配偶率は五九・五パーセント、女子雇用者の平均年齢は三五歳を超した。「夫は雇用者、妻は専業主婦」の「性別役割分担」に代わって、妻が賃労働と家事労働の「二重負担」をかかえこむこの新しいかたちの性差別を、八五年に樋口恵子は「新・性別役割分担」と名づけた。問題は「女性の職場進出」が、すこしも女性の地位の向上を意味しなかったことである。「働く主婦」が大衆化してみれば、女性は職場では「二流の労働力」として扱われ、他方、家庭でも夫の家事参加などのぞめないまま、一〇〇パーセントの家事負担を背負っていた。七三年オイルショック以降の産業構造転換期に、女子雇用は急速に拡大したが、それは主としてパートタイマーなど、雇用の多様化を促進するかたちで進行した。「労働市場の柔軟化」は、もっぱら女性に対して適用され、「多様化」の名において、低賃金・不安定雇用の「女子労働の周辺化」を促進する結果になった[上野 1990 : Ueno 1987, 1989, 1990]。

一九七〇年にすでに一二・二パーセントに達していた女子雇用者中のパートタイマー比率は、構造不況期をつうじて上昇をつづけ、九三年には三〇・七パーセントにのぼる。「フォーラム女性の生活と展望」によると「パート雇用者の八割強は女性で、ここ二〇年に五倍近く増えた。さらにその八割弱が有配偶者で、パート＝既婚女性の図式が成り立つ」[1994 : 34]。そのあいだに男女賃金格差は拡大をつづけた。七〇年に男性一〇〇にたいして四二・八だった女性賃金比率は、七八年にいったん五六・二まで上昇したあと、その後はかえって低下し、九〇年には四九・六に達した。主な原因は女性のパートタイマー化である。七五年から始まった「国連婦人の一〇年」をつうじて男女賃金格差が拡大した例は、先進工業諸国では類を見ない。

一九九三年に刊行された大沢真理の『企業中心社会を超えて――現代日本を〈ジェンダー〉で読む』[1993a]は、七三年以降の産業構造転換期における労働市場の性別再編成の過程を詳細にあとづけることで、「女性の職場進出」が「女子雇用の周辺化」にほかならなかった現実を、「職業の女性化」率、「性別分離指数」などのいくつかの変数を操作的に用いて、完膚なくあきらかにした。資本主義の発展は少しも労働のジェンダー編成を解体せず、それどころか新たな性差別を組みこんでいった。「新・性別役割分担」のもとでの女性の「支払い労働」と「不払い労働」の「二重負担」は、長時間労働で有名な日本の男性労働者のレベルを超える重い負担に達していた。大沢は同じ著書のなかで「収入労働」と「無収入労働」のふたつのカテゴリーを導入し、総務庁の社会生活基本調査から、「収入労働」と「無収入労働」を合計した二次活動時間の合計を比較、「働きすぎが問われなければならないとすれば、家事＝無収入労働と仕事＝収入労働をあわせた妻の長時間労働こそが問われるべきではないだろうか」[大沢 1993a：116]と指摘する。

一九八六年の生活時間配分を、夫婦と子どもの世帯について収入労働の有無別に見ると、平日に最も長時間「働いて」いるのは共働き世帯の妻であって、その二次活動時間は一〇時間半を超える。つぎが無業の妻をもつ夫で一〇時間近く、共働き世帯の夫は九時間半である。……フルタイムの共働きの夫婦の二次活動＝社会的労働時間の差は、一週間で一〇時間を超え、一年では五〇〇時間以上の差が出ることになる。もちろん妻のほうが「長時間労働」である。ごく単純に計算して、このような夫婦が四〇年間共働き生活を送ると、社会的労働時間の差は二万時間を超えてしまう。……勤め人人生に換算して一〇年分は妻が余計に「働く」ことになるのだ。(13)［大沢 1993a：109］

「働く主婦」が一般化するにつれて、家事労働負担の重荷がつよく感じられるばかりか、賃金を得る機会をつうじて、女性は自分の「機会費用」に自覚的になっていく。他方で急速な高齢化のかげで、老人介護の負担は、無償の「家事労働」のなかで耐え難い域に達していた。女性が不払いの「家事労働」負担を全面的に背負うことで成り立っていた日本の家族は、崩壊の危機に瀕していた。

皮肉なことに八〇年代は、女性のあいだの階層分解が進行して、専業主婦の地位が上昇した時代でもある。「女性の職場進出」が、解放どころか「二重の抑圧」だという事態が明らかになるにつれ、「すべての女性の公的労働への復帰」という伝統的な社会主義婦人解放論の戦略は疑わしくなる。八五年に加納実紀代が「職場総撤退論」を唱えたことにはじまる江原由美子との「総撤退」論争[加納 1985；江原 1988b]や、大橋由香子・小倉利丸の『働く／働かない／フェミニズム』[小倉・大橋 1991]は、「労働」の現状を肯定したまま「働くことが解放である」というナイーヴな立場をもはやとらない。

八五年に男女雇用機会均等法が成立、「男なみ就労」の機会を女性にも与えたかに見えた。均等法の法律上の欠陥や運用上の問題点、さらに九〇年代に入って長引く不況のなかで公然たる法律違反が続出、法に何の実効性もなかったことがあきらかになったことは、すでに多くの論者が指摘しているので、ここではくりかえさない。均等法の逆説的な「効果」は、一部の特権的な女性に、「総合職」という名の「男なみ就労」を可能にしたせいで、かえって「男のように働く」にはどのような特殊な条件が必要かという問題点をあぶりだした[Ueno 1990]。

大沢は「労働」概念にジェンダー視角をもちこむことで、従来の「労働」概念がどれほど男性よりに偏ったものであるかをあきらかにする。

「一般」として語られる「性別」抜きの「労働者」は、実は、人間の生活に不断についてまわる家事労働の負担を妻に転嫁した男性世帯主、というきわめて「特殊」な存在にすぎない……。家事労働責任などをもっぱらにないつつ外で働かなければならないという意味で女性の労働市場への登場に特有の条件があるとすれば、家庭責任を配慮する必要がないという男性側の登場条件も、女性におとらず「特殊」であると考えるべきなのである。[大沢 1993a：75]

これまで男性研究者の理論装置は、性差別的な与件を自明視することで、女子労働を「特殊ケース」とみなしてきた。したがって大沢の言うように「理論の欠陥を反省すべきは……体系としてジェンダー視角を欠いてきた戦後日本の社会科学主流なのである」[大沢 1993a：78]。

これまで「男女平等」は「雇用の平等」と同義に扱われ、「男女同一労働同一賃金」の原則や、それが成り立たないとわかると「コンパラブル・ワース(同一価値労働同一賃金)」の概念などが、次々に精錬されてきた[Sokoloff 1988=1994]。だが、「男女平等先進国」のように見えるアメリカでさえ、アーリー・ホックシールドは一九八九年になって、女には賃労働以外に、家に帰ってからの『セカンド・シフト(第二の勤務)』[Hockshield 1989=1990]があることを今さらのように問題化する。またジュリエット・ショアは、「収入労働」と「無収入労働」を合計したアメリカ人の総労働時間は長くなる一方だと、労働強化を指摘する[Shor 1992=1993]。「家事労働」を早くから問題にしてきた日本の論者にとっては、「不払い労働」のジェンダー間の不均等配分を問題にすることなしに、「雇用の場」における「平等」のみを語ることができないのは明白だった。

「家事労働」概念から出発した議論が今日到達したのは、労働概念の組み替え、労働組織の再編成、家族の変革、国家の問い直しである。それは家父長的な国家と市場、企業と男性にたいする挑戦であり、もはやゲットー化された「女性領域」内部に限定された問題ではない。六〇年代から始まった日本の家事労働論争は、三〇年後にようやく既存の経済学に不能を宣告し、それを解体しはじめたのである。

（1）国勢調査第一回は一九二〇(大正九)年におこなわれ、それから五年毎に、(戦時中の混乱期を除いて)定期的におこなわれている。それまでも戸籍や住民票による人口統計はあったが、社会移動が激しくなって、登録された住所による統計があてにならなくなったところから、徹底的な現住所主義による国民全数調査が目指されたのが国勢調査である。これ以前には日本には、信頼できる人口統計は存在しないと言っていい。

（2）『朝日新聞』一九八五年一〇月二日付大阪版朝刊「はい社会部です」掲載の投書より。

（3）一九七〇年代から八〇年代にかけてのフェミニズム的言説の普及とマルクス主義フェミニズムの理論的貢献を考えても、その影響力は一部の読者層に限られており、この五年間の家事観の変化をフェミニズムに帰すほど、私は楽観的ではない。主婦論争、家事労働、不払い労働等については、以下の書物を参照のこと。[原・岩男編 1979；上野編 1982；上野 1990, 1994a]

(4) 「第二次主婦論争」とは呼ばれているものの、これはあとになって研究者が名づけたもので、「第一次主婦論争」とは直接の関係はない。読者も媒体もほとんど重なっていない。「第一次主婦論争」は、『婦人公論』という女性向け媒体を中心に、「主婦身分」をめぐる論争を、男女の知識人がやりとりしたものだが、「第二次主婦論争」は、最初から『朝日ジャーナル』という知識大衆向けの論壇誌を舞台に、講壇経済学者を含む経済の専門家をまじえておこなわれた。「第一次」「第二次」の区別は、丸岡秀子[1981]、神田道子[1974]、駒野陽子[1976]等、先行の研究者の用法を踏襲したものである。私自身は、のちに『主婦論争を読む・全資料』[上野編 1982]を編んだ時、七二年時の論争を「第三次主婦論争」と名づけた。

(5) 一九七二年になって私自身が名づけた「第三次主婦論争」では、ふたたび「主婦身分」がテーマとなった。だが、このとき問われたのは「兼業主婦化」の波のなかでアイデンティティの自明性を切りくずされつつあった「専業主婦身分」であった。『主婦論争を読む・全資料』[上野編 1982]解説参照。

(6) 六〇年代の女子労働の動向については、竹中[1989b]、上野[1990]参照。

(7) 一九八六年の年金制度改革における「三号被保険者」問題は、ズバリこれを争点としている。三号被保険者とは二号被保険者(正規の雇用者)の無業の妻を対象とし、保険料の支払いを免除したうえで個人年金権をもつとした。「専業主婦優遇策」とも呼ばれているこの制度改革の結果、無業の主婦を配偶者にもつ夫の年金負担額は増えていないのだから、その負担は働く男女にかかることになる。不公平な制度であるとして、たびたび年金制度改革の俎上に乗せられたが、見送られてきた。

(8) なお、『主婦論争を読む・全資料』Ⅱには詳細な文献目録が付されているので参照のこと。

(9) 磯野は、注記のかたちで「この二つの区別(労働と労働力)には、校正の時にも充分注意したつもりだったが、『ジャーナル』(掲載時に)「主婦の労働」とすべきところが、「労働力」となってしまったのを、ここで訂正しておく」と補足している。[磯野 1961(上野編 1982：II 100)]

(10) 女子雇用者の配偶関係別構成比を見ると、六〇年代には既婚者が三割、あとは未婚者、離別者、死別者など、結婚の外にいる女性たちが大半を占めていた。これが逆転するのは六〇年代半ばのことである。「新・性別役割分担」については、樋口恵子他「シンポジウム　女たちのいま、そして未来は?」『世界』一九八五年八月号、参照。

(11) 久場はさらに次の二点を挙げている。「一つはわが国の独自の家父長制構造、性別分業の強さ、(もう一つは)わが国の高度の経済成長がすさまじい超工業化を成し遂げ、このことが女性の抑圧の問題を、資本主義システムに基礎づけてみる視点を希薄にし、反近代、反産業社会へと傾斜させたことである」［久場 1987］。第一点については、私自身は日本の家父長制が諸外国に比べて「とくべつに強い」とは考えない。第二点についても、ラディカル・フェミニズムが性差別を非資本制的な要因に還元してきた歴史を考えると、日本に特殊とは言えない。だが付け加えるなら、ヨーロッパのフェミニズムに比べて、日本およびアメリカのフェミニズムにおける「MFの議論の低調さ」は特筆できる。ソコロフやハートマンはヨーロッパの影響下にある例外的な論者にすぎず、ヨーロッパのマルクス主義フェミニストのように、論争を含む緊密な知的サークルを形成していない。これは日米両社会で、フェミニズムの多くの理論家が社会理論としてのマルクス主義の影響下に育ってこなかったからであろう。アメリカではたんにその不在のせいで、日本では主流マルクス主義のあまりに強固な支配力がそのなかからフェミニズム理論家の誕生をはばんだせいで。その限りでは、竹中のいうヨーロッパ・マルクス主義の「マルクス・ルネッサンス」がヨーロッパにおけるMFの挑戦を準備したと言えるだろう。

(12) 落合仁司・落合恵美子は共著論文「家父長制は誰の利益か ―― マルクス主義フェミニズム批判」［1991］で、「家父長制の物質的基盤は存在しない」という結論を立証したことになっているが、労働の「領有」概念に対する基本的無理解、「物質的基盤」の「経済的利益」への還元など、マルクス主義フェミニズムの過度の単純化にもとづく批判にすぎない。さらに市場を分配均衡メカニズムと同一視することに見られるように、近代経済学的な市場原理に対する過度のオプティミズムがある。第一に、市場はつねにパレート最適をめざすとはかぎらない。「純粋な市場」というものは存在せず、現実にはさまざまな経済外要因が市場に介入している。第二に、家父長制がパレート最適でない、ということはそれが「男性の利益にならない」ことにはならない。「男性の利益になる」ということは、「男性が何を利益と考えているか」(彼らはそのことによって「権力」を定義している)に依存しており、彼らが時間資源よりも貨幣資源の方を「価値がある」と考え、その分配格差を「選好」している限りは、この「不合理」から彼らは「相対的に利益を得ている」。第三に、家父長制が「パレート最適」でないことを証明したとしても、それが「家父長制に物質的基礎はない」ということの証明にはならない。経済学から見たその問題点は、山崎カヲル[1992]が詳細かつ的確に論じている。

両氏の議論は、パレート最適の最大の問題点――最適点の複数性――にまったく触れられていないために不充分きわまるものだし、第一、競争均衡を求めてお互いに制限つき最大化をはかるような経済行動を実現することが、どうしてフェミニズムの目標になりうるだろうか。……両落合さんの議論は、たとえば働かされるだけで余暇を持たない奴隷とまったく働かないで気ままに生きている奴隷所有者とのあいだにも完全に適用可能である。奴隷制度が存在しているとき、パレート最適を持ち出して、最適点では両者がともに利益を得るのだから、奴隷制度は「物質的基盤」を持たないといっても、なんの役に立つのだろうか。[山崎(カ)1992：88]

(13)　ここで大沢が妻の家事労働を「働く」とかっこにくくっているのは、経済学者のあいだで家事が「労働」、大沢の表現では「無収入労働」であることに、コンセンサスが得られていないことを意識しているからである。

II

5 「家族」の世紀

はじめに

家族は永遠だろうか？

人類学は「家族」と呼ばれるもののあまりの多様性に、とっくに定義を放棄してしまったが、社会学は家族の普遍性をめぐって、それにミニマムの定義を与えようとしてきた。第一は家族の構造について、第二は家族の機能についてである。

第一の構造については、母子ダイアドと性ダイアドの結合による、(1)「核家族」という最小単位を設定した。べつなことばで言えば、婚姻と血縁でつながる性と世代の異なる集団メンバーが家族の最小単位には不可欠だとされてきた。家族社会学の伝統のなかでは、家族は婚姻によって成立し、その解消によって解体することになっている。いったん、最小ユニットが設定されれば、あとの類型は複数の性ダイアドと母子ダイアドの組み合わせで説明できる。こうして拡大家族、父系直系家族、合同家族などの類型がつくられた。

他方、家族の機能については、この最小単位、核家族にふさわしい最小限の機能が定義された。有名なパーソンズの定義によれば、核家族が果たす最小の機能は「子どもの社会化機能」と「成人の情緒安定機能」とである。前者は母子ダイアドに、後者は性ダイアドに対応する。だが、「子どもの社会化機能」はいまや「三歳まで」の第一次社会化に局限されているし、その社会化の担い手が母のみに限定されているのも、近代に特殊な事態といわなければならない。「成人の情緒安定機能」のなかには暗黙裡に「性的満足」が含まれている。だが制度的な結婚のなかでパートナー同士の情緒的満足が求められるようになったのはここ最近のことにすぎないし、「性的満足」が婚姻の必要条件になった——したがって「性(格)の不一致」や「性的義務の不履行」が離婚理由となりうる——のも近代以降のことにすぎない。

母子ダイアドを欠いた性ダイアドだけの集団は社会学的には「家族」と呼ばれない。したがって「家族」をその機能の面から「(人口)再生産の制度」と定義するしかたもあるが、「再生産」は「家族」の内でも外でも可能である。もし「再生産」を優先すれば、母子ダイアドがあるところにすべて「家族」がある、と「家族」を最広義に定義してしまうこともできるが、そうなれば「核家族」の定義が解体してしまう。

母子ダイアドは生物学的結合にもとづいていると考えられているが、この母子ダイアドと性ダイアドとのあいだには、必然的な関係がなくてもかまわない(2)。つまり、母の正統な――すなわち社会的に承認された――性的パートナーが「父」と呼ばれる。人類学は当初から「生物学的父 genitor」と「社会学的父 pater」とを区別してきた。この「社会学的父」は、母の性的パートナーでなくてもかまわない。母系社会では「母の兄弟」が「社会学的父」の役割を演じる。言い換えれば、親族構造のルールとは、生まれた子どもがだれに帰属するかについての規則にほかならず、だれがほんとうの生物学的父親かという問いを不問にしてきたのである。母の性的パートナーが子の生物学的父(genitor)である、あるいはそうでなければならない、という「核家族」の理念は、人類学的には家族の特殊ケースにすぎない。

非西欧社会についての人類学の諸研究、および近年のめざましい家族の社会史的研究は、普遍的だと思われた「家族」の概念に次々に挑戦してきた。家族史研究は、それに「近代家族 modern family」という名前を与えて歴史化 historicize しようとしてきただけでなく、その概念の「西欧中心主義 euro-centrism」をも指摘する。「家族」の普遍理論は空間的にも、時間的にも、相対化されつつある。だとすればわたしたちにようやく可能になりつつあるのは、近代＝西欧において猖獗《しょうけつ》をきわめた「家族」の普遍性をめぐる議論が、なぜ、どのように成り立ったのか、についてのメタ理論ではないだろうか。

「家族」の普遍性をめぐる議論は、前述したように第一に構造について、第二に機能について、成り立っている。だが、もうひとつ忘れてはならないのは、第三に、「家族」が「人倫」の基礎として、過度に重い倫理的な負荷を負わされてきたことである。この「家族」をめぐる「価値」family value付与が、議論をタブー化し、錯綜させてきた。したがって「家族」について語るとき、だれしも心おだやかでいられず、過剰な反応をしがちになる。だが、「家族」についての問いproblematizationを阻む、この過剰に情緒的な反応こそ、「家族」のイデオロギー効果というべきではないだろうか。

構造——「核家族」の普遍性をめぐって

「核家族nuclear family」という用語は、いまでは日常用語のひとつとして定着しているが、もとは人類学者、G・P・マードックによって造られた専門用語technical termである。HRAF(Human Relations Area Files)と呼ばれる人類文化の通文化的な比較項目表をつくり上げたマードックの時代は、人類学の普遍性が信じられた幸福な時代だったと言えるだろう。

人類学の親族理論では「家族 family」という概念は比較的あたらしいものである。「親族 kinship」のなかから、「家族」を析出することはむずかしく、かつ「家族」と「親族」の境界はつねに揺れ動いているからである。わたしたちが家族のプロトタイプとみなす居住の共同(世帯)と血縁の共同(狭義の家族)が一致する「近代家族」しかも「単婚小家族」は、人類学の親族理論のなかでは限られた特殊ケースにすぎない。

単一かつ排他的な性ダイアドからなる「核家族」は、日常用語では「夫婦とその未婚の子女からなる家族」と定義される。「未婚の」と限定が付されているのは、ひとつ以上の性ダイアドの存在を許容しない、という「単婚小家族」の排他性が前提されているからである。したがって、子どもは婚姻と同時に親から世帯分離をすることになる。

「近代家族」は、「婚姻結合による成立」を前提としており、家族社会学もその概念を踏襲しているが、人類学的にいえば、婚姻すなわち性ダイアドは家族の必要条件ではない。婚姻を欠いても母子ダイアドは成立するし、多くの母系社会では母の性的パートナーは「家族」の成員とみなされていない。性ダイアドそのものは婚姻の中にも外にも存在しうるし、かつ単数でも複数でもありうる。婚姻をもって「家族の成立」

とみなす家族社会学の定義は、それ自体、近代的な家族観・婚姻観にふかく規定されている。(3)

人類学が「核家族」という概念にたどりついた背後には、モルガン以降の親族の進化図式がある。「原始乱婚」から始まって、「対偶婚」「複婚」を経て「単婚」にいたる婚姻の進化図式のなかには、一夫一婦制 monogamy を人類史の最高の発展段階とする進化論が結びついていた。それと同時に一夫一婦制を婚姻の規範とする西欧＝近代を、人倫の最高の発展段階とする西欧中心主義が背後にあった。

ハワイや北アメリカの原住民の親族名称の研究にもとづいたモルガンの「原始乱婚」や「集団婚」「対偶婚」の概念が、研究する側の認識の混乱を対象の混乱として投影した西欧中心主義の産物であることは今ではあきらかにされているが、(4)代わってマードック流の普遍主義が「核家族」を操作概念として一般化するにいたった。マードックによれば「核家族」は、採集狩猟民の社会でも産業化された社会でも一般的であるばかりか、複合家族や直系家族が規範とされる社会でさえ、統計的には広く見いだされることがわかっている。だが、「核家族」という概念のもつ効果は、べつのところにあった。親族と家族、家族と世帯の区別さえ不分明な対象領域へ、マードックは「家族」という単位を、あたかもそれが観察可能な実体であるかのように、持ちこんだのである。(5) そのマードックの予期のなかに、わたしたちは西欧＝近代家族の与件としての強固さを見ることができる。

「家族」のシステム論――パーソンズとフロイト

社会学や人類学が普遍モデルとしてうちたてようとした西欧＝近代家族を、歴史化してきたのが近年の家族の社会史的研究である。ショーター[Shorter 1975＝1987]やストーン[Stone 1977＝1991]らはそれに「近代家族」の名前を与え、歴史の文脈のなかで相対化しようとしてきた。さらにラスレット[Laslett & Wall eds. 1972]らは歴史人口学のデータにもとづいて、産業化以前の前近代にも核家族が統計上優位であることを主張する。同じことは前近代および戦前日本についても確かめられている[盛山 1993]。「家」制度のもとで直系家族が支配的だと思われていた時代にも、家族周期や平均寿命、出生児数などのちがいから、統計上、どこでも核家族は優位を示す。したがって親族構造論のなかでは「統計的モデル statistical model」と区別して、「理念型 Ideal-typus」(ウェーバー)や「規範モデル normative model」を考察の対象としてきた。レヴィ＝ストロースは「統計的モデル」から「機械的モデル mechanical model」を区別して、出現率が三割あれば、モデルとみなしてよいと考えた[Levi-Strauss 1958＝

1972；中根1970]。だが、核家族の通歴史的・通文化的な出現率の高さは、それに「普遍性」の根拠を与える。

社会学はマードックから「核家族」の概念を借用した。その背後には「核家族」があらゆる社会構造の最小単位であるという仮説がある。システム理論で知られるタルコット・パーソンズは、その背後仮説にもとづいて、全体社会システム、中間集団システム、家族システム、人格システムという階層構造を設定した[Parsons & Bales 1956＝1981]。ＡＧＩＬ図式で知られるパーソンズの構造機能主義は、その提唱者の死とともに追随者を失い、社会学は「グランド・セオリーの死」を経験したが、システム理論そのものは、ルーマンらに受け継がれている。だがシステム理論という「形式」のなかに、どのような「内容」を盛りこむかは別な問題である。

ＡＧＩＬ図式にもとづく家族システムのなかで、父が「手段的リーダーシップ」を、母が「表出的リーダーシップ」を担う、というパーソンズの命題の性差別性も、フェミニスト社会学によってとっくに批判されているが[田中(和)1987]、それもマイナーな問題にすぎない。システム内の「ジェンダー不平等」が解消されたとしても、システムの自己完結性は解消されていない。むしろ、ジェンダー平等な核家族は「より理想的な」家族システムとみなされるだろう。問題は、システムとユニットという階層構造のなかで、家族がつねに社会構造の最小単位とみなされるという背後仮説そのものを疑うことである。

パーソンズがフロイトから影響を受けていることは明らかである。フロイトは人格システムの発達理論を確立したが、その人格システムをユニットとして含む家族システムのなかでエイジェント agent として作用するのは父、母、子どもという「核家族」の構成メンバーである。「母」が「子ども」の「自我 ego」の最初の欲動の対象となり、「父」はその「快感原則」を「現実原則」に置き換える抑圧者、「超自我 super-ego」の代理人となる。いや、発達過程からいえば事情は逆である。「超自我」が「父」の代理人なのである。したがってこの三つの行為者を欠いた「家族」は、人格システムの発達上、機能不全な家族 dysfunctional family とみなされる。ここでも家族の最小の定義、母子ダイアドと性ダイアドの結合は、「家族」が「家族」であるための必須の条件 imperative とみなされている。

システム論が「核分裂」をくりかえして、それ以上分割不可能な in-divide-able な単位としての個人 individual を、さらにDNAに還元するような社会生物学的な決定論に導く場合はべつとして、奇怪なことにパーソンズの社会システム論は、個人を独立変数とはみなしてこなかった。むしろ「家族」が個人の人格システムの説明変数となり、同時により上位の社会システムの説明変数となってきた。つまり「家族」はそれほど与件として「自然」視されてきたのである。

「家族」を社会構造の説明変数として取り入れる見方は、フロイト理論の影響下にあった人類学の「文化とパーソナリティ」学派によって堆進された。人類学は人類文化における「家族」の多様性を認めるが、生物学的本質主義にかわって一種の文化本質主義におちいる傾向がある。そこではDNAにかわって生育歴、もっと具体的には授乳法や排泄の訓練が人格システムの、ひいては社会構造の決定因とみなされる。フランツ・ボアズに代表される「文化とパーソナリティ」学派の人々――これにはルース・ベネディクトやマーガレット・ミードが含まれる――が、どのような使命 mission をたずさえてフィールドへ赴いたかを考えると、フロイト説の人類学に及ぼした影響の大きさを思わないわけにいかない[Mead 1949＝1961]。あのマリノウスキーもまた、ゲザ・ローハイムを通じてフロイト理論の深い影響下にあった。彼が南太平洋に赴いたのは、文字どおり「南太平洋のエディプスたち」[Malinowski 1924]を求めるためであった。彼はフロイト理論をたずさえてフィールドへ赴き、その仮説の普遍性を参照枠 frame of reference としてトロブリアンド島民の「特異性」を記述することができたのである。

この社会構造の家族還元説は、人類学のなかでさらに洗練され、決定論的なかたちを取るにいたる。それがF・L・K・シューの『比較文明社会論――クラン・カスト・クラブ・家元』[Hsu 1963＝1971]とそれに影響された人々の比較文化論である。シューは家族を社会構造の最小単位と前提したうえで、そのなかで親子関係と同胞関係のどちらがより優位とみなされているかにしたがって、タテ型優位とヨコ型優位の類型化をおこなった。人格システムがこのいずれかの家族構造内で形成される以上、家族を超えるより上位の社会集団もすべてこの類型の延長として説明されることになる。ここでは家族を最小単位とする同心円型の社会構造が仮設されている。

シューの影響下にある著作のなかには、有名な中根千枝の『タテ社会の人間関係』[1967]――英訳題名はずばり"Japanese Society"[1970]というものである――や、濱口恵俊の『日本らしさの再発見』[1977]が含まれる。土居健郎の『「甘え」の構造』[1971]のような精神分析家の日本文化論が家族還元説であるのは論を待たないが、村上・公文・佐藤の共著になる大部の『文明としてのイエ社会』[1979]も、システム論の名において、親族構造を社会システムの説明変数に用いている点では変わりない。

さらに最近では、エマニュエル・トッドの『新ヨーロッパ大全』[Todd 1990＝1992]――原題は『西欧の発明 L'Invention de l'Europe』である――にまでこの家族還元説、言い換えれば文化本質主義は支配的である。人類学者でもあるトッドは、最新の家族の社会史研究をとりいれながら、西欧社会における核家族の普遍性を否定し、いわばアングロ＝サクソン出自の理論として「地域化 localize」するいっぽうで——たしかに「核家族」普遍説は「歴史化 historicize」されるとともに他方で「地域化 localize」される必要がある——近代化の社会変動を通じても五〇〇年にわたる安定的な「長期持続 longue durée」を保った社会制度として家族構造にふれ、その類型化を説明変数として社会構造のみならずポスト冷戦後のイデオロギー構造までを解釈するという大胆な試みをおこなった。トッドが説明変数とするのは家産の相続制度に表現される、「親子関係が権威主義的かそれとも自由主義的か」「同胞関係が平等主義的か、それとも非平等主義的か」という家族構造内のタテ型、ヨコ型関係である。この二つの軸をもとにして四つの家族類型、「親子関係が権威主義的でかつ同胞関係が非平等主義的」＝「直系家族」、「親子関係が権威主義的で同胞関係が平等」＝「共同体家族」、「親子関係が自由主義的で同胞関係が非平等主義的」＝「絶対核家族」、「親子関係が自由主義的でかつ同胞関係が平等主義的」＝「平等主義核家族」が与えられる。その地域的分布は最初から順に北ドイツ、スラブおよび地中海地域、イギリス、フランスに対応するとされる。ここから「自由主義的な親子関係」の社会イデオロギー化としての「自由」

と「民主主義」、「平等な同胞関係」の社会イデオロギー化としての「平等」と「連帯」——fraternitéという名のcommunalism——が導き出される。近代の宿痾である「自由」と「平等」のディレンマを真に解決するのは「平等主義核家族」の分布する地域、すなわちフランス以外にないといいたげな文化帝国主義の匂いを留保しても、この四つの類型を構成する親子関係と同胞関係は独立変数として所与とみなされており、それを被説明項とする変数は与えられていない。

以上のような家族還元説の氾濫に対して、あれこれの理論の検証に向かうより、わたしたちは一体、なぜ、家族が社会構造の決定因と考えられるにいたったか？をその背後仮説の成り立ちにさかのぼって問い返すべきだろう。家族はいつからそのように排他的で絶対的な社会の構成単位になったのか？と。

機能——「子どもの社会化機能」と「成人の情緒安定機能」

パーソンズが「核家族」のミニマムの機能を「子どもの社会化機能」と「成人の情緒安定機能」として命題化したことはすでに述べた。テクニカルに言えば、その背後には、母子ダイアドと性ダイアドの理念的な一致、すなわち母の性的パートナーが同時に子の生物学的な父であるというgenitorとpaterの一致が前提されている。ここには、父と母と子からなる「聖家族」、言い換えれば愛と性と生殖との三位一体からなる単婚小家族が与件として与えられている。

ところで心性研究を対象とした家族の社会史は、「子どもの社会化」も「成人の情緒安定」も家族の普遍的な機能ではなく、歴史の産物であることを教えてくれる。フィリップ・アリエス[Ariès 1960＝1980]やエリザベート・バダンテール[Badinter 1980＝1981]は、近代家族が「子ども中心性」によって特徴づけられることを論じ、母性でさえ歴史の産物であることを論証した。ヨーロッパ中世の家族は子どもに対する相対的な無関心を示し、子どもの死亡率も高かった。近代化にともなう人口増加はたんに衛生状態の向上や栄養状態の改善にともなう乳幼児死亡率の低下だけから生じるわけではない。子どもに対するまなざしの変化が大きな原因であると彼らは論じる。「成人の情緒安定」――これは「性的満足」の婉曲語法 euphemism でもある――の背後には、エドワード・ショーターのいう「ロマンチック革命」が先行している[Shorter 1975＝1987]。「愛」の名による配偶者の選択は、産業社会に適合的な個人主義的な婚姻をもたらした。そして「恋愛結婚 love marriage」の概念は、恋愛と結婚というひさしく相いれなかったふたつの観念を結びつけるという歴史的な「離れ技」をやってのけたのである[井上(俊)1976；上野 1995f]。

ミッシェル・フーコーは、『性の歴史』[Foucault 1976-84＝1986-87]のなかで近代＝西欧の性の装置に、次の四つを数えている。第一は「子どもの性の教育化 pedagogization of children's sex」、第二は「女の身体のヒステリー化 hysterization of women's bodies」、第三は「生殖行為の社会化 socialization of procreative behavior」または「家族の性化 sexualization of the family」、第四が「性の病理学化 medicalization of sex」または「性的倒錯の精神病理化 psychiatrization of perversive pleasure」である。以上の四つからそれぞれ「子どもの自慰の禁止」「女性の性欲の抑圧」「マルサス主義的夫婦」「性的倒錯」が導かれる。「家族の性化」はべつに「夫婦のエロス化 eroticization of a conjugal couple」とも呼ばれる。性の満足は結婚のなかに、夫婦のあいだでだけ、排他的に求められなければならず、したがって夫婦のあいだの性的満足は結婚の至上命令 imperative となる。近代の性の言説がいかに婚姻のなかの性の満足とそのノウハウについて語っているかは、驚くばかりである[荻野 1994]。

性が結婚のなかに閉じこめられるとともに、「正しい性」と「異常な性」とのあいだに境界が引かれていく。「正常な性」とは公認された夫婦のあいだの、生殖を目的とする交接を意味する。したがって婚姻外のすべての性行為、生殖に結びつかない性的諸活動は、同性愛から自慰、口唇性交から肛門性交、果ては前戯にいたるまで「倒錯」「異常」とみなされる。近代の性的強迫をそのまま生きたピューリタニズムのアメリカでは、一部の南部の諸州にごく最近まで、口唇性交や肛門性交を「犯罪」とみなす法律まであった。性的満足が婚姻の目的となれば、性的満足が得られない婚姻は誤った婚姻であるということになり、したがって解消するのが正しい。婚姻と性との結びつきがこれほど排他的になった時代はおそらく歴史上かつてないだろう。性的に成熟した男女は、異性愛の、性器による交接 heterosexual intercourse から快楽を得るのが正しく、もしそれが得られなければ人格の発達に何らかの障害があるとされる。ここには快楽とは何であるべきか、をめぐる性の病理学ならぬ政治学がはたらいている。

フーコーは以上の「抑圧仮説」を、ただそれを脱構築するためにだけ定式化する。それとあからさまに示さないが、彼が仮想敵としているのはフロイトであることはすぐに知れる。この四つの「抑圧仮説」を病理学の用語のもとに一貫した体系につくりあげたのは、ほかならぬフロイトだからである。

フロイト理論のなかでは、家族は息子がいかに父になり、娘がいかに母になるかをめぐる再生産の装置である。(6) もしフロイトのエディプス・コンプレックスが普遍的だと仮定すれば、母から生まれる者は誰一人としてエディプスの物語から逃れることはできない。しかも、原初の欲動の抑圧によって形成された「無意識」の発明は、その存在を論証することもできないかわり、反証することも不可能な屈強の解釈装置を提供する。個人の心的現象のすべてが無意識とその成り立ちへ、したがって父と母と子の三角形からなるエディプスの物語へと還元される。その結果、たとえばセクシュアル・ハラスメントを受けたと被害を訴えるクライアントに、精神分析家が最初に聞く問いはクライアントの子ども時代だという倒錯的な因果律が成り立つ。

エディプス・コンプレックスの普遍性について、ごく早い時期から非西欧世界のなかから疑念が出ていたことは記憶されてよい。一九二〇年代にフロイトのもとに留学した最初の日本人精神分析家、古沢平作は「父の抑圧」が相対的に不在の日本の家族にはエディプス・コンプレックスはあてはまらない、と考えて仏教説話にもとづく「阿闍世《あじゃせ》コンプレックス」という概念を提起した。古沢がフロイトのもとに提出したこの論文は久しく忘れさられていたが、一九八〇年代になってから、日本人論のなかで小此木啓吾[1978]によって再発掘される。古沢が「阿闍世コンプレックス」を、エディプス・コンプレックスの文化的な機能的等価物 cultural counterpart, functional equivalent として「発明」しなければならなかった事情には、たんに「日本文化の特異性」を主張する以上の動機づけがあった。エディプスの物語が、「父の禁止」という去勢恐怖によるインセストの欲望の抑圧と超自我形成のメカニズムだとすれば、このメカニズムを欠いた日本人は、人格の発達上、「超自我」の確立という決定的な契機を欠いた未熟で倫理的に劣った存在とされるほかないからである。古沢は、「超自我」の形成に「父の抑圧」以外に「母の自己犠牲」というオルターナティブもあることを示して、フロイトの普遍理論のなかにある西欧文化の優位性に対抗しようとした。

古沢の説は、必ずしも「日本特殊性論」にだけ結びつくわけではない。相対的に「母の支配」の強い南欧圏では、早い時期からフロイトのエディプス・コンプレックスの普遍性に対して、疑問が出ていた。また、古沢が「阿闍世」という神話的な登場人物をインドの仏教説話から採ったように、日本だけでなくアジア圏一帯でひろく通用する概念でもある。

フロイト説の性差別性は早くから指摘されているが、その点においてはフロイト理論の母系的ヴァージョンとみなされる古沢説も例外ではない。息子が父になるにあたっての物語のなかで、「抑圧する父」と「自己犠牲する母」の「性分業」こそ、「近代家族」のなかでの性別役割分担がもたらした歴史的な産物である。パーソンズの父＝「手段的リーダー」、母＝「表出的リーダー」という「性分業」も、フロイト的な家族観をより世俗的なしかたで、テクニカルタームに置き換えたものにほかならない。しかもパーソンズはそれをシステム論の普遍概念とすることで、「近代家族」の特質を非歴史化するにいたった。さらに言うなら、パーソンズの言う核家族のミニマムの機能、「子どもの社会化機能」と「成人の情緒安定機能」との性差別性をも指摘してよいかもしれない。一見、ジェンダー非関与にみえるこれらの「普遍概念」も、誰がその機能の供給者か？という問いをいれてみると、そのジェンダー非対称性が明らかになる。三歳までの第一次社会化過程にきりつめられた「子どもの社会化機能」がもっぱら女性に担われていることは明らかだし、「成人の情緒安定(および性的満足)機能」ももっぱら夫の側の「満足」を基準に測定される傾向がある。この需要と供給のジェンダー非対称性を、日本文化論のなかの土居健郎の「甘え」理論批判として展開したのはエイミイ・ボロボイである[ボロボイ 1996；Ueno 1996]。ボロボイは、一見「相互的」にみえる「情緒的満足」の供給は決して相互的でないことを論証した。

だが、問題は、エディプス・コンプレックスに対して、あれこれの代替案を提出することや、家族システム内の非対称性を指摘することではない。「父と母と子」という単婚小家族のなかでの生育歴が、その後の人格や性的指向、倫理観までも決定してしまうという家族還元説が、何ゆえに妥当性をもつと考えられるにいたったか、ということである。そのような家族の完結性、「社会化」や「情緒的安定」の排他的供給者としての家族の自律性という前提の、論理的・歴史的根拠こそが問われなければならない。

倫理――「愛の共同体」としての家族

家族を完結的なシステムとして与件扱いしてしまう見方をさらに強化しているのが、家族に付与された倫理的な負荷である。ヘーゲルは家族を人倫の基礎とし、フロイトのエディプス・コンプレックス説は家族を人格と倫理の根拠に据える。さらに家族を「愛の共同体」とみる見方が、家族をそれ以上たちいって分割することが不可能な融合した実体として捉えさせ、個人を分析単位として析出することや、そのあいだの非対称性や権力関係を対象化しにくくさせてきた。

家族を「愛の共同体」とみる見方には、それに先行して、バージェスとロックの「制度家族から友愛家族へ」という定式が存在していた。制度家族のなかには生産や保障、祭祀機能など多様な機能が含まれていたが、それが産業化とともに「外化＝社会化」した結果、残されたミニマムの機能が以上の二つである、という仮説である。

産業化という社会変動を前提として造られたこの仮説には、「友愛家族」が歴史の産物である、という認識が含まれる。少なくとも「友愛」が家族の形成の必須の条件ではないことが、この説には逆説的に示されている。しかし同時に家族の進化理論を隠しもったこのパラダイムのなかでは、「友愛家族」の「制度家族」に対する倫理的優位が含意されている。「友愛家族」こそがもっとも純化された家族、家族の発達の最高形態である、したがって「友愛」をともなわない「制度家族」はたんに抑圧的であるばかりか、不道徳でもある、という規範である。

家族に寄せる情緒が神聖化された背後に、世俗化と国民国家の成立を指摘するのは容易である。「神の死」の後、個人を超える超越的な倫理は、家族感情とそれの延長上にある土地への愛、つまりパトリオティズム patriotism(「郷土愛」とも「愛国心」とも訳される)のなかに求めるほかなかった。世俗化と「国民国家」という「想像の共同体」の成立とのわかちがたい関係を、ベネディクト・アンダーソンは説得的に論じている[Anderson 1983 = 1987]。すでに多くの論者が指摘するとおり、「家族国家」イデオロギーのもとで「国家」は「家族」に似せて創られたし、その逆もまた真である。国民国家は互いに相手の似姿に合わせて自らをかたち造った。日本だけに「家族国家」イデオロギーの専売特許があるわけではない。[伊藤(幹)1982; Hunt 1992 = 1999; 西川 1991, 2000]。

「友愛家族」は普遍化され非歴史化されることによって、逆に過去に投影された。

個人主義と苛酷な競争のゲゼルシャフト的な近代社会のなかの、唯一のゲマインシャフトとして過去との連続性を仮構され、非時間化された。わたしたちはここで、社会学のなかでももっとも基礎的な概念のひとつ、ゲマインシャフトとゲゼルシャフトの成り立ちを問うてもよい。社会学は近代化という社会変動の当の産物として、その変化を記述し分析する学問として生まれ、そのことによって深く歴史の刻印を負っているが、テンニースが近代社会を記述するために「ゲゼルシャフト」という概念をつくり出したとき、彼はその残余概念を「ゲマインシャフト」と名づけ、ありもしない過去に投影するという「伝統の創造」[Hobsbaum & Ranger 1983＝1992]をやってのけた。というのも、社会史研究は中世および前近代の家族を含む共同体の制度的・契約的な性格を次々にあきらかにしてきたからである。それは「人工」に対する「自然」、「都市」に対する「田園」が、ありもしない「過去」を捏造するノスタルジーの産物であることと対応している。近年の「感情」の社会学的研究は、「ノスタルジー」が近代へのリアクションであることを指摘する。したがって「ノスタルジー」とは、語の正確な意味で「反動的な reactionary」感情の産物なのである。

こうやっていったん「家族感情」が、「人倫の基礎」として聖化されると、それに対抗することは非常にむずかしくなる。「家族」は主体性とアイデンティティの基礎、道徳の源泉、個人主義の砦であるとともに個人を超越する価値の基盤となる。この定式化が疑わしいのは、この「家族」の項のなかに「神」や「自然」のような、「家族」以外の項を入れてみればただちに判明する。「家族」がそのように排他的な特権性をもつにいたったのはそんなに古いことではない。

こうして「家族」は「現実」であるよりもより多く「規範」となる。その「規範」モデルは家族の「現実」を隠蔽する効果をもつ。この効果は、家族の抑圧性や権力関係を問題化しようとすれば、語り手が「家族」の価値へのコミットメントを信仰表明したうえでおこなわなければならない、という強制力にまでおよぶ。「近代家族」の内部の家父長制的抑圧を問題化するだけで、フェミニストは「家族破壊者」の汚名を与えられたが、事実は逆である。フェミニストの家族研究は「家族」が「暴力の砦」となりうること、家庭内暴力は「近代家族」の自律性(別なことばでは、閉鎖性とも孤立性とも呼ばれる)の当の産物であることを示唆してきたのである。

結――「家族」の呪縛を超えて

「近代家族」の歴史化が、その「家族」の歴史的な解体期になって実践されるのは不思議なことではない。「近代家族」を普遍化・規範化する言説の効果が、ようやく失われようとしているさなかだからこそ、それが可能になったのである。考えてみれば、これまでの「家族」研究は、被説明項であるべき対象を、逆に説明変数として使う、という「転倒」をおこなってきたのではなかっただろうか。いったんそのような解釈体系が成り立てば、あとはあれこれの解釈の妥当性をめぐる「通常科学 normal science」がジャンルとして成立する。そしてその成立の根拠は問われることがない。説明されるべきは、この「転倒」がいかにして起きたのか、という問いである。

だが、以上のことは、「家族」に代わる説明変数をさらに「個人」やＤＮＡにさかのぼって代替する還元主義を意味しない。また、他方で全体社会システムの優位性を前提としたうえで、下位システムをすべて上位システムの関数とみなす決定論をも意味しない。たとえば、「近代家族」を「産業化」や「国民国家」の関数とみなす見方は、何が「全体社会システム」であるかについての歴史的な文脈を忘れている。「国民経済」や「国民国家」が優位な完結的システムになったのもまた、歴史的には同時的な過程の産物である。最近のポストコロニアルな「国民国家」研究は、むしろ一国史観の枠のなかで「国民国家」を論じることが不可能であるという、文脈の複合性を指摘している。

「家族」の内部で起こることには、「家族」だけが関与しているわけではない。たとえば、フロイトが主題とした「パーソナリティの発達」も、家族以外にあまりにも多様な変数が関与している。「倫理」や「セクシュアリティ」ともなればなおさらである。「文化とパーソナリティ」学派はその探究を通じて、逆説的にパーソナリティが生育歴に還元できないことを立証した。「家族」は決して社会の最小単位でもなければ、社会構造は「家族」を中心として「同心円構造」で成り立ってもいない。近年のネットワーク論が示すように、個々の行為者は多様な次元の文脈に対して同時に開かれている。そして複数の文脈は、互いに協調するだけでなく、相互に矛盾したり対立したりもしているのである。

以上のことがらは理論的にだけではなく、実践的にも事実である。再生産は「家族」の内でも外でもおこなわれている。人は「家族」をはなれても生きていける。「家族なしでは生きられない」という強迫は、「近代家族」がこれほどの閉鎖性と排他性を獲得したあとに初めて事実となった。私たちは事後的な効果を原因と取り違えているが、これこそ、「家族」の言説のイデオロギー効果と言うべきであろう。

そう考えれば、「家族」が人々の行動と思考をこれほどまでに呪縛した時代として、わたしたちは近代を相対化することができる。「家族」の世紀——あとになって人々は二〇世紀をそう呼ぶことになるかもしれない。

（1）「ダイアド dyad」は社会学の専門用語で「二者関係」のこと。どんな複雑な関係も二者関係の複合から成り立っている。

（2）「母子ダイアド」も生物学的結合である必然性はない。養子縁組や里子のような「子どもの交換」がふつうにおこなわれるところでは、「母子ダイアド」もまた人為的に成り立つ。ここでは「母」は第一義的な養育者という以上の意味はなく、その意味ではジェンダーが女性に限定される必要もない。

（3）一九九六年に刊行された最新の『事典 家族』(弘文堂)によれば、「家族の定義」の項で、戸田貞三の『家族構成』[1937]の定義、「家族は夫婦および親子関係にある者を中心とする比較的少数の近親者が、感情的に緊密に融合する共産的共同である」と、喜多野清一の『家と同族の基礎理論』[1976]の定義、「夫婦結合を中核としてその直接親属を結ぶ小結合」を挙げている。「夫婦結合を中核とする」という「家族」の定義は森岡清美らの家族社会学者にも受け継がれている。この項の執筆者、住谷一彦は、「いかなる家族研究も、家族の本質論的規定をもたないでは十分な理論的成果をあげえないことは、明らか」[比較家族史学会 1996：130]というが、むしろ、家族の多様性の研究を阻んできたのはこの「本質論的規定」ではないかと、疑ってみる必要がある。

（4）例えばモルガンはハワイの原住民と北米インディアンの親族呼称体系を対象に、「母」と「母の姉妹」、「父」と「父の兄弟」との呼称に区別がないことを根拠に、兄弟姉妹間の群婚 group marriage がおこなわれていたと推論した。これは事実に反するだけでなく、親族カテゴリー上の名称と呼称の混同にもとづく誤った推論である。実際には子どもは「母」と「母の姉妹」を識別している。この誤りの背後には、「未開から文明へ」のモルガンの進化図式がある。

(5) 「核家族」はほんとうに境界を定義できるのか、一見「核家族」と見えるものは、実は開放性の高いいくつかの世帯の連合体の一部にほかならないのではないか、という問いを東南アジアの家族研究にもとづいて前田・坪内[1977]は早い時期に提起している。

(6) 家族は人口という量の再生産装置であるばかりでなく、家族という制度そのもの、そのなかにおける「人格」や「役割」という規範の再生産装置でもある。

6 日本のリブ——その思想と運動

リブのイメージ

〈女性解放〉っていう言葉はなにかシラジラしい、カッコ悪い響きを持っている。あまりピッタリこないけど、まあ言うならば大きいお尻でプラカード支えて練り歩く主婦連のオバハンたちのイメージかな。このイメージを追っていくと、明治以来の女性解放の女闘士たちの中性的な若干ヒステリカルなイメージとだぶってくる。(1)（田中美津、一九七〇「女性解放への個人的視点」[溝口他編 1992-95：I 196]）

一九七〇年八月に書かれた、田中美津の文章である。

「初期リブ運動ほどその主張が社会から反感を持って迎えられた運動も少ないだろう」と、江原由美子は言うが[江原 1985]、リブの当事者でさえ、女性解放について否定的なイメージを抱いていたのだから、それから二〇年後、その当時は生まれていなかった若い女たちが、「フェミニズムって、ださーい」とくりかえすのも無理はない。

リブは、「全ブス連」「もてない女のヒステリー」等、マスコミからありとあらゆる非難、中傷、罵詈、からかいを浴びてきた。田中が抱いた「女闘士」に対する否定的なイメージも、歴史の歪曲がもたらしたものかもしれないと、疑ってみることはできる。心ある女性が「わたしはリブではありません、が……」と前置きをして語ることで、女どうしのあいだに分断が持ちこまれたように、今日でもなお、「フェミニズムとはちがって……」が女に対するほめ言葉になる、いらだたしいねじれのなかに、わたしたちはいる。

リブの実像をその歴史的な誤解と歪曲から救い出し、伝達するにはリブのなまの声を聞くほかない。リブの原典を読んだ若いひとから、「これは私の知っているリブとはちがう」という感想をわたしは何度も聞いたが、その「意外性」に驚く前に「わたしの知っているリブ」のイメージが、どのような権力の磁場で形成されたかを問うべきだろう。

最初に「リブ」と「フェミニズム」の用語について、説明を加えておきたい。

通常、七〇年代を前半と後半に分けて、七〇年第一回リブ大会から七五年までをリブ、七五年国際婦人年以降をフェミニズムと呼ぶ用語法がある。前者の担い手は自ら「リブ」と自称したが、後半からは「リブ」の用語は使われなくなった。他方、「フェミニズム」の用語は、戦前の『青鞜』グループがすでに使用しており、歴史的でかつ国際的に流通している用語である。

「リブ」が日本で「フェミニズム」に置き換わったのは、否定的なイメージの強い「リブ」という言葉を避けたいという意図もあっただろうが、それより、戦前の第一波フェミニズムとの歴史的つながりを継承し、世界的な第二波フェミニズムの流れのなかに日本のリブを位置づけようという意図からである。七〇年代前半には、英米語圏では、「女性解放 women's liberation, women's emancipation」の用語は、もっと歴史性の強い「フェミニズム feminism」という用語に置き換わっていた。七五年以降、「国連婦人の一〇年」のなかで、フェミニズムに対する社会的承認が与えられたことで、フェミニズムを体制内化した思想ととらえ、リブと対立するものとみる見方もある。江原由美子のように七五年を境として「運動組織の交替、主体の交替」[江原 1985：108]を指摘して断絶を強調する見方もあるし、「リブ」という言葉を避けてあとから参入してきた人々に対する反発から「わたしはフェミニストではない、リブだ」とあえて名のるひともいる。だが、ここではフェミニズムを、リブを含むより広い文脈でとらえたい。というのも、第一に、リブの担い手たちは七五年以降も活動をやめたわけではないし、第二に、フェミニズムの担い手たちは、リブから直接・間接のメッセージを受け取って、それを言語化・運動化しようとしてきたからである。第三に、そうすることで日本のリブを国際的な文脈でとらえることが可能になるからである。

リブと近代

リブをめぐる様々な誤解のなかで、いまでも通用しているのは、リブが「男なみの権利獲得をめざす男女平等要求」として受け取られていることである。だが、リブの用語をみれば、そこには「解放」はあっても、おどろくほど「平等」の言葉が見あたらないことに気づく。リブにとって戦後改革の過程でかちとられた法的平等は、すでに自明の前提になっていた。田中は、「明治以来の女性解放の女闘士たちのカッコウワルサ」に「牛馬から人間並み＝男並みの権利を獲得する緊急性のなかで(中略)どうしても一度は通らなければならなかった廻り道であり」「女闘士の肩怒らせた後ろ姿に、その影に、私は同志愛的ないとおしさ、女の哀しみを見いだすのだ」[溝口他編 1992–95：I 196]と同情を寄せる。

リブが提起する問題は、それ以前の女の運動とはちがっていた。わたしたちが、戦後七〇年代まで日本には「女の運動」はあっても「リブ」はなかった、と言うとき、それは女性解放をとらえるパラダイムがここで決定的に転換したことを意味している。それまでの女性運動の担い手は、労組婦人部や社会主義運動の中の女性たちか、さもなければ主婦連や母親大会の女たち、つまり「男に認められたい女たち」か「男にその存在を許された女たち」、「主婦」「妻」「母」などの「女役割」をになう女たちであった。そしてその「エリート女」や「ふつうの女」の背後には、それから排除された、侮蔑と救済の対象としての「娼婦」がいた。

リブが「女性」や「婦人」にかわって「女」というむきだしの言葉を選んだのも、これと関係している。リブは制度による女の分断――それこそがなま身の女をいくえにも引き裂いていた――を拒否し、まるごとの自分を「女」という言葉で受け入れようとした。

一九七〇年一〇月に書かれた田中美津の「便所からの解放」は、日本の女が地声で語った、もっとも早い時期のリブのマニフェストとして、今もなお力を失わない。

どのような状況のもとでも、女として以外生きることのできない者にとって〈女であること〉を問いつめることを通じてしか〈女〉を〈人間〉に普遍化することはできない。（ぐるーぷ・闘うおんな、一九七〇「便所からの解放」[溝口他編 1992–95：I 205；井上(輝)他編 1994–95：①49]）

田中美津は、リブの代名詞としてよく言及されるが、それはリブが田中をカリスマとする運動であったことを意味しない。リブは数多くの小グループによって担われた、中心も指導者も欠いた運動であった。が、田中が七〇年代のリブをその身体性において担ったひとりの典型であったことを、否定するひとはいないだろう。田中美津において、日本のリブはひとつの「肉声」をもった。その歴史の偶然を、わたしたちは幸運と呼ぶべきであろう。

「便所」というのは、性の対象としての女をさす蔑称である。「公衆便所」という隠語は、戦時下で「慰安婦」をさすことばとして使われ、新左翼の学生活動家のあいだでも「男とすぐ寝る女」をさす仲間うちの隠語として公然と流通していた。バリケードのなかの「フリーセックス」は、「男につごうのいいセックス」の別名にほかならなかった。「便所からの解放」といういささか刺激的なことばで田中が言い表そうとしたのは、「主婦」と「娼婦」に分断された「女」の全体性を、その「性」を含めて回復したいという欲求だった。女の解放が性の解放でもあることをはっきり位置づけた点で、リブはそれ以前の女性運動と一線を画していた。

だが、その「解放」の道筋は、少しも「カッコヨク」ない。田中は「男に認められたい私」を発見して狼狽し、その「女の歴史性」を背負って、いま「あるがままの私」から出発する。そして自分のなかの「奴隷根性」と向き合うなかから、「とり乱し、とり乱しつつ」斬りこんでいく「カッコワルサ」のなかにしか「解放」はない、と言い切る。リブの文体はしばしば「わかりにくい」と言われるが、「女のことば」を女がもてない現実のなかで、いまだかつて語られたことのないものを表現しようという切実な思いに貫かれていた。

平等はあってもなぜ抑圧はなくならないのか、女はなぜ十全に〈女〉として生ききれないのか、なぜ〈女であること〉それ自体がスティグマになるのか……という問いのなかには、男の基準に合わせて認められないかぎり女は生きられない、という「変成《へんじょう》男子《なんし》」的な救済(2)に対する拒絶があった。

日本のリブは、「男なみ化」をめざしたことは一度もない。それどころか、社会が男の基準に合わせてできあがっていること、そのなかで「男なみ」をめざすことは、産業社会の価値に加担し、ベトナム戦争や入管法に見られるアジアへの排外主義と侵略の共犯者になることだ、という意識ははっきり自覚されていた。

リブと近代の関係についての次の江原由美子の指摘に、わたしも同意する。

> リブ運動は、その総体の歩みを通じて、女性解放を「人間＝男性」の枠において位置づけようとしてきた近代女性解放思想を、逆に女性解放の枠において「人間解放」の論理を批判し位置づける方向への問題の転換をはかった。［江原

1985：154]

本論は日本のリブをめぐる以下の四つの誤解を解きほぐしながら、日本のリブの固有性をその歴史的文脈のもとでとらえ返す試みである。その四つの「誤解」とは、(1)リブは輸入思想か、(2)リブは「被害者の正義」か、(3)リブは新左翼の女版か、(4)リブは母性否定か、というものである。

リブは輸入思想か？

リブをめぐるあまたの誤解のなかで、くりかえし再生産されているのが「リブはアメリカの物まね」「輸入思想」だというものである。家族社会学者、有地亨は九〇年代になって刊行された著書のなかで、一九七〇年一〇月二一日、国際反戦デーの「ぐるーぷ・闘うおんな」その他による女だけのデモをさして「アメリカのウーマンリブのデモから二カ月経って、リブは日本に上陸した」とくりかえす[有地 1994：173]。この根強い思いこみの背景には、否定的なものはすべて外国からくるとする排外主義的な保守派の決まり文句があるだけではない。六〇年代末、広範にひろがった学生闘争を、「世界同時多発的」とは呼んでも「欧米からの輸入品」とは呼ばないのだから、ここには女性を自立した思想の担い手とはみなさない性差別がある。

リブが「輸入品」と誤解されたのは、カタカナ言葉の「リブ」がそのまま使われたことも原因のひとつだが、「リブ」の名前を担い手が積極的にひきうけるのは七一年八月の「リブ合宿」からのことにすぎない。それ以降「リブ新宿センター」「リブ大会」など、運動の当事者たちは「リブ」を名のっていくが、それ以前にリブの実質がなかったと否定することはできない。

日本の「リブ」の誕生を一九七〇年一〇月の「おんな解放」集会に置くのはほぼ定説となっているが、この時点ではまだ「リブ」の呼称は使われていない。「リブ」の名前が積極的に使われるのは翌年八月の「リブ合宿」である。その後、七二年五月の「リブ大会」を、当事者たちはくりかえし、「第一回リブ大会」と呼んでいる。が、「リブ」の名称が使われたことでこれを「誕生」とみなすのは、①日本のリブを「輸入思想」だとみなす誤解にもとづくことと、②リブの担い手も思想もすでにそれ以前から登場していたことから、七二年まで日本にリブが存在しなかったと考えるのは、実状に合わない。

「リブ」の言葉は、最も初期、七〇年八月の田中美津による「女性解放への個人的視点：キミへの問題提起」および同年一〇月の「便所からの解放」に出てくるが、いずれも「アメリカのリブ」についての、どちらかといえば批判的な言及である。『資料『日本ウーマン・リブ史』を見るかぎり、「リブ」の用語が自分たち自身をさすことばとして最初に出てくるのは、七〇年一一月、「ぐるーぷ・闘うおんな」の「闘う女から三里塚の農民へ」のなかで、それも「リヴ」や「かっこ付きのウーマン・リヴ」のような、不正確でいささか及び腰の使い方にすぎない。(3) 日本の女性が「リブ」という名前を主体的に選びとっていく過程には、紆余曲折がある。

七〇年一〇月に書かれた「便所からの解放」には、すでに「アメリカのリブ」についての言及があるが、それは「日本の過去の女権獲得闘争のアメリカ版」「ヒステリカルな男性排外主義に満ちた女権国家？の創造」といった、どちらかといえば否定的なものである。アメリカのリブの報道が日本の男メディアによって歪められた可能性を割り引いても、七〇年当時、「便所からの解放」を書いた田中美津の「リブ」観は、お世辞にも肯定的なものとはいえない。六〇年代の公民権運動に端を発し、「男なみ」の権利獲得をめざしたアメリカのリブの歴史・文化的特殊性については、べつに検討の必要がある。

藤枝澪子は、国際的な影響関係を認めたうえで、リブが「工業化諸国でほぼいっせいにスタート」したとみなし、その共通の要因として、次の四つを挙げる。「①工業化諸国がうみだす膨大な中産階級の存在。②六〇年代の世界を特徴づけたラディカリズムの高揚と、新左翼運動の台頭。③従来の女性運動の形骸化ないし硬直化。④女性自身による情報ネットワーク、人的ネットワークの広がり」[藤枝 1985：47–48]。

日本のリブは、藤枝の指摘するような共通性とともに、その固有の歴史的背景、そして自前の声と文体をもっていた。やがてそれは日本のフェミニズムの運動と理論に受け継がれていく。九〇年になってからも、「六〇年末から七〇年代にかけてのウーマンリブ運動について、過激な一部の女性たちの行動はマスコミをにぎわしたものの、ウーマンリブの運動が理論化されることはなかった」[有地 1994：174–175]とあいかわらず男性研究者が言うのを聞くとき、リブを歴史の歪曲から救い出す仕事はまだまだ終わらないと、わたしたちは溜息をつく。

「被害者の正義」

リブが「ブスのヒステリー」であるとか、被害者の正義を掲げた「ルサンチマン・フェミニズム」である、という誤解もまた、消えない。リブが問答無用の「被害者の正義」を主張する運動だというイメージは、リブに対する反感の一因になった。このイメージは、ピンクのヘルメットをかぶって、男性の職場へデモをかけるような「中ピ連」の「わかりやすさ」によって増幅された。

全共闘世代の二人の男性批評家、竹田青嗣と小浜逸郎は、『力への思想』〔竹田・小浜1994〕のなかで、フェミニズムに対するこのような誤解を再生産している。

(小浜)フェミニズム的なドグマのひとつの現われとして、女性差別を、それ以外の、たとえば民族差別だとか、障害者差別だとかと同一視して、自分たちは虐げられた者、弱者、マイノリティであるから、そこで連帯しようという連帯意識の作りかたが根強くありますね。〔竹田・小浜1994：146〕

(竹田)女性は社会的にハンディがある、これは男女の性差による、だから性差それ自体を否定すべきである。したがって、自分の性やエロス性を否定しない女性は間違っている……。(中略)ぼくはいま言ったような極端なフェミニズムは、むしろ思想の古い体質のなかにとどまっているような気がします。〔竹田・小浜1994：150-152〕

以上のような「フェミニズム誤解」にもとづいて「この考え方は基本的にまちがっています」(小浜)、「ぼくはこれはとても悪い推論だと思います」(竹田)と批判する。ここで「フェミニズム的なドグマ」を想像力のなかで捏造しているのは彼ら自身であり、フェミニズムの理路をこのように「推論」するのは彼ら自身の論理である。だがこれは、批判の対象を貶めて自分につごうのいいように変形したうえで攻撃する「ワラ人形叩き」にすぎない。リブとフェミニズムのテクストを直接読んだ読者には、なぜこのような「誤解」が生じるか、理解できないにちがいない。これはフェミニズムに対する「無知」か、さもなければ、ためにする「曲解」と言われてもしかたがないだろう。このフェミニズム「誤解」の通俗性こそ、彼ら自身の男性的な想像力の限界と「思想の古い体質」を表わしている。

だが、ここでも、リブの主張は単純ではない。

「女だから抑圧されている」ことをもって、自分の立場を一般化できる、そのような抽象的な「女」などどこにも存在しない。……女の闘いの出発の重みとは、被害者意識からでしかないと思っているのなら、そこに止まりうるようなものと決めつけるなら、女の言葉にはならない闘いの前に一度立ってみるがいい。女がどんなに排外主義者になりうるか、家と夫と子どもを守ることにいかにすさまじく醜くなりうるか、それは女自身が、自らのみじめさを前にして一番よく知っている。そういう状態に自分が手を貸している、ということに気づいたからこそ、男との関係、結婚という関係を、籍をいれて妻の座を体制的に確保するということを、女は自分の奴隷根性の根深さを知ることなしには考えはじめることはできなかった。被抑圧者と抑圧者に分けられるようには社会構造はできていない。闘いとは自分の姿の醜さとみじめさに堪えられなくなったときに始まりうる……。(S・O、一九七一「全学連第三〇回大会を革命の名の下に踏みにじった中核派諸君への訣別と裏切りを許容した私の自己批判」[溝口他編 1992-95:Ⅰ 132])

「軍国の母と従軍慰安婦が戦争を支えた」というリブは、日本人としてのアジアに対する抑圧の責任もまた自覚していた。「便所からの解放」とならんで、次の一文は、「従軍慰安婦」に対する日本の加害性について言及したもっとも早い例のひとつである。

私の内にある抑圧された性の女と、抑圧民族である日本人としての抑圧する者の醜さ、誰にも出あえない支配者としての惨めさ、かなしみは別々の視点ではない。私とは、そういうひきさかれた者として、総体として存在する。日本陸軍慰安婦の九〇%は朝鮮女性だった。……日本女性と朝鮮女性は、慰安婦という、女の引き裂かれた性を本質的に共有している。だがしかし、日本女性慰安婦は、自分たちを同じ慰安婦である朝鮮女性に対し、抑圧者日本人として対し、自分を彼女等と区別している。区別することで、より一層転落していった。ここに私は、女として引き裂かれ、女と女の最も引き裂かれた関係をみる。(匿名、一九七一「全学連第三〇回定期全国大会での性の差別=排外主義と戦う決意表明」[溝口他編 1992-95:Ⅰ

123；井上(輝)他編 1994-95：①89〕)

加害と被害の関係がねじれて存在している現実のなかにあって、リブの言葉は「抑圧者」だけでなく、抑圧の程度にランクをつける「被害者の正義」をも、ともに撃った。

リブと新左翼

「リブは新左翼の胎内から十月十日、月満ちて産まれた鬼子だ」と、田中美津は書く。

リブをめぐる誤解のひとつに、リブの担い手が新左翼の女活動家、女闘士だというものがある。だがこの理解も正確でない。たしかにリブの初期の担い手には、もと新左翼の活動家がいた。事実、初期のリブの文体には、生硬な新左翼用語の影響がうかがえる。女の状況を語るのに、「勃起せよ」とか「インポテをのりこえよ」という男言葉をそのまま使う用法には、ものがなしい滑稽さがある。だが彼女たちは、「女自身の奴隷根性と、女性(おんなせい)に対する蔑視・抑圧を土台に成り立っている」新左翼の男権主義に失望し、袂を分かった人々である。その経緯は、一九七一年の「全学連第三〇回定期全国大会での性の差別=排外主義と戦う決意表明」に、雄弁に語られている。

何故、ダラクした敵の姿に自らを似せていくことで、私が、女が勝利出来ようか。

［溝口他編 1992-95：I 122］

「敵」とは外なる敵ではなく内なる敵、新左翼運動のなかの男性の同志を指していた。この問題提起に男性幹部は「分派主義」の非難で答え、一貫した男権主義で対応する。その限りで新左翼の家父長的体質は、少しも旧左翼と変わらない。

バリケードのなかで女は「かわいこちゃん」と「ゲバルト・ローザ」[4]、「救対（救援対策）」[5]の天使と「公衆便所」に引き裂かれたが、これは戦前の日本共産党の「ハウスキーパー」問題以来、おなじみの構図である。さらにそれは、社会のなかの家婦と娼婦、主婦とホステスの対立を反映していた。新左翼の男権主義もまた一般社会と変わるところはなく、そのなかで男なみの理論武装をして成り上がる女活動家の「反体制エリート主義」をも、リブは批判したのだ。

新左翼が武闘主義に傾斜していくにつれ、女性との矛盾は深まる。一九七二年二月、連合赤軍の浅間山荘事件が起きる。その武闘路線の陰で、いく人ものメンバーに対して「総括」という名の殺人がおこなわれていた事実は、大きな衝撃を与えた。同年五月のリブ大会は「世話人一同」の名で（田中美津の手になると言われている）「連合赤軍の現実はリブに何をつきつけているか」という声明を出した。

> ……連合赤軍の「総括」の現実は、まさに「目的」遂行の役に立たぬものは即存在を抹殺されていくという男社会の生産性の論理が極限にまかり通った新左翼の本質を自ら破局のなかで証明した。[溝口他編 1992–95：I 344]

このなかに「権力は、ここで一挙に、すべての反体制の動きを封じようとリブに「新左翼の女闘士」のレッテルを貼ろうとしている」という指摘がある。リブが「新左翼の女版」だという誤解は、その当時から意図的に生産されていた。

七三年三月、連赤裁判に生後四カ月目の「首もすわらない」子どもをつれて傍聴にいったリブの女がいる。[6] 妊娠したことで殺された女、アジトに子どもを置いて逃げた女。「女性(おんなせい)」が否定された連赤へのからだごとの抗議がそこにはあった。「新左翼のきわまった現実の中で、女は殺されてゆくのだ。……その道行きにはつきあえぬとリブは女性(おんなせい)を肯定したところから[7][溝口他編 1992–95：I 345]始まった。

だが、「総括」の責任者に森恒夫とならんで永田洋子という女性がいたことは、リブに衝撃を与えた。田中美津は『いのちの女たちへ』のなかで「男よりより主体的に男の革命理論を奉ろうとすれば、女はみな永田洋子だ」「男に向けて尻尾をふるこの世の女という女はすべて永田洋子なのだ」[田中(美)1972a]と、指摘しながら、「しかし、彼女は身重の女を殺し、あたしはリブに出会った——。彼女とあたしの分かれ道は、どこにあったのだろうか」と自問する。田中はのちに「永田洋子はあたしだ」という一言を残して七五年メキシコに行ったまま七九年になるまで帰らないという選択をするが、そのなかには彼女の受けた衝撃の深さがうかがわれる[田中(美)1983]。そこには、永田洋子と自分の違いが紙一重であること、すべての女は永田洋子になる可能性をもっていることへの想像力がある。

リブと母性

「母性」は男にとってのアキレス腱、女にとっての切り札、社会がもっとも賞賛しながら搾取をためらわない女の「聖域」である。女性の抑圧の原因が、「産む性」であることと実体的にとらえられたために、どの国でも女性解放運動は「母性」と格闘せざるをえなかった。

「母性」の問題化をすなわち「母性」の拒否と短絡するフェミニズム誤解は、くりかえし登場する。新左翼の男たちに影響力のあった思想家、吉本隆明は、フェミニズムは生殖拒否を通じて、女を「泥のようなニヒリズム」に導くという[吉本・芹沢

1985](8)。

七二年に優生保護法改悪阻止の闘いをめぐって、リブはひとつの山場を迎える。「産む・産まないは女の権利」という標語や、「子殺しの女はあたしだ」という叫び、ピル解禁の要求などは、たしかに中絶の承認、子殺しの擁護のように聞こえる。それを「母になりたくない女のエゴイズム」、さらに「ひそかに男になりたい女のニヒリズム」と曲解するのは、いつも男のディスコースだった。

だが日本のリブは、「母性」に対して自覚的に両義的だった。むしろ「母性の拒否」に振れた西欧の一部のフェミニズムにくらべれば、日本のリブは「母性」を一度も手放したことがないといっていい(9)。

「誰も子殺しの女を責めることはできない」とリブは子殺しの女に連帯を訴える。だがそれは「母性」の拒否を意味しない。そこで問われているのは、女を子殺しに追いつめる社会状況のほうである。「ほとんどすべての家庭は母子家庭だ。男はカネ以外では家の中では何の役にも立たない。最も自立しえぬ者ども、いつになったら気がつくのか」という「産んだ女」、深見史の告発は今でも有効である[深見 1975：18]。

「子殺しの女はあたしだ」という誤解を招く言い方で、リブは「産める社会を！産みたい社会を！」と逆説的に訴えた。中絶に対する態度も、権利要求のような単純なものではない。「中絶は子殺しだ」という、一見「利敵行為」に聞こえる言いかたで、女に中絶を強いる社会を告発する。

中絶させられる客観状況のなかで、己の主体をもって中絶を選択するとき、あたしは殺人者としての己を、己自身に意識させたい。(中略)あぁそうだよ、殺人者だよと、切りきざまれる胎児を凝視する中で、それを女にさせる社会に今こそ退路を断って迫りたい。(田中美津、一九七二「敢えて提起する＝中絶は既得の権利か?」[溝口他編 1992–95：II 62])

「リブ新宿センター」の名で書かれたこのパンフは、さっそく「中絶の権利」派から批判を浴びている(中ピ連、一九七二「「子殺し」について、〝集会のビラ〟という妙なビラに反論」『ネオリブ』第六号)[溝口他編 1992–95：II 246–247]。井上輝子によれば「優生保護法改正反対運動の方向性をめぐって、新宿リブセンターと中ピ連とは決定的な対立をむかえた」[井上(輝)1980：211]。江原はこれを契機にリブ運動が「分裂」したという見方をしているが、渦中にあった秋山洋子は、もともと多様な集団のあつまりであったリブに「分裂」という見方を持ちこむことに違和感を示している。

事実、リブは子どもをかかえて運動した。「東京こむうぬ」は「コンミューン」と「子を産む」をかけたコレクティヴ(共同体)だが、そのなかの武田美由紀の文章は

「産まないがエゴなら、産むのだってエゴ」というしたたかな両義性を引き受けている。(10)子どもを「ガキ」と言い放ち、子どものエゴと自分のエゴが対立する日常を直視し、「勝手に産まされたてめえにかけて、私の存在に迫ってきたらええ!」と他者を引き受ける覚悟は、献身と自己犠牲の「母性」幻想を吹き飛ばす。リブは「母性幻想」を解体しようとしたが、「母性」をとことん問いつめ引き受けた。「東京こむうぬは産める状況をつくる!」というのが優生保護法改悪への彼女たちの回答であったが、女と子どもと男の共同体をつくる実験そのものが、一夫一婦によって営まれる近代家族のなかでの子育てへの、批判でもあった。

東京こむうぬだけでなく、近代家族の孤立をぬけ出すべく、当時共同保育の試みは各地でおこなわれた。保育所が足りないという必要からだけではなく、公立保育所の管理主義的な教育に対する反発からも、「女と子どもと男の共同体」をめざす試みが盛んだったが、子育ての負担を軽減したいという動機から参加する人々と、男を含めて子育てにもっと関わろうとする人々とのあいだに分裂をおこしたり、母子の絆の個別性を性急に否定するような行き過ぎもあった。共同保育は、子どもが育ちあがり目前の必要がなくなるにつれ、自然消滅し、それ以降の世代にはほとんど受け継がれずに終わった。(11)

優生保護法改悪阻止の運動は、障害者の「産まれる権利」とするどく対立したが、ここでもリブのことばは、単純な「産まない権利」の方向へはいかない。

弱肉強食のこの世は、生産性の論理をもって成立している。車優先の歩道橋――老人、子供、病人、「障害者」無視のそれを想い浮かべればよい。企業にとって役に立つか立たないかをもって、ヒトの生命の尊厳を卑しめていくその論理は、あたしの生活を、意識を日常的に蝕んでいく。今回の優生保護法改悪案(中絶禁止法)のその改悪の方向は、むろん生産性の論理、その価値観をより強く女の意識に植えつけようとするものだ。……満足な療養施設のひとつもない「現実」を背景に女は選択を強制されるのだ! 女だけがヒューマニズムで生きられる訳もないこの世で女と障害者はどのような出会いを持ちえるのか。〔田中(美)1972a;溝口他編 1992–95:II 61–62〕

わたしは日本のリブの「母性」の強調を、半世紀前の『青鞜』以来の日本のフェミニズムの「伝統」と呼びたい衝動に駆られる。(12) 江原は「リブ運動の軌跡」のなかで、日本のリブの母性主義的側面を認めながら、キリスト教圏では「中絶の権利」を獲得することが優先課題であったものが、日本では実質的に中絶へのアクセスが容易だったことが「産める権利」を主張する動きにつながった、と分析する。だがそれだけではない。母性が高い文化価値をもつからこそ、それに乗じる「文化の策略」が、日本のリブにもあったのではないか。『青鞜』の平塚らいてうがその後母性主義へ向かったことは有名だが、「公的母性 public motherhood（「国家的母性」を含む）」の名のもとの女性の社会参加の主張は、反論を許さぬ正しさと男性から支持をとりつけやすい性格とをもっていた。戦前は国家主義のために、戦後は平和のために、日本の女性運動は「母性」という文化価値を動員してきたが[13]、その意味では、日本のリブもまた「文化の呪縛」のうちにあるのではないか、という疑いは解けない。

リブの運動論

リブは新左翼の運動を批判し、独自の運動論をつくりあげた。それは「代表を置かない」という運動のスタイルや、「リブ新宿センター」という命名のしかた——各地にそれぞれ自律的なリブセンターができることを予期していた——にもあらわれている。

たとえば思想集団エス・イー・エックス（SEXのこと）はこう書く。

「革命しようとしている人が楽しくない革命なんか革命じゃないわ」と若草物語のオルコット女史が言ったかどうか知らないが、私達は言おうじゃないか。大義

> 名分なしに楽しむことは市民社会的で日和見じゃないかといつも思っているうちに楽しみ方さえ忘れてしまった貧乏性の左翼女は欲望の畑に踏み込んだことのない処女だ。（集団エス・イー・エックス、一九七一「はてしなく欲情し　はてしなく奪え！」[溝口他編 1992–95：I 177；井上（輝）他編 1994–95：①97]）

七一年八月のリブ合宿も「やりたいことをやる」という参加者の自然発生性にまかされた「統制のとれない」ものであった。というより主催者であった「ぐるーぷ・闘うおんな」それ自体に、統制する意思がなかったと言える。参加者のひとりであった井上輝子によれば、

> 設定された目標達成のための効率を第一に考えるのではなく、目標達成自体が大きな争点であり、各自が自分で目標を設定すること自体に意義を見出していることの結果なのである。日本のリブ合宿が、「リブ合宿どうする」集会で幕を開けたのも、リーダーらしき人物による強力な指導の存在しなかったのも、こうしたリブ運動の特性の表れといえる。（一九七一「主体的変革者への意思表示」『おんなの叛逆』三号[溝口他編 1992–95：II 387]）

のちにアメリカのリブの組織論、運動論が紹介されるなかで、「意識覚醒（コンシャスネス・レイジング）」や「無構造の構造」という用語が広まったが、アメリカから紹

介されるまでもなく、日本のリブはすでにそれを実行していた。

そのなかでめずらしく「リーダーのいる」集団として知られていたのが、中ピ連（中絶禁止法に反対し、ピル解禁を要求する女性解放連合）であった。中ピ連はピンクのヘルメットでミス・インターナショナル・コンテストや婚約不履行の男の職場にデモをかけるなど(14)、マスコミ受けする目立つ行動で、いちやく男メディアのなかでリブの代名詞となった。そのためにリブに否定的なイメージをもつ人も少なくなかった。

それから二〇年後、中ピ連と一時行動を共にした「ウルフの会」の秋山洋子は、私的な回想録のなかで「リブ運動の中で、中ピ連とは何だったのかと問いなおすとき、少なくとも仲間だったと評価することはできないというのが私の正直な気持である」と書く［秋山 1993：137–139］。

秋山は中ピ連の代表、榎美沙子がどこからか手に入れてきたピルの服用実験を試みる。その結論は、「ピルは決していいものではない」というものだった(15)。八〇年代になって、ピル解禁が再び浮上したとき、八七年に、女のためのクリニック準備会（現在ウィメンズセンター大阪）は『ピル、私たちは選ばない』［ウィメンズセンター大阪 1987］というパンフレットを刊行するが、その結論は七二年にすでに出されていた。

主婦リブ

リブは担い手も地域の拡がりも限られていたが、リブのインパクトは「一部の過激な女たち」にとどまらなかった。リブの「当事者」とは誰だろうか？　リブのメッセージを受けとり、それに共感し、自らリブを名のる女はすべて「当事者」だった。ここではそういう「当事者」の拡がりを指摘したい。

その「一部の過激な女」たちに、無言の支持を与えたサイレント・マジョリティがいた。リブの直接の担い手は主として未婚の若い女性たちだったが(16)、彼女たちのメッセージはすでに結婚していた女たち、主婦にも届き、その存在を揺さぶった。リブに直接の接触はなくとも、メディアを通じて伝えられるリブの主張は彼女たちにとって閉塞的な「主婦的状況」を打破するものと、共感をもって迎えられた。一九七三年に『女・エロス』が創刊、六号では「主婦的状況をえぐる」という特集をした。七二年には、斉藤千代を代表とする『あごら』が創刊、札幌あごら、京都あごらなど各地の拠点に支えられて二〇〇一年末までに二七二号を数えている。転勤族の無業の妻だった高橋ますみは東海あごらを拠点に活動し、『女40歳の出発』[1986]を著した。さらに、六三年には主婦の投稿誌『わいふ』が創刊、七六年から田中喜美子が編集長となり木下律子[1983]や鈴木由美子[1992]、結木美砂江[1991]など多くの書き手を送りだした。日本のリブを見ると、「主婦リブ」とよぶほかない層が予想外の厚みをもって存在することがわかる。それは中産階級の主婦が、たしかにリブのメッセージに揺さぶられたことを意味する。彼女たちは家庭を壊さず、離婚も選ばず、制度のなかで子どもを産み育てていたが、自分たちの「主婦的状況」そのものの問題性を問いつめたのである。多様な主婦リブのなかで、彼女たちはベティ・フリーダンの「名前のない問題」(17)を追体験していた。それは「幸福幻想」のなかにある「ふつうの女のライフコース」そのものを、抑圧の根源とみなした。

七〇年代後半に入ってから、女性学が成立するが、原ひろ子は『女性学ことはじめ』[原・岩男編 1979]のなかで「主婦研究のすすめ」を書いている。すでに「婦人問題論」という研究領域があるのに、ことあたらしく「女性学」を旗揚げする動きを苦々しく思う研究者もいたが、「婦人問題論」が、文字どおり「ふつうの女」の規格からはずれた「問題婦人」、たとえばもと売春婦の更生や母子家庭の問題等を扱う傾向があるのに対して、「女性学」はそのスタートから、社会が自明とする女のあり方を疑った。そのパラダイム転換のための土壌は、主婦自身の自問自答によってじゅうぶんに耕されていた。

伊藤雅子は東京郊外の国立市にある公民館に勤務する職員だが、一九六五年、日本で最初の託児付き講座を開設した。わずか週に一回の講座に出席するために、「子どもを預けてまで外に出たいの」という譴責の声を背後に聞き、泣き叫ぶ子どもの声に後髪を引かれながら、手探りで変わっていく女性たちの記録が、国立市公民館市民大学セミナーの記録『主婦とおんな』[国立市公民館 1973]である。そのなかで伊藤はこう書いている。

私は、主婦の問題は、女の問題を考える一つの基点であると考えている。現在主婦である女だけでなく、まだ主婦ではない女も、主婦にはならない女も、主婦になれない女も、主婦であった女も、主婦であることが女のあるべき姿・幸せの像とされている間は、良くも悪くも主婦であることから自由ではない。少くとも多くの女は、主婦であることとの距離で自分を測っていはしないだろうか。[国立市公民館 1973：215]

「ただの主婦」からの出発を果たしたのが、高橋ますみである。彼女は再就職にも手遅れだった四〇歳から活動をはじめ、同じような立場の女が多いことに驚いて「主婦の壁を破るセミナー」を主宰する[高橋 1986][(18)]。そして豊かな才覚と行動力、そしてなにより女たちのあいだで築きあげたネットワークをもとに、企業に雇われて働くのではない「もうひとつの働き方」を、創造していく。高橋のケースは全国各地にたくさんいる「何かをしたい主婦たち」に励ましを与えた。

主婦が出歩くことが当たり前になり、「働かないこと」が「家にいること」とイコールではなくなった八〇年代に、芝木好子が命名し、金井淑子が拡めた「活動専業・主婦」が登場する。「活動専業・主婦」とは、専業主婦でありながら家事専業ではなく地域活動を専業に選ぶために、自ら無業の主婦にとどまった特権的な人々を指す。のぞましい社会のイメージを共有していても、フェミニストと活動専業・主婦とのあいだには潜在的な対立があった。八〇年代の階層分解の進行のなかで、夫のシングルインカムで食べていける主婦身分は特権と化していた。彼女たちのなかには、食べ物や反原発を通じて急進化する人々もいるが、彼女たちは主婦身分からおりたとたんに、自分の活動が成り立たなくなることを自覚している。日本では草の根のフェミニズムを主婦活動家が支えるという逆説がある[上野 1988a；天野 1988]。

こうした主婦と長年にわたって『わいふ』誌上でつきあってきた田中喜美子は、主婦はタテマエでは動かないと喝破する。

「フェミニズムの思想はそこでは何の力にもならない。女たちを動かすのは現実なのだから。」

だが、リブが「非現実的」だと言うのはあたらない。田中美津は『いのちの女たちへ』のあとがきでこう書いている。

女は常に「現実的」なのです。一にも二にも公然活動——他人サマの思惑をよそにハレンチに右旋回、左旋回してしつつ得たあたしたちの結論はこれだ。主婦連の運動から新左翼の運動まで、今まで運動といわれる運動が切り捨ててきたものを、全部しょい込んで進もうとするリブならば、そうやすやすとカッコよく離陸のできるハズもないことだ。リブを特殊化して、なんとか「一般の女たち」から切り離そうと図る権力は、しかし、自分の女房も又、リブが起きたというその状況からは逃れられない女の一人であることを見落としている。[田中(美)1972a：325]

田中は主婦リブも射程に入れている。

『わいふ』を通じて日本の主婦と長年つきあってきた田中喜美子が九二年に過去をふりかえって「日本のフェミニズムは、キリスト教やマルクシズムと同じく、「輸入品」だったのです。この国に、ついに根づくことのできない「輸入品」だったのです」[田中(喜)・木内 1992：201]と言うことの重みは大きい。先述した理由で、フェミニズムを「輸入品」と短絡的に語ることはできないが、日本の女は「家庭」と「子ども」を絶対に放棄しない、という田中の観察は、離婚率もたいして上がらず、婚外子出生率も上昇しない日本の現実に即している。だが、変わらない見かけの背後で、「家庭」と「子ども」が内部から病んでいることも田中は見据えている。田中が「土着の思想」を育てなければならない、と言うとき、わたしたちは同じ結論に違う方向から歩みよっている。

リブの伴走者たち

リブと同時代を生きながらリブと伴走したオリジナルな女性の思想家を忘れることはできない。男仕立ての思想ばかりが蔓延するなかで、リブの女たちは、わらにもすがる思いで、「女のことば」を探した。それに手がかりを与えてくれたのが、森崎和江や富岡多恵子である。一九六五年から六七年にかけて理論社から『高群逸枝全集』が刊行されたことも、大きな影響を与えた。「女の歴史」を求めて、各地で学習会が開かれた。

一九七〇年前後、森崎は『第三の性』[1965]、『闘いとエロス』[1970a]、『非所有の所有』[1970b]などを次々に刊行する。性愛、妊娠、出産について手探りしながら、誰のものでもない自分のことばで女の経験を思想化しようとする森崎の苦闘は、リブの女たちに大きな影響を与えた。

森崎は妊娠中に急に「わたし」という一人称が使えなくなった身体感覚についてこういう。

……「わたし」ということばの概念や思考用語にこめられている人間の生態が、妊婦の私とひどくかけはなれているのを実感して、はじめて私は女たちの孤独を知ったのでした。それは百年二百年の孤独ではありませんでした。［森崎 1994：28］

女の経験を語る「ことばが不足しているのです。概念が浅すぎるのです」という森崎の衝迫の思いは、リブの思想を練り上げようと苦闘していた年下の世代の女たちの思いと共鳴した。

富岡多恵子は一九八三年に『わたしのオンナ革命』［1983］という本を出している。富岡も森崎と同じく「産の思想」がない、と指摘するが、森崎が男の「一代完結主義」の貧しさを批判するのに対し、「女はほかにすることがないから子どもを産む」と、みもふたもない真実をあばく［富岡 1984］。森崎は単独者になりえない女の存在に賭けるのに対し、富岡は産んでも産まなくても単独者に還るほかない人間の覚悟をしめす。

富岡は「子どもをタマゴで産みたい」と発言した女優にふれて、それを「新しくあらわれた「思想」」であるという。詩人であった富岡の鋭敏な言語感覚は、「女のことば」の生成の現場を聞きのがさない。のちに詩人の伊藤比呂美が「胎児はウンコだ」と言い放ったときにも、胎児を異物視し、母性を脱神話する「女のことば」を通じて、わたしたちは新しい「産の思想」の生成に立ち会ったのである[伊藤(比)1986]。

マイノリティ・フェミニズム

フェミニズムのなかにあってさえ自明とされた異性愛や国籍、民族、健常者のコードに対して異議申し立てをし、マイノリティの権利を主張したフェミニズムを、「マイノリティ・フェミニズム」とここではとりあえず呼んでおこう。他に適切な用語がないためにやむをえず採用するこの言葉は、その実、問題をはらんでいる。「マイノリティ」と名ざされたとたん、「誰がわたしをマイノリタイズ(少数者化)するのか?」という、アイデンティティの政治がそこには仕組まれているからである。[19] フェミニズムは「さまざまな差別」をいっきょに解く万能薬ではない。フェミニズムは、その内部に、障害者差別や部落差別、民族差別のような緊張をはらんでいた。

優生保護法改悪阻止の闘いが、障害者の「産まれる権利」と対立することは、先にのべたが、そのうらにもうひとつ、女性障害者の「産む権利」の剥奪もあることを、岸田美智子は「子宮摘出」の問題を通じてうったえる。女性障害者は自らの「女性(おんなせい)」を否定される。リブの闘いは、障害者問題のなかにある根強い女性差別をあきらかにし、それを言語化する女性障害者の闘いと連動した。(20)

レズビアンは、日本でも不可視の存在ではない。リブ運動の初期から、担い手のなかにレズビアンであることを公然化する人はいたし、八〇年代に入って「れ組」や「レズビアン・スタジオ」「YLP」など、レズビアン・グループの活動は活発化した。男の視線を媒介しなくても、「女から女たちへ」直接「ウーマン・ラヴィング」しあうことができるのだ、というメッセージを、レズビアン・フェミニストは伝えた。掛札悠子のように、「レズビアン」と「レズビアン・フェミニスト」とは違う、という論者もいるが[掛札 1992]、レズビアンとフェミニズムの結びつきを示す早い時期の文章は少なくない。

アメリカの女性運動が少数民族、とくにアフリカ系アメリカ人の女性のつきあげによって四分五裂したことは知られているが、日本でも九〇年代にはいってから「在日外国人フェミニズム」の名に値する動きが登場した。金伊佐子(キム・イサジャ)[1992]や梁容子(ヤン・ヨンジャ)[1993]の在日韓国・朝鮮人フェミニズム宣言、リサ・ゴー

［Go 1993］の在日フィリピーナ・フェミニズムなどである。これを、リブの「上陸」と同じように、アメリカのエスニック・マイノリティ・フェミニズムが、ついに日本にも「上陸」した、ととるのはまちがいであろう。あるいは、日本がようやく国際化して外国人人口が急に増えたためというだけでもない。戦前から日本には、数十万単位の定住外国人(21)やアイヌのような先住民族が住んでいたからである。日本は戦前から多民族国家であった。在日二世の鄭暎惠(チョン・ヨンヘ)は、問題はずっとそこに一貫してあったのに、どうして在日韓国・朝鮮人フェミニズムがこれまで成立しなかったのだろう、と問いかける［鄭・上野 1993］。もちろん、八〇年代を通じての国際化、単一民族国家幻想の解体、少数民族問題の浮上等、さまざまな要因があげられるが、フェミニズムそのものが、社会的少数者の運動として出発したこと、そのなかで少数者が「わたしも発言していいのだ」と声を獲得していった経過がある。

民族差別と性差別の交差する深刻な問題のひとつに、金のとりあげる「従軍慰安婦」問題がある。これもまた、半世紀のあいだ、事実はそれと知られていたのに、問題化されることがなかった。それを問題化する言語と思想の獲得を可能にしたのは、日本および韓国国内の女性運動の高まりである。金の問題意識は国境を超えてそれと連動しているが、それだけではない。少数民族フェミニズムは、フェミニズムの名において、民族運動の内部にある抜きがたい家父長制とも対決する。マイノリティ・フェミニズムは抑圧的で排他的なマジョリティの単一アイデンティティをゆるがすだけではない。返す刀で、対抗勢力のなかにあるアイデンティティ・ポリティックスの罠をも解体しようとする。

リブとフェミニズム

ますます錯綜し多様化する状況のなかで、フェミニズムだけで解ける問題はなくなるだろうが、逆にどんな問題もフェミニズムなしには解けなくなるだろう。「民族」や「階級」、「国家」や「政治」もまた「ジェンダー」の用語で再定義される必要がある。フェミニズムは二〇世紀を揺るがす思想であった。ここを通過せずには、何も語れない地点にわたしたちは来ている。

リブからフェミニズムへ、用語は洗練され、概念は分節化したかもしれないが、けっして段階論的に進歩したり、発展したりしたわけではない。リブのことばは、多義的で両義性をはらんでいるが、けっして「不完全」ではなかった。思想はそれがはらまれたとき――わたしはあえて「懐胎」という表現を使いたい――ちょうど胎児のように、すでにすべての可能性を含んでいる。わたしたちに必要なのは、それを受けとり育てる力である。

(1) 一九九二―九五年にかけて刊行された『資料　日本ウーマン・リブ史』全三巻［溝口他編 1992-95］の果たした役割は大きい。この仕事がなければ、岩波のアンソロジー、『日本のフェミニズム』(全七冊別冊一)は編まれなかったと言っていいくらいである。三人の共編者の労を多とするとともに、版元、ウィメンズ・ブックストア松香堂書店の中西豊子さんの尽力に感謝したい。本稿はシリーズ中第一冊の『リブとフェミニズム』の解説として書かれている。なお、九三年には勁草書房から、加藤秀一、坂本佳鶴恵、瀬地山角編による『フェミニズム・コレクション』全三巻が刊行されている。『日本のフェミニズム』は、『フェミニズム・コレクション』との重複を避けるように努めた。併せて参照されることをおすすめしたい。

(2) 「変成男子」は中世の仏教用語。女には五障があるからそのままでは成仏できず、後の世でいったん男子に生まれかわってから初めて成仏を果たすとする女性差別思想。

(3) women's lib は women's liberation の略語。「ウィメンズ・リブ」と表記するのがもっとも近い。英語への不正確な知識から、日本では「ウーマン・リブ」という通称が定着し、「リヴ」とも誤記された。

(4) 東大闘争のなかで「男まさり」に暴力をふるう女活動家を、ローザ・ルクセンブルクに擬して「ゲバルト・ローザ」と呼んで男活動家やマスコミは戯画化した。

（5）デモのけが人や逮捕者支援の救援対策に、女子学生は動員され、「救対」と略称された。

（6）匿名、一九七三「ナゼ連赤裁判に私達は子供をつれて行ったのか」『阿修羅』一九七三年四月一三日号[溝口他編 1992-95：II 86]

（7）連合赤軍の「女性兵士」とその女性性の問題については、のちに大塚英志が卓抜な評論を書いた[大塚 1996]。大塚に対するわたし自身の反論については「連合赤軍とフェミニズム」[上野 2000]参照。

（8）吉本に対する批判としては、吉本と上野千鶴子の対談「対幻想と女性の無意識」（『現代思想』一九八五年六月号、青土社）[上野 1988b]参照。

（9）アメリカのシュラミス・ファイアーストーンは、すでに一九七〇年に、テクノロジーによる女性の生殖からの解放を「女性解放」の条件とみなしていた[Firestone 1970＝1972]。ドイツでも強い母性主義的文化伝統に対する反発から、初期のフェミニズムのなかには出産を拒否し、仲間が子どもを産むことを「利敵行為」と決めつけるような傾向が一部にあった。イタリアでもダラ・コスタは女性の出産拒否を「国家に対する闘い」と評価している。だが、フランスやスウェーデンでは、フェミニズムが母性を拒否したことはない。「母性」の文化的な呪縛とそれに対するフェミニズムの対応は社会によって違っている。アメリカのようにいったん母性の拒否の方向に行ったフェミニズムは、あとで母性との和解を演じなければならなかったが、日本のフェミニズムにはその過程はなかった。

もちろん、この「さまざまなフェミニズム」の比較文化そのものは、べつに探究の対象とする必要がある。

(10) 東京こむうぬ、一九七一「ひらけひらこう・ひらけごま！」[溝口他編 1992-95：II 27；井上(輝)他編 1994-95：①94]。通称タケこと武田美由紀は、返還前の沖縄にわたり、黒人米兵とのあいだにできた子どもを産む出産シーンを、恋人であった原一男に撮らせている。そのフィルムが『極私的エロス恋歌 1974』である。

(11) そのなかで今でも健在なのが、七五年にスタートした「あんふぁんて」(「子育て」という意味のフランス語)である。ふつうの女性が他人の子どもを預かる不安を解消するために、保険会社と共同で事故補償をする「あんふぁんて保険」を開発したのは澤登信子である。

(12) 上野千鶴子「恋愛結婚イデオロギーと母性イデオロギー」[1985a]。この文章は、当初、八三年アメリカのNWSA(全米女性学会)の年次大会で、"Individualist-vs Communalist-Version of Feminism: in Search for Indigenous Feminism" と題して、日米のフェミニズムの比較を論じたものである。

(13) 日本の第一波フェミニズムのなかで「母性」の果たした役割については、上野[1998]を参照。

(14) 中ピ連、一九七二「「ミス・インターナショナル・コンテスト」殴り込みの記」『ネオリブ』第六号[溝口他編 1992-95：II 245]

(15) 秋山洋子、一九七二「ピルは本当に良いものか」『女から女たちへ』二号〔溝口他編 1992-95：II 266〕

(16) 七一年八月のリブ合宿の参加記を書いた深山夏子は、「参加者の重大な特徴は定職を持たぬ女」、「学生かその延長上にあるような者」が多かったと報告している。深山夏子、一九七一「私のリブ合宿レポート」〔溝口他編 1992-95：I 280〕

(17) "unnamed problem" のこと。郊外中産階級の妻の、満たされない思いを描いた。〔Friedan 1963 = 1965〕

(18) 高橋はのちに東海BOC(Bank of Creativity 創造力の銀行)の仲間とともにWINN(Women's International Network Nagoya)という株式会社を設立した。ウィン名古屋はその後二〇〇〇年にNPO法人ウィン女性企画に移行している。

(19) だからこそ、一九九四年に日本女性学研究会が『女性学年報』第一五号で「マイノリティ・フェミニズム」の特集をした時、寄稿の依頼を受けた先住民や在日、レズビアンの女性たちはそのネーミングに強く反発した。

(20) 岸田美智子と『私は女』〔岸田・金 1984〕の共著者である金満里は、障害者の劇団「態変」を組織して、障害者のありのままを受け入れる画期的な身体表現の場を創造した。安積遊歩は『癒しのセクシー・トリップ』〔1993〕という半生記のなかで、障害者であることと女であることの葛藤を述べている。

(21) 定住外国人には、一時的な定住外国人と、永住権をもつ定住外国人とがいる。戦前の外国人の多くは、朝鮮半島や台湾などの旧植民地から強制連行された人々であった。彼らは「皇民化」の結果、日本国籍を強制されていたから、法的には「外国人」ではなかった。人々の国際移動が増えるにつれ、「国民」と「市民」とを区別して、国籍のない定住外国人にも地方政治の参政権や各種の社会保障を受ける権利を与えようという動きが、各国で起こっている。

7 「リプロダクティブ・ライツ／ヘルス」と日本のフェミニズム

フェミニズムと「中絶の権利」

一九九四年九月、エジプトのカイロで開かれた国連人口と開発会議(略称カイロ会議)は、女性の「中絶の権利 abortion right」を政治的争点として、あたかも「中絶会議」の様相を呈した。人口問題をめぐる国際会議に、フェミニストのNGO団体がおおぜい詰めかけ、「人口と開発」に女性視点が入ったのもはじめてなら、バチカンをはじめとする宗教的・政治的保守派が「中絶反対」のキャンペーンに国際政治の場を利用しようとしたのもこの会議の特徴であった。カイロ会議は、「中絶の自由」という「女性の権利」をめぐる、フェミニストと保守派の政治的な対決の場になった。そのために、ほんらいの課題であった「人口と開発」、ことに第三世界の人口抑制の問題や、先進国のエネルギー浪費の問題は、かすんでしまったほどである。

一九九〇年代の今日において、「中絶の権利」が政治的争点になるなど、「中絶の自由」を享受している日本女性にとっては、想像もつかない事態であるにちがいない。「中絶天国」というありがたくない名前までちょうだいしているほど、安全でかつ比較的安価な中絶へのアクセスが確保されている日本の女性にとっては、ヤミ中絶で命を落とす女性や、中絶手術を受けるために高いお金をはらって国外に出かけなければならない外国の女性の話は、他人ごとに聞こえるかもしれない。いまでも世界には、中絶を法的に禁止している国はいくつもある。強姦による妊娠の場合でさえそうである。アイルランドでは、一九八五年に中絶の合法化をめぐる国民投票がおこなわれたが、女性をふくむ有権者の多数派は、これを否決した。一九九二年にも、友人の父親に強姦された少女の中絶をめぐって、世論が割れた。最初、アイルランドの法廷はこの少女の中絶を認めなかったが、後に、中絶を受けるために国外に出国することを認めた。ローマ法皇庁のおひざもと、イタリアでは、聖職者は避妊も中絶も認めない。七一年まで、公的な媒体を使って避妊を宣伝するのは、犯罪であった。七八年にはピルの解禁と中絶の合法化が実現したが、それまではイタリア家族計画協会という民間の団体は、中絶を求める女性たちを国外に連れ出すツアーを斡旋していた。

カトリックの国ばかりではない。東西ドイツの統一にともなって、東の地域にも西の法律が一律に適用されるようになる。そのために東の女性は、既得権であった中絶の権利を失うことになった。西の法律が、中絶をきびしく制限していたからである。この「刑法二一八条問題」といわれる中絶の自由化をめぐっては、必ずしも利害が一致しない東西の女性団体が、完全に統一歩調をとった。九〇年の統一の後、二年間の猶予期間をともなって、九二年に大激論をへて制定された統一法は、中絶の一二週間以内までの合法化、ただし、専門家による強制カウンセリングつきという、西の女性たちにとっては「一歩前進」、東の女性にとっては「二歩後退」にあたるものであった。法的には合法化されたが日本の「妊娠二二週以内」に比べて厳しい内容、それも「責任を自覚した良心の判断に妊婦を導くためのカウンセリング」は、運用次第で、女性にとってどこまでも抑圧的なものになりうる。しかもこの法律は成立直後、保守派の議員によって連邦憲法裁判所に提訴され、九三年には違憲判決を受けて無効となっている。(1)

「自由の国」アメリカでも、例外ではない。アメリカは、州によって法律が違っており、保守的な南部の州で中絶が禁止されていても、中絶の可能な他の州へ移動すれば中絶を受けることができる。だが、信仰深い医師たちのなかには、中絶手術を拒否するものもいるし、またフェミニストが運営する中絶クリニックは、過激な反対派によって、焼き討ちや銃撃に遭っている。「銃社会」アメリカで、「自由」を維持するのは、命がけである。

「中絶の禁止」は、けっしてキリスト教圏だけの専売特許ではない。日本でも、明治四〇年に制定された刑法の「堕胎罪」は今でも生きている。戦後、一九四八年に成立した優生保護法の中絶をやむなしとする理由のうち、四九年の改正で加えられた「経済的理由」を拡張解釈することで、日本女性の「中絶の自由」は保たれている。日本の法規範は、法のタテマエと運用実態との乖離を前提とすることで、これまで機能してきた。だが、出入国管理法にみるように、事情が変われば、法のタテマエに合わせて運用をきびしくすることはいつでも可能である。しかも、戦後、この「経済的理由」を削除し、中絶の条件をきびしくしようという宗教団体や保守派からの巻き返しは、くりかえし起きている。七二年には優生保護法改悪阻止をめぐって、日本のウーマン・リブはひとつの頂点を迎えた。九六年には優生保護法は、優生条項を削除して「母体保護法」に生まれ変わったが、中絶は母体の安全を損なう妊娠や強姦による妊娠、経済的理由などに今でも制限されている。(2)「中絶の自由」は、自明のものでも所与のものでもない。闘いとり、そして守らなければならないものなのである。

リブと「産む自由・産まない自由」

日本のリブの「中絶の権利」に対する態度は、その初期から、一筋縄ではいかない要素をはらんでいた。リブは「産む・産まないは女の権利」という標語をかかげるが、それには、単純に「中絶の権利」に還元されない両義性を含んでいる。それをリブのディスコースのなかに追跡してみよう。

七〇年代のはじめに優生保護法改悪阻止の闘いをめぐって、リブはひとつの山場を迎える。「産む・産まないは女の権利」という今でいう「性と生殖の自由 reproductive freedom」を求める標語や、ピル解禁の要求などは、たしかに「中絶の権利」の主張のように聞こえる。

だが、リブの中絶に対する態度は、単純な権利要求ではなかった。当時コインロッカー・ベイビーのような子捨て・子殺しがマスコミを騒がせていたが、リブは断固として子殺しの女の側にたつ。「子殺しの女はあたしだ」という逆説的な言い方で、リブは女が産むに産めない社会、産んでも育てられない社会を告発した。

リブの担い手のひとり、深見史は「誰も子殺しの女を責めることはできない(男は、一言でも感想を言うナ!)」と子殺しの女に連帯を訴える。そこで問われているのは、女を子殺しに追いつめる社会状況のほうである。「ほとんどすべての家庭は母子家庭だ。男はカネ以外では家の中では何の役にも立たない。最も自立しえぬ者ども、いつになったら気がつくのか」という男性批判は今なお有効である[深見 1975]。

田中美津は七〇年代リブを代表する声のひとりだが、彼女は「敢えて提起する＝中絶は既得の権利か？」と題する文章のなかで、「中絶は子殺しだ」という、一見、「利敵行為」に聞こえる言い方をする。そういう逆説的な言い方で、田中は、女に中絶を強いる社会を告発する。

中絶させられる客観状況のなかで、己の主体をもって中絶を選択するとき、あたしは殺人者としての己を、己自身に意識させたい。(中略)あぁそうだよ、殺人者だよと、切りきざまれる胎児を凝視する中で、それを女にさせる社会に今こそ退路を断って迫りたい。[田中(美)1972b；溝口他編 1992-95：II 62]。

だが、この逆説は、リブのなかでも、誰にでも通じたわけではない。「リブ新宿センター」の名で書かれたこのパンフは、ただちに「中絶の権利」を擁護する中ピ連(「中絶禁止法に反対し、ピル解禁を要求する女性解放連合」の略称)から批判を浴びている[中ピ連 1972；溝口他編 1992-95：II]。井上輝子によれば、「優生保護法改正反対運動の方向性をめぐって、新宿リブセンターと中ピ連とは決定的な対立をむかえた」[井上

（輝）1980：211］。浅井美智子によれば「「ぐるーぷ・闘うおんな」はそのスローガン「産みたい……でも産めない」が示すとおり「母性」を、「中ピ連」は「産む産まないは女の権利」という自己決定権を選んだのである」［浅井 1990］。

だが、マスコミがピンクヘルメットの中ピ連をリブの代表として報道したにもかかわらず、中ピ連が当時のリブ運動の中心にいたとはいえない。マスコミが中ピ連をリブの代表的なイメージとして戯画化したために、リブがこうむった打撃は大きい。

中ピ連の代表、榎美沙子と直接接触のあった秋山洋子は、二〇年後、私的な回想録『リブ私史ノート』のなかでこう書く。「リブ運動の中で、中ピ連とは何だったのかと問い直すとき、少なくとも仲間だったと評価することはできないというのが私の正直な気持ちである」［秋山 1993：139］。

日本のリブは、「産む・産まないは女の自由」のうち、「産まない自由」の裏面にある「産む自由」「産める自由」の側面を調した。それは、リブの「産める社会を！産みたい社会を！」という標語によくあらわれている。「産まない自由」は、しばしば「母性の拒否」と短絡的に理解されがちだが、日本のリブは、「母性」を一度も手放したことがない。

それどころか、リブは子どもをかかえこんで運動した。「東京こむうぬ」は「コンミューン」と「子を産む」をかけたコレクティヴだが、そのなかの武田美由起の文章は「産まないがエゴなら、産むもエゴ」というしたたかな両義性を引き受けている[東京こむぅぬ 1971：溝口他編 1992–95：II 27]。「東京こむぅぬは産める状況をつくる！」というのが中絶保護法改悪への彼女たちの回答であった。(3)

フェミニズムと「性と生殖の自己決定権」

リブこと第二波フェミニズムにとって、「性と生殖の自己決定権」は、女性解放の核心的な課題のひとつだった。「個人的なことは政治的である」というスローガンにあらわされるとおり、中絶の法的規制こそは、女性の私的な身体が公的な権力の管理下にあるというあからさまな事実を示すものであった。女のからだをじぶん自身にとりもどすこと……性に対する無知からの解放を含めて、身体の政治学が女性にとって枢要な課題になった[荻野 1994]。そのなかでも「中絶の権利」は、どの社会でも、激烈な政治的争点となった。

アメリカでは、「選択の自由 pro-choice」派と「生命の権利 pro-life」派が、暴力を含む対決をした。「生命の権利」派は、女性の「産まない権利」を、胎児の「産まれる権利」と対立させたが、もちろん、誰も「産まれる前の生命」を代弁することはできないから、この対立は政治的に仕組まれたものである。胎児の「産まれる権利」をめぐって、「生命はいつから始まるか」を定義する公開の論争が、聖職者や専門家をまきこんでおこなわれた。一見、倫理的な問いや医学的な問いの見かけをもっているが、これは何よりも女性の身体という場をめぐる政治的な対立だった。八五年のブッシュ対デュカキスの大統領選挙では、女性団体は大統領候補を「中絶の権利」を認めるか認めないかで投票せよ、とひろく女性によびかけた。

フランスでも、「中絶の権利」をもとめて、ボーヴォワールを含めた有名人女性たちが、わたしにも中絶の経験があると名のりでた。「わたしは法律を侵しました。わたしを逮捕しなさい」と、彼女たちは中絶禁止法に挑戦したのである。

アメリカでもフランスでも、「選択 choice, choisir」とは、「中絶の権利」をただちに意味している。イタリアのフェミニストも避妊と中絶の自由化を求めて、ローマ教会に抵抗してきたし、ドイツでも例外ではない。それにくらべると、日本のフェミニズムが、「産まない権利」よりも「産む権利」を強調したことは、特異に思える。

江原由美子は「リブ運動の軌跡」のなかで、その理由を、キリスト教圏では「中絶の権利」を獲得することが優先課題であったのに対し、日本では実質的に中絶へのアクセスが容易だったことが「産める権利」を主張する動きにつながった、と分析する

［江原 1985］。だがそれだけではない。

日本のフェミニズムには、平塚らいてうらの第一波フェミニズムの時代から強い母性主義の傾向がある。むしろ「母性の拒否」に振れたこともある西欧の一部のフェミニズムにくらべれば、日本のリブは「母性」を一度も手放したことがないといってもよい。ドイツでも強い母性主義的文化伝統に対する反発から、初期のフェミニズムのなかには出産を拒否し、仲間が子どもを産むことを「利敵行為」と決めつけるような傾向が一部にあった。イタリアでもダラ・コスタは女性の出産拒否を「国家に対する闘い」と評価している。だが、フランスやスウェーデンでは、フェミニズムは最初から母性主義とむすびついている。らいてうがエレン・ケイ流の北欧フェミニズムに共感を示したのは偶然ではない(4)。日本のフェミニズムは、母性の文化的な価値の肯定と根ぶかくむすびついている。

「選択の自由」と優生思想

女性の「産む権利・産まない権利」にもっともするどく対立したのは、障害者の「産まれる権利」である。ピルの普及とともに、男女の産み分けや出産前の羊水検査などのような生殖テクノロジーは急速に発展し、ファイアーストーンの「子宮からの解放」は、夢物語ではなくなりつつあった。

生殖テクノロジーは、人口の量の管理だけでなく質の管理、すなわち優生思想とむすびついている。もちろん避妊や中絶は、生殖技術の恩恵の一部だが、そのなかには、「望ましい子どもを望ましいときに選択的に産む」という考えがむすびついている。生殖技術が「産まない選択」に用いられた場合、出生前の羊水検査で、障害のあることがわかった胎児やのぞましくない性別の子どもは、選択的に中絶される可能性がある。「一人っ子運動」が奨励されている中国では、近年の男女出生性比が一一五対一〇〇と、先進国の自然性比、一〇五対一〇〇にくらべて、異常に高い男児の出生割合を示している。男児尊重の傾向のつよい中国では、「一人っ子を産むなら男」と、一時は、女児の嬰児殺しが疑われたが、それだけでなく選択的な中絶がおこなわれている可能性を、この数字はうかがわせる。性差別は、産まれた女の子を殺すだけでなく、産まれる前の女の子をも殺す。

他方、生殖技術が積極的に「産む選択」とむすびついた場合、優生思想は、もっとはっきりしたかたちをとってあらわれる。たとえば人工受精で選ばれる精子の持ち主は、人種、階級、健康、知能などの面で優れているとみなされる男性が選好される。代理母の場合には、問題はもっと深刻化する。契約から遂行までの期間が長いために、そのあいだに発生した事故などによって障害をもった子どもが産まれた場合、契約主が子どもの引き取りを拒む例が、アメリカではすでに発生した。子どもは商品のように品質管理を問われ、障害のある子どもは、「欠陥品」として扱われる。契約主は契約違反として子どもの引き取りを拒み、代理母のほうも契約不履行を訴える。ここでは、生まれてきた子どもの人権は、双方からまったく無視されている。

優生思想は、ナチの人種政策にみられるように、ほんの近過去の悪夢である。そこでは、「生まれるべきではなかった人々」が絶滅させられ、「産むべきでない人々」が断種を強要された[米本 1989]。その記憶のなまなましいところでは、優生政策を連想させる用語は避けてとおる婉曲語法が定着している。そうした歴史的背景を考えれば、日本の中絶法が戦後も「優生保護法」と名のりつづけた無神経ぶりはきわだっている。

もし中絶が優生思想から選択的におこなわれれば、障害者は「生まれなかったほうがよかった子どもたち」ということになる。事実、各種の調査によれば、「胎児に障害があるとわかったとき、あなたはどうしますか」という問いに対して、少なからぬ女性が「中絶を選ぶ」と答えている。生まれたあとも、障害児の親たちによる手記は、「この子は生まれないほうがよかった」という思いとたたかい、それを克服してわが子を受けいれていく過程をつぶさに語っている。親だけではない。障害者本人が、周囲の偏見だけでなく、「自分は生まれないほうがよかった」という否定的な自己認識に苦しんでいる。障害者の「生きる権利」は、「生まれるにあたいする生命」と「生まれるにあたいしない生命」とを選別するという優生思想と、まっこうから対立する。

事実、フェミニズムは優生思想に対して無実ではなかった。らいてうの国家に対する母性保護の要求は、母性をつうじての国家への貢献とむすびついていた。優秀な女性は出産をつうじて国家に貢献すべきだ（そしてそれに対して国家からの保護を要求する当然の権利がある）というらいてうの考え方の裏側には、母になる資格のない女性は子どもを産むべきでないという優生思想がひそんでいる。「公的母性」の強調は、つねに国家による母性の管理の危険とむすびつく。らいてうの母性主義にはその危険がつきまとっていた。(5)

リブの優生保護法改悪阻止の運動は、障害者団体からはげしい批判を受けた。だが、ここでもリブは、単純に女性の「産まない権利」を擁護したわけではなかった。田中美津は七〇年に書かれた「女性解放への個人的視点」と題する文章のなかでこう書いている。

弱肉強食のこの世は、生産性の論理をもって成立している。車優先の歩道橋——老人、子供、病人、「障害者」無視のそれを想い浮かべればよい。企業にとって役に立つか立たないかをもって、ヒトの生命の尊厳を卑しめていくその論理は、あたしの生活を、意識を日常的に蝕んでいく。今回の優生保護法改悪案(中絶禁止法)のその改悪の方向は、むろん生産性の論理、その価値観をより強く女の意識に植えつけようとするものだ。……満足な療養施設のひとつもない「現実」を背景に女は選択を強制されるのだ！　女だけがヒューマニズムで生きられる訳もないこの世で女と障害者はどのような出会いを持ちえるのか。[田中(美)1972a：61-62]

事実、生殖技術は、女性にとって両義的である。ファイアーストーンのようなフェミニストにとっては、それは子宮という重荷からの解放、妊娠と出産という「牝の屈辱」(ボーヴォワール)からの回復を意味していた。その結果、女性は、男なみのより効率的な身体を手に入れるはずであった。だが、妊娠と出産をハンディキャップとしかとらえない極端なアメリカ型の効率優先の原理とそれに汚染されたフェミニズムについては、留保つきで考えなければならない。たしかに近代主義的なフェミニズムの一部には、産業社会に男なみに参入していくこと、そして女性にもその能力があることを主張する傾向があった。

だがこの点でも、日本のフェミニズムは固有の思想をもっている。しばしばアメリカのフェミニズムの紹介に隠れて見えにくいが、日本のフェミニズムはその成立の最初から、近代批判、産業主義批判として成立した。この点では、むしろ六〇年代の公民権運動の延長上に、近代主義の一種として成立したアメリカのフェミニズムの特異性こそが、論じられる必要がある。日本のフェミニズムは、母性主義を含めて、アメリカよりはヨーロッパのフェミニズムと多くの共通点をもっている。

新左翼の「鬼子」として生まれたリブは、早い時期から、「女は戦力にならない」と「革命戦士」を淘汰する新左翼の論理を、「産業戦士」の似姿にすぎないと、批判している。連合赤軍の山岳基地で、妊娠中や子どもづれのために「総括」を受けた「女性兵士」たちと、その男性論理を代行した永田洋子の悲劇に、もっとも敏感に反応したのもリブであった。

「新左翼のきわまった現実のなかで、女は殺されてゆくのだ。……その道行きにはつきあえぬとリブは「女性《おんなせい》」を肯定したところから」[田中(美)1972a]始まった。ここで田中が「おんなせい」と呼ぶのは、男性中心的な生産性の論理から排除されるすべてのものを意味している[上野 1995g]。

同じ論理は、八五年の男女雇用機会均等法への反対にもあらわれる。当時、おおかたの女性団体は均等法に反対し、その成立を女性運動の敗北ととらえた。諸外国のフェミニストには理解しがたいこの反対は、たんに均等法が罰則規定なし、努力義務のみのザル法として成立したことや、当初の「雇用平等法」が「機会均等法」に置き換わって、「結果の平等」が「機会の平等」にすりかえられたことに対してだけ向けられたわけではない。それよりも日本のフェミニズムにとってもっと深刻な敗北は、七〇年の田中のことばを借りれば、均等法の成立が、「生産性の論理、その価値観をより強く女の意識に植えつけようとするもの」だったからである。

出生率抑制と家族政策

日本は、一九六〇年代の一〇年間に、合計特殊出生率四人台から二人台への半減という出生力転換をみごとになしとげた。そのために国際社会で、出生率抑制の「優等生」と呼ばれるようになった。その理由は、第一に出生率抑制が短期間に急速におこなわれたこと、第二にそのためにどんな政策的な強制も誘導もなかったことである。人口爆発に苦しむ発展途上国は、出生率抑制のためにあの手この手で苦労している。中国のように、アメとムチの一人っ子政策をとったり、バングラデシュのように、経済誘導で不妊手術を奨励したりしている。インドでは、不妊手術の証明書があれば公務員に優先採用するなどの強引な人口政策をすすめたために国民の反発を買い、インディラ・ガンジー政権が転覆する原因のひとつとなった。

見かけのうえでは、日本の男女は自発的に「産まない権利」を行使したようにみえる。それが当事者の自己決定権にもとづくかぎり、出生率低下はのぞまれた結果であり、何ひとつ問題はない。そのために貢献したのが、日本の「中絶の自由」であった。戦後の「中絶の自由」にしても、女性はよろこんで行使したわけではない。不十分な避妊知識と避妊法、そして男性の非協力のおかげで、女性はのぞまない妊娠と出産を、中絶によって避けるしかなかった。そこでは、中絶を避妊の一種とみなす野蛮がまかりとおっていたのである。五〇年代から六〇年代にかけて、「中絶の自由」の恩恵にあずかったのは、主として、すでに二子を産み終えて、三子め、四子めを妊娠した既婚女性たち、そして結果としてその夫たちであった。

戦後一貫して、日本人の「希望子ども数」と「現実の子ども数」とのあいだには、約一人のギャップがある。芹沢俊介は、「生まれなかったもうひとりの子ども」を犠牲にして、日本人の豊かさと中流化が達成された、とみる[芹沢 1997]。日本の出生率抑制には政策的強制こそなかったものの、経済的誘導が働いた。優生保護法の「経済的理由」は、ボーダーライン以下の貧困を意味しない。子どもを育て上げるコストがかつてなく高くなり、産んでも育てられない、産むに産めないという背景が、「子どもは二人まで」という選択に人々を自発的に導いたのである。

子どもを育てるコストについては、教育費や住宅費のような目に見えるコストのほかに、女性の再生産労働というシャドウワークを忘れることはできない。産業化によって女性が育児専従化と主婦化を強いられ、機会費用を失うだけではない。共同体の解体と核家族のなかでの孤立した育児環境のせいで、子ども数が少なくなったにもかかわらず、子育てが女性にとってこんなにも負担の重い労働になったことは歴史上かつて経験したことのない事態である。しかも「少なく産んで確実に育てる」少産少死社会のなかで、子育ては母親にとって「絶対に失敗の許されない」事業となった(6)。八九年の「一・五七ショック」は、出生率低下が期待された水準以上にすすんでしまったことへの政府・財界の困惑をあらわしている。合計特殊出生率一・五七が「ショック」だったのは、それが一九六六(昭和四一)年丙午の年の、あきらかに人為的に操作された低出生率を下廻る水準だったからである。だがそれ以前からの出生率の漸減傾向をみれば、当然予測された結果であり、いまさらあわてるような事態ではなかった[上野 1991b]。

出生率低下については、子どもの育てにくさのほかに、女性の側の条件の変化、たとえば女子労働力率の上昇や教育歴の上昇、未婚化や晩婚化が指摘されている。女性に責めを負わせる短絡的なディスコースを一言で言えば、「教育をつけて仕事をもった女が、ますます自己中心的になって結婚や出産に魅力を感じなくなった」ということになる。

女性の教育歴の上昇と労働参加は、くつがえすことができない歴史的な趨勢だから、むしろ「働く母親」に親和的な育児環境を整備することで、出生率低下はある程度くいとめられると考えられている。事実、「一・五七ショック」に驚いた政府・財界が、出生率対策として急きょ成立をいそいだのは、九一年の「育児休業法」であった。日本の育休法は期間が一年間であるとか、その期間無給である(一九九五年から雇用保険の拡張解釈によって、休職期間中、給与の二割が支給されるようになった)とかの問題点をかかえているが、それでも、ないよりましと女性労働者に歓迎された。職を失う不安なしに、育児に専念できるようになったからである。しかも女性運動の盛り上がりが背後にあったわけでもないのに、たなからぼたもちのように、育休法はあっさりと成立した。

スウェーデンやフランスのような国々では、強力な家族政策をすすめて巨額の国家予算を支出している。「働く母親」の育児との両立を目標にした公共的な育児支援策は、出生率の水準を維持するのに一定の効果があると評価されている。スウェーデンでは人口置き換え水準の出生率二・一前後を維持しているし、フランスでも一・八の相対的な高水準を維持している。もし強力な家族政策がなければ、この水準を維持することもむずかしいだろうというのがフランスの専門家の見方である。

イタリアでは、家族は国家が介入すべきでない自律的な私領域であるというたてまえのもとに、家族政策は手つかずのままになっている。女性の高学歴化、中絶とピルの解禁、労働市場への進出が近年急速に起きているイタリアでは、環境整備がそれにともなわず、一・二台というヨーロッパで最低水準の低出生率を示している。

ドイツの出生率は九〇年代には日本以下の一・四水準だったが、少子化の進行する日本の低出生率は、近年になってついにドイツと逆転した。ドイツでは家族や児童への歳出の額は大きいが、政府の熱意にくらべて実効をあげていないのは、政策のターゲットが見当違いの方向を向いているからだと批判されている。ドイツでは、女性が育児専従化する主婦婚のモデルをもとに家族政策を立てているために、働く母親はおきざりにされている。女性の労働参加がかならずしも出生率低下とむすびつくわけではないことは、統一前の西ドイツと東ドイツをくらべてみればわかる。女性の労働参加が自明視され中絶が自由化されていた東ドイツでは、国家の手厚い母性保護策のために、かえって西ドイツより出生率が高かったのである。

どの国の専門家も声をそろえて、出生率の動向を決めるのは、その社会が「子育てに親和的な社会か否か」だというが、九〇年代の今日では、そこに「働く母親にとって」という条件が付け加えられている。出生率にはあまりにも未知で多様な要因が関与しているために、これを人為的にコントロールすることはだれにもできない、というのがもっとも一般的な態度だが、かといって先進諸国のあいだにある多様性はなんらかのしかたで説明される必要がある。日本の家族政策の将来を考えるうえでも、ヨーロッパ諸国の例は大きな参考になるだろう。(7)

ピルの解禁と日本のフェミニズム

人口政策の観点から言えば、中絶や避妊の法的禁止に何の効果もないことはすでに実証ずみである。強権的な政府は、しばしば出生率低下を中絶禁止によって回復しようとするが、東欧改革前のルーマニアの例に見られるように、禁止法の制定直後には出生率は一時的にはねあがるものの、短期間にもとの状態に復帰し、出生率の長期的動向に変化はない。それどころか中絶の禁止によって危険なヤミ中絶がはびこり、女性が危機にさらされるというマイナスの副作用だけがある。六〇年代からのヨーロッパ各国の長期的な出生率低下の動向をみれば、中絶禁止の有無にかかわらず、どの国でも女性は子どもを産まなくなってきていることが見て取れる。

出生率低下は、ピルの解禁の有無にもかかわらない。イタリアではピルが解禁されたのはつい最近、七八年のことだが、出生率低下はそれよりはるか以前から起きている。出生率の長期的な動向が明らかにするのは、中絶がどんなにむずかしくても、信頼できる避妊法があってもなくても、どんな手段を用いても女はのぞましくない子どもを産まない、という事実である。

日本でもピル解禁がなくとも、出生率低下は五〇年代からすでに始まっている。五〇年代には出生数の三分の二に達した中絶件数は、その後減少して、八〇年代には出生数の三分の一近くになった。出生数そのものが減っているから、中絶件数は激減していることになる。中絶が合法化されている日本では、届け出中絶件数のデータは信頼性が高い。データが示すのは、日本女性の生涯妊娠回数が絶対的に減っていること、もし性行為の頻度が減少しているのでないとすれば、避妊がうまくなったという事実である。

日本におけるピル解禁の政治について、ここで述べておこう。七〇年代のはじめに避妊ピルの日本解禁が日程にあがり、中ピ連が結成された。リベラルなフェミニストの多くも、ピルの解禁を支持し、「ピル」は、女性解放のシンボルになった。

ピルが「究極の避妊薬」として迎えられたのにはいくつかの理由がある。第一に、飲み忘れさえしなければ一〇〇パーセントの成功率で避妊ができること、そして服用をやめればまた妊娠可能な状態に復することができるという点である。それまでの避妊法は、どれも確実性に難があった。避妊リングでさえ、成功率は一〇〇パーセントではない。リングをつけたままの赤ちゃんが生まれてきた例が報告されている。第二に、内服薬であることから、ペッサリーやコンドームとちがって、性器に触れることがなく抵抗が少ないということである。かつペッサリーのように装着に熟達を要求することもなく、避妊リングのように専門家の手を借りる必要もない。第三に、ピルによって避妊の主導権が男性から女性に移ることである。それまで日本の男女のあいだでもっともポピュラーなのはコンドームの使用であったが、失敗率が高いだけでなく、コンドームの装着をいやがる男性が多かった。権力的な性関係のもとでは、パートナーに対して避妊を言い出せない女性が多く、既婚女性のあいだでさえ、妊娠がこわくてセックスを楽しめないとこぼす女性が少なくなかった。第四に、七〇年代は女性解放の時代であるだけでなく、性解放の時代でもあった。ピルという確実な避妊法の登場は、女性に「生殖の性」と「快楽の性」を切り離すことを可能にした。ピルは女性の性的主体性の獲得のシンボルとなったのである。

他方、ピルにともなう問題点も多い。第一に、ピルの副作用については、当時まだ十分に知られていなかった。体内のホルモン環境を長期間にわたって人為的なコントロールのもとにおくことが、どういう副作用をもたらすかについては、十分な臨床例が存在していなかった。第二に、毎日の服用はけっこうわずらわしく、理論的には一〇〇パーセントの確実性で避妊ができるはずなのに、実際には飲み忘れによる失敗はあとを絶たなかった。第三に、避妊の主導権が女性に移ることで、男性の避妊に対する責任をますます免責する結果になった。ピルの服用は女性の身体がセックスのためにつねにスタンバイしているという予期をつくりだし、そのためにのぞまない性関係をむすぶケースさえあらわれた。「ピルを飲んでいる」ということが「いつでもＯＫ」のサインと受けとられたのである。

秋山洋子は、のちに中ピ連の代表になった榎美沙子が、当時どこからか手に入れてきたピルの服用実験を、仲間たちとこころみている。その結果は、吐き気や体調の変化などで、彼女たちは「ピルは決していいものではない」という結論を下した。榎自身はその結論にもかかわらず、ピルの解禁を主張し、その後中ピ連の結成に至るのだが、七四年の参院総選挙で「女性党」の名のもとにうって出て惨敗したあとは、公的な場面からすっかり姿を消した。

日本政府は七〇年代にはピルの解禁を見送ったが、その理由は女性の身体に配慮してのことではない。当時のピル解禁をめぐる国会の論議のなかでは、ピル解禁は「若い女性の風紀の乱れを招く」と保守系の議員が発言している。そのために、先進工業諸国がどこも解禁したピルを、日本は専門家の統制のもとにおくという「ピル後進国」となった。

だが、そのあいだにピルを解禁した諸国では、血栓症や吐き気、肥満などさまざまなピルの副作用が報告されるようになる。そのために、専門家は長期の使用を制限したり、副作用の少ない低用量ピルの開発にのりだした。女性の身体を利用して、ピルの大がかりな人体実験がおこなわれたことになる。厚生省の保守的な判断のおかげで、日本女性はこの人体実験から守られるという意図せざる結果が生まれた。

ほとんどの避妊法が、ただひとつコンドームという例外を除いて、(8) 女性の身体を対象として開発されてきた生殖技術のジェンダー・バイアスについて、フェミニストは批判してきた。女性身体を男性身体という標準からの逸脱とみなす婦人科医療の身体観そのものが、ジェンダー・バイアスをはらんでいる[武田 1995]。これまで女性は「産む性」とされ、妊娠も不妊も避妊も、女性の責任とされてきた。現実には男性の参加がなければ妊娠は起きないのだから、男性の側に、もっと確実で安全な避妊法が開発されてもよかったのだが、そうはならなかった。生殖技術があくまで女性身体を

「客体」とみなす男性専門家によってになわれていることが、男性身体の対象化をさまたげている。生殖技術の消費者としての男性も、避妊や不妊の責任をとりたがらない。すなわち生殖技術の生産者と受益者も、実のところ女ではなく男なのである。

女性の身体が生殖技術の壮大な実験場になっているという事情は、先進国でも後進国でも変わらない。むしろ後進国のほうが、デポ・プロベラのような長期間効果が持続する強力な、したがって副作用も強い避妊薬の投与の対象となった。日本でもサリドマイドやスモンなどの、人災と言えるような薬害が実際に起きているのだから、厚生省がかならずしも「国民の健康にやさしい」選択をしてきたとはいえない。ピルに対するこのとくべつの慎重さは、べつな要因で説明されなければならないだろう。

七〇年代後半、避妊に対してもっとも保守的だったイタリアもピルを解禁。日本は先進国のなかでは例外的な「ピル後進国」となった。そのころまでに、副作用の少ない低用量ピルが普及していた。だが同じころ、エイズの恐怖が世界をおおい、今度は性病予防の手段としてコンドームが再評価された。戦後数十年を通じて、日本人のあいだでもっともポピュラーな避妊法はコンドームの使用である。そのためにエイズ予防のために「性行為のさいはコンドームの使用を」と改めてキャンペーンするにおよばないほど普及している。エイズ時代の性衛生にとって、日本が一周遅れのトップランナーになるという皮肉な事態が起きた。

八〇年代になってピルの解禁がまた政治課題になりかけたころ、女性の健康に自覚的なヤンソン由美子らのフェミニストは、ピルに対する積極的な反対の意思を表明する。八七年に、「女のためのクリニック準備会(現在「ウィメンズセンター大阪」)」は、『ピル、私たちは選ばない』というパンフレットを発行する。八〇年代にはエコロジーへの関心を経由して、女性の身体もまた生命の環境であり、それを人為的に管理したり汚染したりすることへの抵抗感はつよまっていた。女性からのつよい要望がないままピル解禁の政治課題は立ち消えとなり、八〇年代にも日本はあいかわらず「ピル後進国」のままにとどまった。

興味深いことに、七〇年代にピル解禁を支持したフェミニストたちと、八〇年代にピルを積極的に拒否したフェミニストたちとは、人的に重なりあわない。ピルへの疑念が提出された八〇年代に、かつてピル解禁を支持した多くのフェミニストたちは沈黙を守った。ピルについても、日本のフェミニズムは、他の西欧諸国とはちがう特異な姿勢を示した。

九九年になって避妊用ピルはようやく解禁された。論争のテーブルにのってから約三〇年、九〇年の申請からも約一〇年、北朝鮮と並ぶ「ピル後進国」の汚名を、政府はようやく返上したが、同年に承認市販されるようになった男性用勃起促進剤、バイアグラのスピード承認とくらべると、そのジェンダー・バイアスは著しい。女性の身体管理に、公権力がどんなに強い関心をもっているかの証であろう。

ピルに対する私自身の見解を述べておこう。ある避妊法が存在するときに、それを自発的に選ばないことと、それが法的に禁止されていることとはまったくべつのことである。ことにピルのように、世界の多くの女性がその恩恵をこうむり、副作用とともに効果も証明されている避妊法を法的に禁止する、どのような妥当な理由も存在しない。必要なのは、副作用を含めた十分な知識にもとづく、当事者による選択であろう。いっぽうでマイルーラのような、あきらかに膣組織を破壊するとわかっている殺精子剤が公然と市販されているのに、その副作用について消費者に十分な知識が伝えられていないばかりか、フェミニストによる効果的な反対も組織されていない。まったく無害に思えるコンドームでさえ、失敗率が高いせいで、女性はのぞまぬ中絶手術を受けるという危険負担をおかしている。功罪ふくめて避妊法のどれを選ぶかは、インフォームド・コンセントに示されるような本人の「自己決定権」に属するべきであろう。

これに対しては、つぎのような反論があるだろう。男性に避妊を要求できない女は、マイルーラのような膣内避妊剤が市販されていれば、たとえ自分の身体を傷つけるとわかっていてもやはり使うだろう。ピルもまた、女性の身体を性的に使用する男性に、つけこまれる理由を与えるだろう。そもそもいつ起きるかわからない性関係に対して、女性がさまざまな負担をかかえてまで、常時そなえておかなければならない理由があるだろうか。現実の権力的な性関係のもとでは、ピルは現状の男性支配を補強する結果を生むだけである、と。

この現状認識が一〇〇パーセント正しいと認めてもなお、ピルの解禁を法的に規制する根拠にはならない。フェミニズムがめざすのは、迂遠なようにみえても、自己決定権を行使できる主体としての女性の成熟だからである。

「リプロダクティブ・ライツ」から「ヘルス」へ

カイロ会議では、「リプロダクティブ・ライツ／ヘルス reproductive rights/health(性と生殖の健康と権利)」という概念が注目を浴びた。「リプロダクティブ・ライツ」という概念は、「産む権利・産まない権利」としてわたしたちにもなじみぶかい概念である。それに「ヘルス(健康)」が加わったことには、次のような含意がある。

第一に、WHOによる「健康」の定義に見られるように、たんに介入や統制を排除するという消極的な定義のほかに、積極的な定義を与えたことである。そのなかには、「安全で満足な性生活を営めること」もある。ここには女性の「快楽の権利」も含まれている。第二は、「性と生殖」をめぐるより広義の環境として「健康」を定義しようという動きである。第三に、「リプロダクティブ・ライツ／ヘルス」を女性の権利としてだけではなく、男女をともに含む「人権」として定義する方向である。出生率低下のせいで女性が母性に拘束される時間が減少している一方で、妊娠・出産の価値の稀少性は高まっている。出産・育児への男性の関与も強まっている。避妊・妊娠・出産・育児が女性(だけ)の問題であるという見方に「リプロダクティブ・ライツ／ヘルス」は変更を迫っている。

あらゆる社会的な条件が整備され、育児に対する公共的な支援の体制があっても、妊娠、出産は自動的に生じるわけではない。のぞまない妊娠がある一方で、のぞまれた妊娠も、意図どおりにかならず成立するとはかぎらない。有職女性については、看護婦や学校教員のような立ちずくめのはげしい労働の職種では、難産や自然流産が平均より多いことが報告されている。妊娠しても無事に産まれるかどうかはわからない。それどころか、性交しても受胎するかどうかもわからない。性から生殖にいたる体内環境には、多くの障害が待ち受けている。

出生率の国際比較調査のために訪れた九四年のヨーロッパで、スウェーデンのある専門家が語ったことばを、わたしは忘れることができない。かれは、「立証されていないことですが」と前置きして、つぎのように語ったのだ。

「出生率が低下しているだけではなく、どうやら受胎率そのものが低下しているのではないかと、わたしは見ています。チェルノブイリ以降、森のきのこもずいぶん汚染されています。それが人間のからだになんの影響もおよぼさないとは考えにくいのです」

「だれもあからさまには言いたがりませんがね」と、かれは付け加えた。

日本にも、環境汚染が体内環境に与える影響については、水俣病をめぐる原田正純氏の先駆的な研究がある。原田氏は「胎児性水俣病患者」の出産の背後には、おそらく、自然流産によって出産にいたらなかったさらに多くの胎児がいたにちがいないと推測する。出産にこぎつけた「胎児性水俣病患者」はむしろ生き延びることのできた幸運な例外、氷山の一角である、という。だとすればその背後に、さらに受胎せず、子宮に着床さえしなかった多くの生命の萌芽の存在を、疑ってみてもよいかもしれない[原田 1989]。

社会学者としてのわたしは、社会環境の整備さえあれば、女性は性と生殖の自己決定権を行使できると考えてきた。だが、「身体」という「自然環境」もまた、社会の変数だとしたら？　社会環境の激烈な変化のなかで、「身体」という「自然」だけがそこなわれずに維持されるわけがない。「身体」もまた自然と社会の交渉の場だからである。

女性の「自己決定権」をおびやかすのは、直接的な法的規制や出産・育児に敵対的な社会環境ばかりではない。もっと巨大な環境の変化が、「産む生命」と「産まれる前の生命」、「産まれたあとの生命」を脅かしている。子どもが産まれたあとも、子どものアトピーとたたかう母親は、育てにくさを実感していることだろう。

「生命の再生産」は、一〇〇パーセントの社会現象でも一〇〇パーセントの自然現象でもない。「リプロダクティブ・ライツ／ヘルス」という概念をめぐって、わたしの念頭に浮かぶのはつぎのようなことである。

産みたいときに産みたいだけ産む権利と能力を。産みたくないときに子どもを産まない権利と能力を。産めないとわかったときに、その事態を受けいれる権利と能力を。そして、どんな子どもでも生命として受けいれる権利と能力を。

女が「生殖からの疎外」も、「生殖への疎外」も、どちらも味わわずにすむのが、性と生殖の「自己決定権」の内容であろう。

(1)「刑法二一八条問題」については『ドイツの見えない壁』[上野・田中・前 1993]第七章六節「中絶の権利を守る」参照。

(2) 出生前診断により胎児に異常が認められたときには中絶がおこなわれていることから、法律の条文から「優生」はなくなっても、現実には法の運用上「優生」思想はなくなっていない。九七年には日本人類遺伝学会が、遺伝性疾患のある胎児を中絶できる胎児条項の導入を求めるなど、優生思想には根づよいものがある。

(3) 東京こむうぬだけでなく、近代家族の孤立をぬけだすべく、当時共同保育の試みは各地でおこなわれた。保育所が足りないという必要からだけではなく、公立保育所の管理主義的な教育に対する反発からも、「女と子どもと男の共同体」をめざす試みが盛んだったが、子育ての負担を軽減したいという動機から参加する人々と、男を含めて子育てにもっと関わろうとする人々とのあいだに分裂をおこしたり、母子の絆の個別性を性急に否定するような行き過ぎもあった。共同保育は、子どもが育ちあがり目の前の必要がなくなるにつれ、自然消滅して、それ以降の世代には受け継がれていない。そのなかで今でも健在なのが、七〇年代にスタートした「あんふぁんて」(「子育て」という意味のフランス語)である。ふつうの女性が他人の子どもを預かる不安を解消するために、保険会社と共同で事故補償をする「あんふぁんて保険」を開発したのは澤登信子である。

(4) 日本の戦前第一波フェミニズムが、英米語圏で影響力のあったシャーロット・パーキンス・ギルマンではなく、北欧系のエレン・ケイをより高く評価した理由を、三宅義子は日本のフェミニズムの母性的傾向とむすびつけて説得的に論じている［三宅 1994］。

（5）らいてうの優生思想の読み直しについては、『女性史を拓く』1［鈴木（裕）1989a］「らいてうの「母性主義」を読む」［古久保 1991］を参照。産児制限の訴えが優生思想とむすびついた点については、『生殖の政治学』［荻野 1994］を参照。

（6）不払いの再生産労働とその負担については、『家父長制と資本制』［上野 1990］を参照。

（7）以上のヨーロッパ比較調査については、ＮＩＲＡ（総合研究開発機構）レポート『わが国出生率の変動要因とその将来動向に関する研究』（一九九四年）を参照。そのうち付論［上野 1994d］を上野が執筆している。

（8）ほかにもパイプカットという①安全性が高く②副作用がなく③簡略でかつ④復元性も高いという男性の不妊手術があるが、性・生殖能力を喪うという心理的恐怖のために、実際に実行されているケースはすこぶる少ない。

Ⅲ

8　男性学のススメ

はじめに

岩波書店刊のシリーズ『日本のフェミニズム』全七冊には、別冊として『男性学』の巻がついている。編者は井上輝子、上野千鶴子、江原由美子に天野正子(編集協力)の女性ばかり四人だから、男性学の巻を女が編むことに、抵抗を示すひともいるかもしれない。女性学は「女を語る」ではなく「女が語る」という女性主体の当事者視点を最大限尊重してきた。岩波版フェミニズム・アンソロジーを通しての編集方針のひとつも、女性による「当事者の思想」であったから、この巻にも、基本的には男性当事者の視点を尊重する立場は貫かれている。ほんらいなら、男性学の巻を男性の編者が編むのを待つべきであろう。だが、以下の理由で、わたしを含む共編者は『男性学』の巻を別冊として付け加えることにした。

第一に、男性学がフェミニズム以後の男性の自己省察であり、したがってフェミニズムの当の産物である、ということである。これまでのほとんどの社会科学は「人間学」の名において、男性を普遍的な「人間」と僭称してきた。その観点からは、女性は「特殊」な残余としかみなされない。「女性学」以前の女性論とは、自分を主体として疑わない男性の手によって「他者」として描かれた客体としての女性論だった。女性学とは、その男性中心的な視点から、女性を主体として奪いかえす試みだった。男性学とは、その女性学の視点を通過したあとに、女性の目に映る男性の自画像をつうじての、男性自身の自己省察の記録である。

第二に、フェミニズム以後のメンズ・リブには、アンチ・フェミニストの男性復権の要求からプロ・フェミニストの男性解放まで両極のあいだの多様性がある。現にアメリカのメンズ・リブ団体は、立場の違いによって、マイナーなサークルのあいだで四分五裂をくりかえしている。さまざまなメンズ・リブのなかでどれが真にフェミニストと共闘できるものかを見極めるのは容易ではない。アメリカのメンズ・リブ団体には、アンチ・フェミニストからプロ・フェミニストまでの多様性がある。「全米自由男性連盟National Coalition of Free Men」のローレンス・ディッグズはフェミニストの「男叩きmale bashing」に反発して男としてのプライドの回復を訴える。ブルース・リントンは「父親フォーラムFather Forum」で、男性の父親としてのアイデンティティ形成を手助けしている。「離婚した父親の平等の権利を求める会」は、シングルファザーの権利擁護団体である。「変わる男のための全米機構 National Organization for Changing Men」や「全米男性会議ＮＣＭ、National Congress for Men」に関わってきたワレン・ファレルは、女性と同じく男性も抑圧されていると説き、男性の「成功」への圧力には女性も責任があるという。「性差別に反対する全米男性機構ＮＯＭＡＳ National Organization for Men against Sexism」は、ＮＣＭに対抗してＮＯＣＭからＮＯＭＡＳへ名称を変えた。アンチ・セクシズム、プロ・フェミニズムの立場を鮮明にするためである。リーダーの一人、ジャック・ストレイトンは、ファレルに批判的である。ＮＯＭＡＳに対しては他の男性団体から「女性運動のための男性団体で、男性運動ではない」という批判が浴びせられるなど、男性運動内部の対立は錯綜している[上野他 1991：114-146]。なお、日本に翻訳紹介されたファレル『男の不可解 女の不機嫌』[Farrel 1986＝1987]やゴールドバーグ『男が崩壊する』[Goldberg 1976＝1982]は、ＮＯＭＡＳ的な基準からはプロ・フェミニストとはいえない。伊藤公雄の『〈男らしさ〉のゆくえ』[1993]は、そのかっこうの見取り図を示してくれる。

第三に、「ジェンダー」という言葉が、男／女という「ふたつの項」を示すのではなく「ひとつの差異」を示すということがあきらかにされて以来[Delphy 1989＝

1989；Scott 1988＝1992；上野 1995b]、「女性学」は「ジェンダー研究 gender studies」へと展開をとげることになった。ジェンダー研究は女性領域を対象にするだけではじゅうぶんではなく、ジェンダー関係そのものを対象にしなければならない。そのジェンダー研究のなかでは男性学は不可欠の領域を占める。「女性学」の「ジェンダー研究」への「発展的解消」には批判もある。「女性学」という党派的な用語に代わって、「ジェンダー」という中立的な用語を選ぶほうがアカデミズムで市民権をえやすいという配慮から「ジェンダー研究」という用語が採用される傾向に反発して、女性学の保守化を嘆く戦闘的なフェミニストは、「女性学」という用語に代わってあえて「フェミニスト・スタディズ」を名のるほどである[早川 1991b]。だが、「ジェンダー研究」の含意は、保守的なものとは限らない。女性学のゲットー化を打ち破ろうとする人々もまた、「ジェンダー」概念の包括性を積極的に採用しようとしている[Scott 1988＝1992]。その観点からは、「男性学」という下位分野もまた、発展的に解消される運命にある。

　第四に、フェミニズムに関心をもつ男性が増える一方で、女性学があるなら男性学はないのか、という疑問や要望が聞かれるようになった。女性学が女性のアイデンティティの自己探求ならば、これらの男性のアイデンティティの自己探求の試みに対して、手がかりとなるテクストの存在を示す必要が高まってきた。女性学はようやく大学その他で定着してきたが、男性学はまだ耳慣れないことばである。アメリカでは男性学のコーナーが書棚の一角を占めるまでになってきたが、日本ではまだ存在さえじゅうぶんに知られているとはいえない。男性学はたしかにある。しかも日本の男性の自前のことばで語られた思想としてここにあることを示す必要を感じたからである。

男性学の誕生

ウィメンズ・リブはあるのに、メンズ・リブがないのはどうしてだろうか？　読者のなかには、素朴な疑問をもつ人もいるだろう。

ジェンダー（性別）二元制とそのもとでの「女らしさ」の抑圧に、女性が抗議と告発の声をあげたのがウィメンズ・リブだった。同じジェンダー二元制のもとで、男性も「男らしさ」の強制に苦しんでいるはずなのに、いっこうにメンズ・リブの声が聞こえてこないのはどうしてだろう？　かれらが「男らしさ」から降りないのは、ほんとうは「男らしさ」から利益を得ているからではないか。たとえ胃潰瘍になっても「カローシ（過労死）[1]」をしても、コストにみあう報酬が還っているからではないか？　その疑いは消えない。

日本で最初の「男性解放宣言」を唱え、かつ男性学のスタートを切ったのは渡辺恒夫である[渡辺(恒)1986]。かれは、男性はこれまでたしかに利益を得てきたが、文明史的に見て、男性の利益は相対的にわりのあわないものになりつつあるという。したがって、女性解放とともに、男性解放もまた文明の必然なのである。

渡辺は産業化とともに男性には「生産への疎外」が、女性には「生産からの疎外」が起きた、という。ここまではフェミニズムの分析と同じである。それにしたがって、男性には効率的で生産的な身体がわりふられ、その結果、男は美から疎外された。美は女性の独占物になった。かれは歴史や人類学の資料を駆使して、美が女の独占物でなかった時代を検証する。

渡辺が、異性装者(男性の女装趣味)の研究を専門とする心理学者であったのは示唆的である。女装者の性自認(ジェンダー・アイデンティティ)は男性として安定しており、かれらはしばしば結婚のような慣習的な性関係を女性と結んでいる。性転換者のように性自認の混乱や危機を覚えているわけではない。女装者は女性の美を羨望する。かれらは性別二元制に何らかの不適合を覚えているが、それから降りようとするわけでも、性別秩序を変えようとするわけでもない。男性としての利益は享受しながら、一時的な代償行為をとっている人々である。結果としてかれらは性別秩序の維持に貢献する。渡辺は女性が「女らしさ」から抑圧を受けるのと同じように、男性も「男らしさ」から抑圧されている、というが、その間には非対称があるのを忘れている。男性が「美から疎外」されたとき、女性は「美へと疎外」されている。それだけでなく、その「美」の定義は男性の手中にあった(2)。

「美」と同時に、「客体としての身体」もまた、女性に排他的にわりあてられた。現象学的な知によれば、身体は主体にとって「客体」として発見され、そのことをつうじて主体と外界との媒介となっていくが、性別二元制のもとでは女性が過度に客体としての身体へと疎外されるのに対し、男性は自分自身の「身体からの疎外」を経験する。蔦森樹は、渡辺とはまったくちがう視角から異性装に接近する。かれは女装愛好者向けの雑誌編集者だったが、かれにとっての女装は、異性への一時的・代償的な転換ではなく、身体を自分自身にとりもどす試みだった。だが、男の子用脱毛ガイド付きの『男だってきれいになりたい』[蔦森 1990a]の著者でもある蔦森は、消費社会的な「身体の回復」が、同時に「見られる客体」へのもうひとつの自己疎外であることを知りぬいている。蔦森は「主体」と「客体」の弁証法のただなかへ、自分の裸身を文字どおりさしだす。そこには「主体」の安全圏を降りた男の、ジェンダーのゆらぎをからだごと引き受けようとする姿勢がある。

男性の著者に言及するのに、「かれ」という三人称を使うのに、わたしはすでに困難を覚えている。なぜならば、かれらは、ジェンダー秩序のゆらぎを、みずからに引き受けている人々だからである。蔦森の「〈男〉と〈非男〉——性差による言葉のポリティクス」[1990b]は、人称詞にやどるジェンダーの拘束に繊細に反応したものである。

ジェンダー秩序のゆらぎとメンズ・リブ

渡辺に先立つこと四年、日本のメンズ・リブにとって、橋本治を忘れるわけにいかない。『蓮と刀』[橋本 1982]は、もっとも平易なことばで書かれた、フロイトの脱構築である。フロイト理論が「息子がいかに父親になるかについての家父長制の物語」であることを、橋本は、息子の側からみごとに脱臼してみせる。「どうして男は〝男〟をこわがるのか？」と副題された本書は、男の子の受ける抑圧をあばき、〝おとうさん〟から降りることのすすめを説く。『蓮と刀』は、言うまでもなくルース・ベネディクトの日本文化論『菊と刀』[Benedict 1967 = 1972]のパロディだが、同時に「菊」と「刀」の性的シンボリズムをも意識したうえで(3)、日本社会が〝おとうさん〟たちからなる「ホモソーシャル homosocial」な社会であることをも批判した、脱「日本文化論」でもある。作家としての橋本が、『桃尻娘』シリーズ[1979]という女装文体の持ち主であり、女子高生ことばからはじまる「平成言文一致体」の先駆的な担い手であることを考えれば、かれがジェンダー秩序のゆらぎをいちはやく体現していたことはあきらかである。(4) かれは文体でジェンダー秩序をからかい、性別をかるがると越境してみせた。

家父長にならないことを選んだもうひとりの男が、海老坂武である。「サルトルとボーヴォワール」世代のかれは、近代主義者としての心意気に殉じる。自由で拘束的でない関係を女性と結ぼうとするかれは、結果として「なしくずし未婚」を選ぶが、「対」であることの強制は女ばかりにではなく、男にも執拗にはたらく。シングル男性の解放をうたった海老坂の『シングル・ライフ』[1986]のなかの「独身差別に怒る」は、家父長制に加担しなかった男がこうむる差別を、軽妙に描く。

だが、結婚したり、ひとりの女を「妻」として所有しないことで、男が家父長制から免責されるわけではない。それは、女が個別の選択として結婚しないことで「家父長制」から逃れられるわけではないことと同じである。近代主義は、ロマンチック・ラブ・イデオロギーの極限に「自由恋愛」の観念を産んだ。そして海老坂は、愚直な近代主義者として、この「自由恋愛」を実践しているように見える。だが、一九一〇年代、「新しい女」の登場とともに「自由恋愛」の観念が世界中を吹き荒れたときも、非対称なジェンダー秩序のもとでは、「自由な個人の合意」の名において、女のセクシュアリティは結果として搾取された。日本でも、神近市子が大杉栄と伊藤野枝との三角関係をめぐって起こした「日陰の茶屋」事件が有名である。(5) 女がセクシュアリティの主体として成熟しておらず、それをゆるすような社会環境もないところでは、海老坂の戦略は、たとえ結婚のそとにあっても結果として家父長的なものになる。かれの選択が抑圧的にならずにすむのは、それに見合う女性の解放が、すでに先行していたからである。その意味で、「シングル・ライフ」という男性の選択肢の拡大も、フェミニズムの直接の産物と言える。

山崎浩一と細谷実はともに一九五〇年代生まれ。山崎によれば「フェミニズムの洗礼をもろに浴びて」育った若い世代の男性である。山崎は、「フェミニズム以後」の同世代の女たちの過渡期の中途半端さにふりまわされる自分たちの世代の男のとまどいと憤懣を、率直かつユーモラスに描く。「権利を主張するフェミニスト」と「女らしさから利益を貪ろうとする打算的な女」が「ひとりの女のなかに同居している」というかれの指摘には、苦笑してうなずく女性も多いだろう。だが、ジェンダー秩序のゆらぎという過渡期を生きる男も女も、山崎が言うとおり「既成の男女関係の枠組みがなくなってしまった」世界で、「この不安で不安定な関係をむしろ歓迎すべき」[山崎(浩)1993：239]なのである。

細谷の「『リアル・マン』って、どんな奴？」[1994]も、「もう〝おとうさん〟のようにはなりたくない」世代の若者の、役割モデルの喪失という問題を軽妙に論じている。フェミニズムの影響を率直に認めるこの世代の男の書き手の文章が、肩をいからせない文体で書かれていることも印象的である。かれらは、自己表現のしかたも、旧来の男のモデルに従うわけにはいかないことを知っている。いまのところ、「男らしさ」を演じれば演じるほど、それがノスタルジックなパロディにしかならないことを自覚するほどにセンシティヴなかれらは、新しいモデルを探りあぐねているように見える。

つくられた男のセクシュアリティ

性のダブルスタンダード、「男は能動・女は受動」、「美女と野獣」神話が、どのように男のセクシュアリティをも抑圧し歪めてきたかを、彦坂諦[1991]ほどに執拗にあばきだした男性はいない。そして「男だって男らしさに抑圧されているんだよ」という一見対等なせりふで、彦坂は男のセクシュアリティを免罪することをしない。なぜなら、男の抑圧的セクシュアリティは、男自身を抑圧すると同時に、それによってふみにじられる被害者をはっきり生み出しているからである。

彦坂の『男性神話』[1991]は、「従軍慰安婦」をめぐる男の加害性について、男の視点から書かれた数少ない作品のひとつである。「従軍慰安婦」についての研究がすすむにつれ、もと兵士の回想録や戦記に「従軍慰安婦」についての記述がいくらでも出てくることの「再発見」が、あらためて驚きを生んでいる。多くの記述には罪悪感もなく、書いてはならないことだと糊塗したふうさえない。「従軍慰安婦」の被害について、早い時期に男の書き手によって書かれた本に、千田夏光の『従軍慰安婦』[1978]があるが、千田は彦坂のように、つくられた男のセクシュアリティを疑ってはいない。「従軍慰安婦」に同情を寄せる多くの書き手も、男のセクシュアリティについては「生理的必要」や「木の股にでもしがみつきたい男の本能」という言い方で、男のセクシュアリティを免罪してきた。(6)「従軍慰安婦」を隠語で「公衆便所」(7)と呼んだ言い方のなかには、「やむにやまれぬ放出先」という男性の性欲観が反映している。

彦坂は兵士の性欲が、むしろ戦場でつくられたものであることを証明する。恐怖におびえて無力に横たわる犠牲者に「野獣のように」のしかかる男の性欲は、実はすこしも自然なものではない。ひとりの犠牲者を輪姦する男たちは、性欲からそうするのではない。男同士の連帯を証明するために「犠牲の羊」がほふられる。「男らしさ」

が男を戦場に赴かせ、戦場が「男らしさ」を定義する。そのなかで男の性欲は「攻撃性」によってしか定義されないものになる。

戦場のように極限的な状況でなくても、日常のなかで男の性欲が対象の「モノ化」にふかく結びついていることを指摘するのは、金塚貞文[1982]である。金塚は、男のセクシュアリティをまともな哲学的探究の主題にしてきた数少ない論者のひとりである。だが、他者の「モノ化」が男の性欲の「宿命」だとは、金塚は考えない。それは「近代」と「消費社会」が強いる、「個」にまで切り詰められた身体が、他者身体ととりうる唯一の関係のありかたである。金塚はその後『オナニスト宣言』[1992]のなかで、消費社会における「近代的個人」がとるもっとも効率的な身体のありかたは、「自慰する身体」すなわちオナニストであるという結論にまで、読者を導いていく。そこはコギャルとおたくの世界、女のナルシスト的身体と男のオナニスト的身体が、ついに出会うことのない場所だ。近代個人主義の忠実な使徒であった金塚は、「解放」を説くかわりに、近代個人主義の袋小路に読者をまきぞえにして自爆しようとするかのようだ。

谷口和憲[1994]は、自分自身の「買春体験」をつぶさに点検しながら、男の性欲がいかにつくられるかを論じる。女性の手になる「買春男性」のルポには、福島瑞穂・

中野理恵の『買う男・買わない男』[パンドラ編 1990]がある。それによれば「買春男性」たちはどこにでもいるごく普通の男たちであり、かれらの大半は買春を悪いこととは思っていない。すなわち谷口のように買春経験に悩むこともなく、したがってそれから癒されたいとも考えていない点で、あまりにも「普通の男」たちである。消費社会の性幻想のなかに、自前で調達したものなどない。性欲は消費の欲望とおなじく、つくられあおられる。消費社会の性文化が、性をいかに消費すべきかを教える。ポルノグラフィはその教科書である。谷口は、そのような男のセクシュアリティを「自然」とも「運命」とも受けとめてはいない。社会によってつくられたものならば、つくりかえることもできる。アジア各地への谷口の行脚は、まだ見ぬ性を求める巡礼に似ている。

　男性のセクシュアリティを男性の当事者視点から論じながら「性の磁場のあり方が本質的普遍的に「見る―見られる」という非対称的なあり方をしている(傍点引用者)」[小浜 1990：47]と主張するのは小浜逸郎である。フーコーの『性の歴史』以降、性に「本質」と「普遍」を持ちだすのは、時代錯誤なばかりでなく、反動的でもある。フーコー以後のセクシュアリティ研究があばいたのは、近代による性の「自然化」「本質化」のトリックそのものであった。小浜は、わたしの『スカートの下の劇場』[上野

1989]をとりあげて、上野がセクシュアリティの形成における「ジェンダー非対称性」をよく認識している、と見当違いな賛意を示す一方で、その「本質性」を理解しないと批判を加える。小浜の論は、かぎりなく現状肯定的かつ固定的な保守の言説となる。『男はどこにいるのか』[小浜 1990]、『中年男性論』[小浜 1994]など、小浜はフェミニズムをたっぷり意識しながら男性自身の手になる男性論を著している。その点で、かれはフェミニズムが持ちだした主題とまともに取り組んだ数少ない貴重な男性論者の一人には違いない。だが小浜の議論は「フェミニズム以後の男性の自己省察」が、つねにプロ・フェミニスト的になるとは限らないという好例である。かれの言説は、過渡期における男性性の「危機の言説」――これこそが言葉のほんらいの意味における「反動 re-action」の産物にほかならない――のひとつの民族資料として価値があるだろう。

男のセクシュアリティのゆらぎをまえに、「男の子のための性教育」をうたう本が、九〇年代になってたてつづけに出版された。村瀬幸治『男性解体新書』[1993]、橋本治『ぼくらのSex』[1993]、田崎英明『セックスなんてこわくない』[1993]などである。橋本は、マスターベーションを性交とまったく独立のものとして認めたうえで、どちらもお互いの「代理」にはならない、と断言する。男は「自慰する身体」に無限に閉じていくこともできる。だが、「関係」を求めるなら、それとはべつのまだ見ぬ身体のありようが、男には求められているだろう。

私領域の男たち

フェミニズムに理解のある男たちといえば、まっさきに思いつくのが「家事・育児する男たち」である。「男は黙って愛情を示す」よりも、手も足も動かして「態度で示す」ほうがよい。妻に迫られ、あるいは子育ての状況に強いられ、または自分自身の意思から、不払いの家事労働をになうことで、「二流市民」にドロップアウトする危険を冒す男たちがいる。

村瀬春樹[1984]は、「ハウスハズバンド(主夫)」という言葉をひろめた貢献者である。かれの妻、長井由美子は、「ゆみこ・ながい・むらせ」という結合姓を早い時期から実践し、新しい夫婦のかたちを追求してきた。かれらは、男も使いやすい台所とか、子どもや年寄りをまきこんだ暮らしの工夫を、生活者として提案する実践家でもある。全共闘世代の村瀬は、「機動隊の前から逃げなかったぼくが、妻や家族の前から逃げられるだろうか?」と自問する。かれの目には、会社中心主義の夫たちは、家庭という現場から逃げる卑劣な男たちとうつる。

事実リブの女たちがつきつけたのは、家庭が男にとって一方的な「安らぎ」の場であるどころか、日常という逃げ道のない闘いの場であるという事実だった。星建男[1977]もまたその戦場を引き受けたひとりである。子育てという逃げ場のない日常に目をそらさずにたちむかうかれらの態度は、いっそいさぎよく「男らしい」。その迷いやとまどいのなかから、男らしさを再点検していくかれらには、息詰まるほどの誠実さがある。そしてその背後には、男を日常という現場に追いつめ逃がすまいとする、女の気迫がある。

村瀬以外にも「ハウスハズバンド」は何人もいるが、ハウスハズバンドの実践は「仕事か家庭か、それぞれ向き不向きがあるのだから、夫婦が自由に選べばいいんじゃない？」という「選択の自由」や「役割の互換性」として受け取られる傾向がある。だが、ハウスハズバンドを実際に経験した村瀬が到達するのは、「主婦でもなく、主夫でもなく」という結論である。たとえ役割の互換性が保証されても、排他的に「仕事か家庭か」の二者択一を強いられる性別役割分担の構造それじたいが変わらないかぎり、抑圧性はなくならない。「主夫」に専念しているときの村瀬は、自分がつい子どもに口やかましくなったり、ぐちっぽくなったりしていることに気づく。「主婦症候群」は女の属性ではない。役割の属性なのだ。

暮らしを支えるためにカネを出すことも手を出すことも共にわかちあおうという立場を簡明にいいあらわしたのが、育時連(男も女も育児時間を!連絡会)の「「半分こ」イズム」である。フェミニズムが到達した結論、支払い労働も不払い労働も男女が同じように担うという戦略を、育時連の男たちは軽やかに「「半分こ」イズム」と名づける。そして、男の育児時間取得を認めない職場に対して、指名ストを実行したり、マスコミを巻きこんだり、ありとあらゆるゲリラ戦略を用いながら、深刻ぶらずにやってのける。

労働基準法によれば、生後一歳までの乳児をもつ労働者に対しては、午前三〇分、午後三〇分、計一時間の「育児時間」取得を権利として認めている。かつては、この育児時間は、企業託児所に預けた子どもの授乳のためなどに使われたが、今日では主として保育所への送り迎えのために、遅刻・早退を公然と認めるというかたちで使われることが多い。保育所への送迎なら、父親・母親いずれがおこなっても変わりはない。幼児をもつ男性労働者が育児時間取得を要求したとき、これまで使用者側は「育児時間は母乳育児のための授乳時間という主旨で設定したものだから、母乳の出ない男親には適用されない」と反論してきた。

その後、この規定の男性への適用の拡大をめぐって、現場で男性労働者の実力行使がおこなわれてきた。一九八五年、東京都田無市で、全国で初めて、自治体労働者に対して男女を問わない育児時間取得が認められた。だが、当時の自治省がショックを受けたほどにはその影響は波及しなかった。一九九二年には、男女がどちらでもとれる育児休業法がさしたる抵抗もなくあっさり成立。経営者団体の予測どおり、男性で育児時間や育児休業をとる者はきわめて少なく、男性の育児参加は遅々として進まない。自転車の後ろに子どもを乗せて出勤するお父さん、たじりけんじの「がんばらない哲学」[1989]は、それを体現している。

「がんばらない男」は、「男らしさ」の規範からみれば、「だらしない男」である。かれは企業社会で結局、おちこぼれになるほかないのだろうか？　育時連のメンバーのひとりは、育児時間を一年間とりつづけた後、同僚に互して昇進した。「ぼくみたいに優秀な男はね、会社も出世させないわけにいかないんですよ」とかれはさわやかに笑う。一九九二年、育児休業法の施行初年度に、実際に育児休業を取得した男性は、全国で一四人。都道府県の数より少ないかれらは、そのためにいちやく地方メディアで有名人となったが、育児時間や育児休暇をとることで男が特別扱いされたり、職場で制裁を受けたりしないような社会へ向けて、育時連の男たちは先鞭をつけた。

父親としての男

ストックホルム大学の心理学者で「男の役割を考える会」のメンバーでもある、ラーシュ・ヤルマートは、スウェーデン男性に対するアンケート調査をもとに著した『スウェーデンの男たち』という本のなかで、「男が変わる五つの機会」を示した。

父親になる時。祖父になる時。教育や職業を選ぶ時。兵役を受ける時。危機に直面する時。［善積 1989；上野他 1991：160］

この五つの機会のなかには、残念ながら女との関係は含まれていない。スウェーデンの男性クライシス・センターのカウンセリング例が教えるところでは、男が変わる「危機」には妻や恋人との突然の離別があるが、それもたいがいは、気づいたときは手遅れ、という痛ましいものだ。この五つの機会のうち、二つまでを幼い子どもとの関係が占めている。どうやら男は、女によってよりは子どもによって、より切実に変わるものらしいことをヤルマートの調査は裏づける。

日本の調査でも同じことは追認されている。均等法施行以後の女性の採用差別について、自分の妻のときには怒らなかった男性が、娘の父親となるとわがことのように「不公平」を怒る傾向がある。妻の出産に立ち会う夫が徐々に増え、夫に三日間程度の出産休暇をみとめる企業も出てきた。わが子の出産に立ち会った男親は、その後の子どもとの関係がいいことも報告されている。

だが、男が私生活の価値をますます認め、子どもとの関係を大事にしようと思うときにぶつかるのが、「育児にかかわる父」の役割モデルの不在である。女もまた、自分自身の母親を見よう見まねで母になっていく。男が子どもに関わろうとするとき、自分の父親がどんなふうに子どもに向き合っていたか、記憶を探ろうとしてもそこに父親の姿はない。「父は永遠に孤独」な後ろ姿だけを子どもに見せていればいいのだろうか。私生活から疎外された父親像、子どもと時間を過ごしても話題も共有できない父と子の断絶は、男の「宿命」ではない。むしろ近代が生んだゆがんだ「男らしさ」の産物である。

アメリカの男性学は、子どもに積極的に関わる父であることを選ぼうとした男たちが、自分自身の「父と子の物語」を生きなおす必要に迫られる経緯をあきらかにする。その過程で息子は、父の孤独に想像力の手をさしのべ、はじめて父を発見し、父と和解する。このプロセスはフェミニズムの「母探し」の旅と、それから生まれた「母との和解」のドラマによく似ている。女たちが家父長制下の「父の娘」から、女同士の連帯を基礎とした「母の娘」へと移行したように[田嶋 1986]、男もまた抑圧的な「父の息子」から心やさしい「息子の父」へと、自分のなかに「育てる性(親性)」を発見するために、家父長制の家族の連鎖 family chain を断ち切らなければならなかった。これは、家庭における「父の復権」のような反動的なかけ声とは、まったく違ったものである。

公領域の男たち

これまでの男性学には、「夫」「父親」「恋人」のような、女性との関係のなかにおける男性性を問題にする傾向があった。「女性」がもともと、男に対する「関係的カテゴリー relational category」であったところから、「男性」を女性に対して相補的に「関係的カテゴリー」として捉えなおそうという動きはもっとももなものである。加藤秀一は「男性論」を「男性を「人間」としてでなく、「女性」に対応する性的人間としてみなす」試みと解している[加藤 1993：426]。

だが、そのために、かえって公領域における男性のありかたは男性学の領域からも排除されがちだった。浅間正通も、梶谷雄二の『男と女　すれ違う幻想』[梶谷 1994]に対する書評のなかで同じ不満を表明している。「「男らしさ」という幻想が男女間の関わり方においてのみ集約され、いわゆる社会的、教育的、道徳的視点がその中心から隔離されてしまっているのが残念である」[浅間 1995]。なぜなら、政治や経済の場面に登場する男たちはジェンダー中立的な「個人」の顔を装っているからである。そしてその「ジェンダー中立性」の神話こそが、非対称的なジェンダー秩序の要にあることは、ジェンダー研究によって鋭くあばかれてきた。男を普遍的な「人間」の範型にすることによって、ジェンダー秩序は女性を「二流市民」「特殊な存在」として組織的に排除してきた。

ほかならぬ公領域こそが「競争」や「勝利」や「ヒロイズム」などの「男らしさ」を育て、逆に「男らしさ」によって公領域が定義されていることは、大沢真理[1993a]をはじめ多くの女性の論者によっても指摘されてきたが、企業社会のまっただなかから、「男らしさ」の病理を描く何人かの男性があらわれた。

守永英輔[1986]は企業社会の病理がそのまま男の病理であることを論じ、そこから降りることが男にとってどんなにむずかしいかを指摘する。かつまたそこから降りないでいることが、男自身にとってどんなに破壊的かを論じる。この認識は、渡辺恒夫の文明史的予測と同じく、「カローシ」のような代価を払って得られる富や権力などの報酬が、企業社会のゆらぎとともに相対的に小さくなってきている現実に対応している。

鹿嶋敬[1987]と斎藤茂男[1982]はともにジャーナリストである。鹿嶋は日本経済新聞社という日本株式会社御用達メディアの記者、斎藤は共同通信の社会部という、これも新聞社では保守本流に所属している。かれらの問題意識にあるのは、日本株式会社の暗部と、それを支える男と女の関係の貧しさである。「いい学校へ行っていい会社に入る」という「企業社会の論理」が、家族をも個人をも冒していくことをかれらは現場でドキュメントする。その歪みの腐臭をまっさきに嗅ぐのは女たちである。斎藤の『妻たちの思秋期』[1982]は、発売当時ベストセラーになり、「思秋期」という流行語を生みだしたが、もともとは「夫たち」への関心から出発したかれのルポは、そのシャドウにいる「妻たち」に向かった。そのいきさつは、かれの「取材ノート」[斎藤(茂)1993]にいきいきと記されている。

鹿嶋も斎藤もマスメディアという、文字どおり大企業につとめる会社員である。だが、かれらは自分たちの労働のしかたや組織を内部批判するわけではない。企業のインサイダーによってではなく、周辺的な観察者によって書かれた企業批判をみながら、この国には、上司の失敗の責任をかぶって自殺する社員はいても、ついに内部告発者は出ないのかと、わたしは憮然とする。企業中心主義が家族までをおおった「家族企業主義」(「企業家族主義」ではない)を「社宅妻」の立場から参与観察した記録に木下律子の『王国の妻たち――企業城下町にて』[1983]がある。過労死の夫をもった遺族たちも告発の記録を刊行している[全国過労死を考える家族の会編 1992]。佐高信もまた、日本の非人間的な企業社会批判を積極的におこなった[佐高 1990, 1991]。だがかれには、それがジェンダー秩序のゆがみからもたらされたものであるという視点が薄い。佐高のもとには、企業のインサイダーからの告発の私信が届くというが、かれらも公然と企業批判をするわけではない。当事者男性の声だけが、不気味に沈黙を守っている。

ゲイ・スタディズ

「性別二元制」という卓抜な言葉をあみだし、異性愛は「男制が女制と寝ている」と喝破したのは、日本で最初にマスメディアにカムアウトした『プライベート・ゲイ・ライフ』[伏見 1991]の著者、伏見憲明である。異性愛が「本能」ではなく「制度」であることをこれほど簡明に表現したものはない。「制度」が「制度」と肌をすりあわす異性間のセックスもまた、大いなるディスコミュニケーションにほかならない。当初伏見憲明の文章を『男性学』の巻に収録することを予定したが、本人の意思で断念せざるをえなかった。「男性学」が当事者の手になるべきものだとする伏見の考えは、もっともなものである。近い将来、ゲイ自身の手によってゲイ・スタディズのアンソロジーが編まれるときが来れば考えたいという伏見の希望が実現されることを、わたしも期待している。

フロイトは幼児性欲が多型倒錯的なものであることを認めておきながら、性の発達心理学のなかで、結局、異性間の性器結合以外のすべての性行為を「倒錯」とみなした。そしてそれが、夫婦間の生殖につながる性行為以外のすべてを「異常」と定義する近代のセクシュアリティ編成の要請にかなっていることを、近年「性の歴史」の諸研究はつぎつぎにあきらかにしてきた。

フーコーの『性の歴史』[Foucault 1976–84＝1986–87]に触発されて、西欧でもブレイ[Bray 1982＝1993]やヴィルフリート・ヴィーク[Wieck 1987＝1991]らの仕事が、近代とつらなる「ホモフォビア(同性愛嫌悪)」の成り立ちをこくめいにあばいてきている。その系列につらなる「同性愛の社会史」という野心的な仕事を、日本というフィールドで手がけようとしているのが古川誠[1993]である。(8) 異性愛が「自然」ではないように、同性愛も「本能」ではない。どちらも文化と社会によってつくられる。そしてヨーロッパの「性の歴史」は、そのまま日本の「性の歴史」とは重ならない。「同性愛」という用語が日本語のなかに持ちこまれた歴史は浅い。ましてや「衆道」や「男色」の伝統のあった日本では、ヨーロッパとは異なる「性の歴史」が書かれなければならないことを予感させる。

男性同性愛とフェミニズムの関係は、男性学の諸潮流とおなじく、いりくんだものである。フーコーがギリシャの「少年愛」で論じたように、歴史的に男性同性愛は女性嫌悪と結びついてきたからである。古代ギリシャでは自由民の男性に対する「少年愛」はスティグマになるどころか、もっとも高貴な性愛として異性愛の上位におかれた。そこにはあからさまな女性差別と奴隷に対する階級差別とがある。事実、男性同性愛の系譜のなかには、女性への蔑視と男性性への賛美とがくりかえしあらわれる。ファシズムや男性結社のようなホモソーシャルな集団は、同性愛とふかく結びついている[Mosse 1985＝1996]。日本でも三島由紀夫の言説は、あからさまな女性嫌悪と男性賛美を表現している。

だが、フェミニズム以後に登場した新しいゲイのサブカルチャーは、男性性の抑圧に自覚的である。男性同性愛者とは、性別に関係なく愛せる自由な人々ではなく、相手が「男だから」愛するひとたちである。自分の性的対象選択が、「性別二元制」のなかの「男制」を強化する結果になるかもしれないことに、伏見は自覚的である。かれらは同性愛嫌悪の社会に生まれ、近代家父長制の抑圧を受けている点で、フェミニストと共通の闘いの対象をもっている。結婚圧力に抗すれば、海老坂とおなじように独身者差別に直面する。子どもをつくらないことで「近代家族」の期待を裏切る。カムアウトすれば、「変態」の汚名をかぶせられ、まともに扱ってもらえない。

『Kick《キック》 Out《アウト》』というゲイの若者たちのつくるミニコミ誌には、ゲイの新しい世代のみずみずしいほんねが語られている。鈴木アキラ[1993]は、家族や身近なひとたちにカムアウトすることで、できるだけ正直で風通しのいい関係を周囲と築いていこうとしている。それはかれ自身だけでなく、周囲の人々をも変えるだろう。鳴海貴明[1992]は、性別を問わず、愛してしまえば、そこには嫉妬や独占欲といったあたりまえの人間同士の愛憎劇がある現実に、率直な悩みを寄せる。ゲイであれレズビアンであれ、同性愛者たちの恋愛の体験が伝えるのは、自分が他者との関係にむきだされているという実感だ。性別のおおいがないだけに、他者との関係は、カテゴリーの粉飾のきかない、より切迫したものになる。伏見のような同性愛者がにくむのは、性別という慣習的な装置に関係をゆだねる異性愛者たちの安直さであろう。そして近代の「対幻想」が、異性愛のあいだだけでなく、同性愛のなかにも根を下ろしていることを知って、わたしたちはフェミニズムが直面してきた問題と、ゲイの若者たちが探り当てた問題とが、かぎりなく近いことに気づく。レズビアンやゲイとたまたま呼ばれているセクシュアリティのなかには、異性愛でない多様な性のあり方が雑多に詰めこまれている可能性がある。「同性愛」とは、「異性性でない」ものに対して、二元的な異性愛秩序が与えた不自由な名称にすぎない。セクシュアリティの研究は、レズビアン／ゲイ・スタディズに領導されて、始まったばかりである。

男のフェミニズム

男性学を「フェミニズム以降の男性の自己省察」と定義する本書では、男性による女性論やフェミニズム論を「男性学」に含めない、という立場を採用している。その中にすぐれたものがあることを承知しているが、女性学、ついで男性学における学問の「当事者性」を尊重するという「党派的」な理由からである。

女性学の「当事者性」については、女性学の担い手が女性に限るかどうかをめぐって、女性学の成立の当初から議論になってきた。もともと学際的な諸研究を意味するにすぎなかった「ウィメンズ・スタディズ Women's studies(女性研究)」を、井上輝子が「女性学」と創造的誤訳しそれに「女の、女による、女のための of women, by women, for women」学問という定義を与えて以来、女性学の排他性が問われてきたが、わたしの知るかぎり、井上自身を含めて、男性が女性学の担い手になれない、もしくはなってはならないという禁止の言説は存在しない。だが、男性が女性学の担い手になるには実践的、理論的困難があるのはたしかであろう。

実践的には、初期のフェミニズムのなかで、フェミニズムに身を寄せる男性が、集会のなかで男性一般に対する攻撃のターゲットになったり、集会への参加を拒否される傾向があった。フェミニズムの理解者であろうとする例外的な男性が、家父長制の代理人として攻撃の対象になるのは、たしかに理不尽にちがいない。だが、現実には(1)そういう男性の発言がしばしば女性にとって保護者的 paternalistic に聞こえたことと、(2)女性の集会の初期においては、事実、男性の存在そのものが女性の発言を牽制する権力的な磁場をつくり出す効果があったために、男性の関与は実践的に排除されてきた。だが、そういう排他的な状況は、その後のフェミニズム運動の成熟とともに急速に少なくなってきた。また、(3)女性学の成果を「教養」としてかすめとって、またたくうちに自分の業績にしてしまうずる賢い男性の研究者に対する警戒心があったことも事実である。フェミニズム批評の理論家、エレイン・ショーウォーター［Showalter ed. 1985＝1990］は、テリー・イーグルトンらの男性文学理論家を、フェミニズム理論の剽窃者として批判している。日本でも同じ傾向が一部に見られる。フェミニズム理論が学ぶべき何ものかになってしまえば、あとからきた才気と資源へのアクセス

(ポジションや論文の発表機会)のある個人、しばしば男性が、その成果をかすめとってしまうのはよくあることである。

理論的には、第一に、「個人的なことは政治的である」というスローガンから出発したフェミニズムは、「経験の理論化」をめざしたことで、女性学とは「女という経験」にもとづく「当事者の言説」であることを求められた。したがって男性がその経験の当事者になりえないことが問題とされた。もちろん「当事者原則」にこだわるなら社会科学者は犯罪者の研究ができないことになるから、要は「社会学的想像力」の問題だという反論も成り立つだろう。第二に、「女性の利益のため」という女性学の党派性がある。もちろん「女(について)の男による女のための of women, by men, for women」学問という立場もありうる。だが、そのとき、男性の女性学研究者の立場は、白人の奴隷解放論者のごときものになる。そして当然のことながら、奴隷が奴隷から解放されることと、奴隷主が奴隷主から解放されることとは同じではない。奴隷制度をめぐる両者の経験は非対称的だからである。周知のように、『アンクル・トムの小屋』の著者、ストウ夫人のような奴隷解放論者は奴隷の窮状については問題化したが、奴隷主の退廃やアイデンティティ形成は問題化してこなかった。奴隷解放論とはなによりも「白人の論理」であるのだから、奴隷解放論で問われなければならないのは「白人問題」のはずであった。だが、そうした問題化そのものが、支配的な位置にいる者にとっていかに難しいか、そして今日にいたるまでアメリカがその問題化にいかに失敗してきているかを、黒人作家、トニ・モリスンは説得的に論じている[Morrison 1992＝1994]。同じことは「男性問題」の問題化の困難についても言える。くりかえすが、男性による女性研究は、そのままでは女性学ではない。女性を対象とする男性の手になる研究は、これまでの歴史にもおびただしくあった。女性学は「女性の視点」に立つこと、女性が研究の客体ではなく主体であることを強調してきた。だとすれば男性が「女性の視点」に立って、代理人として研究をするより、みずからの「男という経験」を理論化することこそが急務であろう。瀬地山角らの誤解に反して、わたしは男性に女性学はできないと言ったことはない。そうではなく、男性に女性学をやってもらうに及ばないことと、男性にはそのまえにやってもらうもっと重大なことがあると言い続けてきた。それが男性の自己省察としての男性学である。

男性の女性学研究者で、フェミニズムの排他性と党派性に傷つき、その「硬直性」を「フェミニズムのために」批判してきたのは瀬地山角である[1993]。かれによれば、フェミニズムとは「ジェンダーの正義」をめざすすべての男女のものであると言う。「女性学は女だけのものであることをやめるべきである」という瀬地山の言い方は、せいぜい「フェミニズム」ということばを「ジェンダーの正義」と解するかどうかという用語法の問題にすぎないように見える。だが、「ジェンダーの正義」という言い方を受け入れたとたん、フェミニズムは、「正義」や「平等」「真理性」等々の近代的な知の諸前提を受け入れなければならなくなる。フェミニズムは普遍的な知の「真理性」を高めるための言説ではない。フェミニズムが近代知の生産のありかたそれ自体を問題にするとき、こういう一見中立的な言説の危険をこそ問題化しているのである。

加藤秀一はこう書く。

大学でジェンダー論を講義していて、ある時学生の一人から、意外な感想を聞かされたことがある。講義はそれなりに面白かったが、私が女のことばかり論じるのが不満だったという。これには不意を突かれた気がした。(中略)彼女が要求したのは、もう一歩先のことだった。すなわち「女性論」によって相対化された「男性論」を、男であるおまえは語るべきではないかという、今考えれば極めて正当な問いを彼女は突きつけていたのである。[加藤(秀)1993：382-383]

今さら「不意を突かれる」のもおろかだが、それでもそうでないよりはましであろう。この率直なとまどいにかれは誠実に向き合っていこうとする。

フェミニズムはそれ以降の世代に、加藤(秀)[1994]や瀬地山[1994b]、諸橋泰樹[1990

-92]、赤川学[1993]のようなフェミニズムと同伴していこうとするすぐれた男性研究者たちを生んだ。かれらがたんにフェミニズムの「同伴者」や「代理人」であることに甘んじないとすれば、かれらの手によって、新しい視角がジェンダー研究につけ加わるだろう。そのとき初めて、ジェンダー研究は、男性にとっても切実な学問となるにちがいない。

女の男性論

フェミニズム以降の女の手になる男性論についても論じておこう。一九八六年に男性学への動きをいちはやく受けて、樋口恵子らが出した『日本男性論』[1986]がある。他には福島瑞穂・中野理恵の『買う男・買わない男』[パンドラ編 1990]が、買春男性をインタヴューした記録である。

女の男性論で忘れてはならない達成は、春日キスヨ『父子家庭を生きる』[1989]であろう。離別父子家庭の父の立場に立った男性たちの「当事者の声」にじっくり耳を傾けた本書は、母子家庭の非対称なネガとしての父子家庭をつうじて、近代家族のゆがみと男らしさの限界をみごとに描き出している。

興味ぶかいのは、福島らの仕事も、春日の仕事も、まず第一に男性自身の「当事者の言説」から問題をひきだしていることである。その意味で「経験の理論化」というフェミニズムの原則にのっとっている。第二に、男性「当事者の言説」を聞く耳が女性のものであったという事実である。春日は、父子の会の聞き取りに、彼女のジェンダーが幸いしたと書く。もしこれが男性の研究者であったら、父子の会の父親たちは率直に話しただろうか？　学歴も社会的地位も高く、社会的な成功者である研究者というポジションにある同性の聞き手に、社会的弱者とみなされている父子家庭の父親たちは身構えこそすれ、胸を開くことはなかっただろう。男性というジェンダーに内在する宿命的なライヴァル関係が、インタヴューの場に権力関係をもちこむ。聞き手が女性の場合には、その権力関係が相殺される可能性がある。

話し手と聞き手、クライアントとインタヴュアーのあいだのジェンダー関係は、難しい問題をはらんでいる。アメリカには強姦犯の男性を男性の研究者がインタヴューした記録、ティモシー・ベイネケ『レイプ・男からの発言』[Beneke 1982＝1988]がある。スウェーデンの男性救援センターでは、危機に陥った男性の電話相談は原則として同じ経験をもったことのある同性の相談員があたる、という原則がつらぬかれている。だが、日本の場合には、男性の相談者も女性の相談員のほうが話しやすいというひとも多い。ジェンダー間の非対称性と権力関係がここにも反映している。

興味ぶかいのは、春日が、男性「当事者の言説」を一対一の個別のインタヴューからではなく、当事者相互のサポートグループの場から得ているという事実である。ここにある非規範的な言説の生成は、グループセラピーやコウカウンセリングにも似た互助的な場の成立に助けられている。アルコール依存症患者の治癒が、精神科医の「治療」によってではなく、当事者の自助グループによる相互の受け入れあいによって達成されるように、男性学にとっても「当事者原則」は重要であろう［斎藤(学)1994］。

問題は男性性を問い直す「当事者の言説」が、つねに危機の言説、もしくは社会的弱者に転落した男性の側の言説としてしかあらわれないことであろう。「男性性」を支配的な存在としてあらかじめ定義するカテゴリーそのものが、そのような「当事者の言説」の生成を、社会的にも心理的にもはばんでいる。メンズ・リブと男性学の困難さはここにある。

（1）「過労死」は「カローシ」として、日本男性の長時間労働を象徴する言葉として、「スキヤキ」や「ジュードー」と並んで翻訳なしに流通する日本語のひとつとなった。
（2）井上(輝)他編『日本のフェミニズム』[1994-95]中の『⑥セクシュアリティ』、および

解説参照[駒尺編 1985：上野 1995a]。

（3）日本の長い「男色」の伝統のなかでは「菊」は男性の肛門の暗喩として使われてきた。「刀」はもちろん、男根の暗喩である。

（4）橋本は、清少納言を、平安朝の「キャリアウーマン」だったとして、「今どきの女言葉」で『枕草子』を現代語訳し、ベストセラーにした[橋本 1987–95]。「平成言文一致体とジェンダー」については、上野[2000]を参照。

（5）「自由恋愛」を実践していた大正期のアナーキスト、大杉栄は、女性ジャーナリストの先駆けである神近市子と関係しながら、伊藤野枝とも親しくなり、一九一六年、嫉妬した神近によって葉山の「日陰の茶屋」で刺されるという事件が起きた。「自由恋愛」の観念の挫折として知られる。このとき、大杉には堀保子という妻がいた。「自由恋愛」はしばしば男のご都合主義の代名詞にしかならない。明治・大正期の「新しい男」が、「恋愛」の観念の実践のためにどのように「新しい女」を必要としていたかについては、黒澤亜里子の卓抜な評論がある[黒澤 1995]。

（6）一九九三年一月一三日に朝日新聞に寄稿したわたしの「性犯罪としての慰安婦問題」をめぐる文章に、軍隊経験者と称する男性たちから何通もの私信が寄せられたが、そのなかにある反論は、わたしが「男の生理を理解しない」というものであった。「従軍慰安婦」にもっとも同情的なものでさえ、「あれはやむをえない必要悪であった」というものである。

(7) 男性の性的欲望に奉仕する女性を「公衆便所」とよびならわす言い方は、六〇年代の新左翼のなかにも引き継がれた。田中美津の「便所からの解放」は、それを反映したものである。同じ文章のなかで、田中は「慰安婦」にも言及している。井上(輝)他編『日本のフェミニズム』[1994–95]『①リブとフェミニズム』参照。

(8) 古川には、『男性学』の巻に収録した論文のほかに、もっとこくめいな長文の論文がある。古川の論文は英文でも入手できる[古川 1994 ; Furukawa 1994]。

9　セクシュアリティは自然か？

「あなたのセクシュアリティを語って下さい」

「あなたのセクシュアリティについて語って下さい」と問われたとき、ひとは、あれこれの選択肢の中から答えを探さなければならない。そこでは、異性愛の自明性・自然性が解体する。異性愛が選択肢の一つとして現われたとき、異性愛者が感じるとまどいは、なにかにつけて未婚者に「なぜ結婚しないの？」と習慣的に問いかけている既婚者が、反対に相手から「そういうあなたはなぜ結婚しているの？」と問い返されたときのとまどいに似ている。ちなみに「未婚者」という言葉自体が結婚の自明性を前提とした差別的な表現だ。「未だ結婚せざる者」、すなわち「いずれ結婚する者」と相手を見なしていることになるから。

結婚のあとには子どもが来る。結婚しない男女が増え、自覚的に子を持たない男女も少なからぬ数で存在するとなると、「なぜ子どもを産まないの？」という問いは、

「あなたはなぜ子どもを産んだの？」という問い返しにさらされる。出産さえ選択可能な時代には、「本能だから」という答えは、もう意味をなさない。その本能に従わない一群の人々が、すでにいるのだから。そのように「専業主婦」という不気味な言葉は「専業でない主婦」の大量の存在を前提に登場したし、「異性愛」という言葉もまた、異性愛者でない人々の明白な存在を根拠に、使われるようになった。

「強制異性愛 compulsive heterosexuality」という用語をつくったのは、アメリカのレズビアン詩人、エイドリアン・リッチである。ちょうど、「天皇制」という言葉をつくったのが、その制度を打倒しようとしていたコミンテルンの人々だったように、自明なものとされているために名づけられてさえいないものが命名されるのは、その対抗者たちによってである。異性愛ではない者たちから、「あなたは異性愛者なのですね」と名ざされるとき、異性愛者は、自分のセクシュアリティが多様な選択肢の一つにすぎないことを知って、驚く。

フェミニズムと異性愛の罠

同性愛者は、もしくは明示的な(カムアウトした)同性愛者の存在は、異性愛からその自明性を奪う。

もちろん、異性愛者の側で、自らの自然性を守るためのあの手この手が考え出されないわけではない。たとえば、同性愛を「異常」や「倒錯」の範疇に入れることだ。事実、一九七三年までは、全米精神医療学会では、同性愛は治療を要する性病理と見なされていた。だが、それも時代遅れの見方となった。

同性愛が「異常」と見なされなくなった時期があるなら、逆に、同性愛が「異常」視されはじめた時期というものもある。同性愛が少しも異常視されなかった時代もあれば、同性愛がかえって多様な性愛の中でもっとも高い価値を持った時代もある。同性愛の位置は、歴史の中でさまざまに変化してきた。ミシェル・フーコーが『性の歴史』全三巻[Foucault 1976-84＝1986-87]を著わしたとき、彼は、セクシュアリティが自然ではないこと、したがって歴史的考察の対象になることを自覚していた。

エイドリアン・リッチが「強制異性愛」という言葉をつくったとき、同じフェミニズムの陣営にいた異性愛者たちは、うろたえた。リッチの概念は、異性愛の自明性を奪うだけでなく、それが文化によって「強制」されたものだと指摘したからだ。

だが、フェミニズムは、リッチに言われる前から、異性愛の中にひそむ文化的な罠を暴きたてる作業を自覚的におこなってきたのではなかったか？　性愛の自然性を疑い、女を男の前にすすんで自己放棄させ、愛の名において従属させる文化の陰謀を、暴いてきたのではなかったか？　セクシュアリティを自然と本能の言葉で語ることをやめ、「性の神話」を脱神話化することに、貢献してきたのではなかったか？　リッチのようなレズビアン・フェミニストから見れば、あるいはすべての異性間セックスを「強姦」と呼びかねないアンドレア・ドウォーキンのような人に言わせれば、異性愛の枠組を超えない異性愛フェミニストのあれこれの試みは、暴力による強姦を合意による和姦と言いくるめるような改良主義の試みにすぎないと見えるかもしれない。だが、異性愛フェミニストたちは、ようやく自分のセクシュアリティが、強制も同意も含めて、歴史と文化の産物にほかならないことを、したがって変化しうることを、認識してきたのである。

セクシュアリティは選択できるか？

だが、セクシュアリティは、ほんとうに選択することが可能なものだろうか。セクシュアリティに多様な選択肢があることは、それを自由意志で選択できることと同じではない。

多くの異性愛者は、異性愛を選択したわけではない。それは社会化による刷りこみや、文化的な条件づけや、社会規範の内面化によって、「気がついたら異性愛者だった」と後になって自覚されるようなものである。もっと正確に言った方がいい。自分のセクシュアリティを自覚さえしない多くの人々にとっては、「気がついたら異性と性交をしていた」「当然のように異性と同居をしていた」と言える程度のものにすぎない。選択的な同性愛者が少ないように、選択的な異性愛者もまた少ない。同性と性交したからと言って必ずしも同性愛者と言えないように、異性と性交する人々を自動的に異性愛者と呼ぶことはできない。

リッチの「強制異性愛」という言葉は、性の文化的強制に自覚的な異性愛フェミニストには、とまどいながらも受け入れられた。だが、「強制異性愛」という表現の対句には、強制でない、自由意志による同性愛という観念が、見えかくれしている。レズビアン・フェミニスト、なかでももっとも急進的なレズビアン・セパレーティスト（男性優位社会から分離してレズビアン・コミュニティで生きようとする人々）たちにとっては、同性愛は、自覚的に選択するものと見なされている。アメリカのフェミニストの中で、政治的にもっとも急進的なのはレズビアン・セパレーティストたちである。多くのフェミニスト会議では（NOWのような大衆組織ではなく）彼女たちがリーダーシップを握っている。その中には「政治的な理由から」レズビアンであることを選択した、と公言してはばからぬ人もいる。世代的な要因もある。慣習的に結婚し、子どもを産んでしまったあとで、リブとフェミニズムの波に出会い、自分の中にあった女性への親密さを肯定的に受容できるボキャブラリーとイデオロギーを手に入れ、あとになって自分がレズビアンであることに気づいた人々。レズビアン・マザーと呼ばれる人々の多くは、ほんのはずみからまちがって異性間セックスで子どもを産んだ女性たちである。異性間セックスの経験が全くないのに、人工受精等の方法で、選んでレズビアン・マザーになった人々は、リブ以降に性的成熟に達した世代で、その数はそれほど多くない。この遅まきの気づきは、本人にはやはり「選択」と受けとめられる。

この「政治的な選択」からは、フェミニストでありながらまだ結婚している人々、それだけでなく強制異性愛のワナから自由になれない人々は、政治的に不徹底な存在と見なされる。フェミニズム運動の初期に見られたレズビアンと「ストレート」(異性愛者はこう呼ばれた)との間の不毛な批判や対立の応酬は、この文脈から生じた。

掛札悠子からの批判に応えて

同性愛者がどのような人々であるかを、わたしたちは同性愛者と自覚的に名のる人々から学ぶことができる。そのためには、自ら同性愛者だと自己定義する《カムアウト》人々が登場しなければならない。日本でもようやく、若い世代の同性愛者の中から、伏見憲明の『プライベート・ゲイ・ライフ』[伏見 1991]や、掛札悠子の『「レズビアン」である、ということ』[掛札 1992]のような、同性愛者として自己表現する人々があらわれた。日本でも根づよいホモフォビア(同性愛嫌悪)の抑圧に抗して、実名でカムアウトする彼らの勇気は、尊敬に値する。

掛札はその著書の、レズビアンに対する「フェミニズムの誤解」と題する章の中で、わたしを名ざしにして批判を加えている。わたしが「フェミニズム」を代表していると掛札や読者が受けとるのは、フェミニズム陣営全体に対して迷惑なことだが、それでなくともセクシュアリティに言及することの少ない日本のフェミニストの中で、セクシュアリティを中心的なテーマの一つとして扱い、同性愛についてもあえて誤解を辞さない発言をしている珍しい存在として、わたしが槍玉に挙げられるのは、もっともなことだろう。

わたしは自分が、「強制異性愛」のワナにからめとられた女であることを自覚している。そして、この「文化の強制」は自由意志で選択したり変更したりできるほどかんたんなものではないことも、承知している。そういう異性愛者としてのわたしの同性愛観は、同性愛を名のる人々との接触から形成された。そして、わたしにとって現実に接触のある同性愛者たちは、まずアメリカのレズビアン・フェミニストたちだった。

掛札は、わたしの『スカートの下の劇場』［上野 1989］から引用して、次のように言う。

「私の仮説は、レズビアンの人はこれを言うと怒りますけれど、レズビアニズムはヘテロセクシュアル・ワールドの副産物である。だからヘテロセクシュアル・ワールドが存続するあいだしか続かない、つまりレズビアニズムはカウンター・イデオロギーだ、ということになります」……選択的にレズビアンになった女性は、きっとこの上野さんの言葉に怒るだろう。だが私は怒るどころではない。あまりの考えの浅さにあぜんとするだけである。［掛札 1992：32］

掛札は、男性優位社会に敵対するイデオロギーとして選択的にレズビアンになることとは「レズビアニズム（レズビアン主義）」とでも言うべきものであって、「『レズビアン』である、ということ」とはちがう、と言う。そして上野が言うことは「レズビアニズム」についてはあてはまるが、レズビアン一般には該当しない、それどころか「レズビアンに対するたいへんな誤解」だと指摘する。

レズビアンとレズビアン主義はちがう。そもそも人は思想的理由からレズビアンになるわけではない、上野の理解（誤解）は、フェミニズムの枠の中からとらえた一面的なレズビアン理解である……という彼女の指摘は、いちいちもっともである。レズビアンは必ずしもフェミニストではなく、フェミニストではないレズビアンはたくさんいる。フェミニズムの外にも、フェミニズム以前にも、レズビアンはいる。そういう意味では、掛札のようなカムアウトしたレズビアンが、ポスト・フェミニズムの若い世代から出てきたという歴史的事実を、わたしは興味ぶかい符合に思う。ポスト・フェミニズムの今日になってはじめて、フェミニズムにとらわれずに自分をレズビアンであるとカムアウトする人々が育ってきたのだ。

わたしのレズビアン観は、レズビアンを名のる人々との接触が深まり、歴史的な経験が蓄積するにつれ、変化してきた。たとえばレズビアンにブッチとフェム(タチとネコ)タイプがいる時には、レズビアンもまた、「性別役割分担」を模倣するのかと思った。男装のレズビアンに対しては、レズビアンは女性性を嫌悪する存在かと疑った。だが、男装もせず、タチとネコの「役割分担」もしないレズビアンとの接触がふえると、異性愛の文化規範とはべつのセクシュアリティのあり方を認識するようになった。レズビアンの中にもSMもポルノもあることを知り、フェミニストのレズビアンもいれば、フェミニストでないレズビアンもいることを知った。

掛札はこう書く。

私は「レズビアンとはだれか」を問うことをやめ、「私がレズビアンのひとつの現実である」ということに気づき、それを表明する手段を手に入れたのだ。
［掛札 1992：215］

彼女の「回心 conversion」は、フェミニズムが「女」を他者＝男によって定義してもらうことをやめ、自己定義に置きかえたプロセスを想起させる。べつな言葉で言えば「私が誰であるかは私が決める」、つまり他者の眼から見て「女らしし」かろうが「女らしくな」かろうが「私は女」であり、掛札の言葉を借りれば「私が女の一つの現実である」ということを自己肯定するための試みが、フェミニズムだったのである。そして女たちが口ぐちに自分の多様なセクシュアリティについて語り始めた時、「女とはだれか」をめぐる男仕立ての神話は、うち砕かれたのだ。

「私がレズビアンのひとつの現実である」と言い切る掛札から、わたしたちは多くのものを学ぶ。掛札が同書の中で指摘しているわたしに対する批判の多くは、当たっている。それを率直に認めることができるのも、掛札のような存在が、わたしの眼の前にあらわれるからこそである。

「同性愛もまた自然」か？

だが、問いはまだ残っている。

セクシュアリティは選択できるものだろうか、とわたしは書いた。わたしは異性愛者だと自分を認識しているが、この異性愛は、自ら選びとったものではない。だが、「気がついたら異性愛者だった」という事実は、異性愛が「自然」であることを意味しない。それは日本に生まれおちた人間が「気がついたら日本語をしゃべっていた」というだけで、日本語の生得能力があるとは見なされないのと同じである。

掛札は「私は思想によってレズビアンになることが可能だとは思わない」[掛札 1992：32]と、(選択的にレズビアンになった、と自己主張する人々の存在を知っているにもかかわらず)セクシュアリティ選択の可能性を——おそらく実感的に——否定する。それは掛札にとって「「レズビアン」である、ということ」が「気がついたら女性を愛していた」という、選択の結果ではない現実にもとづいているからであろう。

おもしろいことに、ゲイとしてカムアウトした伏見憲明も、レズビアンとしてカムアウトした掛札悠子も、口をそろえて「気がついたら同性愛者だった」という非選択性を強調する。

この非選択性はしばしば、当事者にとって「自然」と感受される。同性愛をめぐる言説は、「選択」から「自然」へと移行する。

現代女性の風俗を描いていちはやくタレントになったある若手女性フリーライターは、企業PR誌の中のインタヴューに答えて、無邪気そうにこう言う。

「最近、レズビアンの人に会って、とっても目が開かれたんです。レズビアンてすごく自然なんだなあって。私が男性に惹かれるのが自然なように、レズビアンの人が女性に惹かれるのも自然なんですね」

異性愛の特権性を排除して、「多様な自然」の中に同性愛をとかしこもうとするこの一見リベラルな（そのことによって自分の理解力や寛容さを誇る）同性愛＝自然観が、同性愛者が求めたものだったのだろうか？

この種の言説を前にして、わたしは困惑する。第一に「私が異性に惹かれる」セクシュアリティの「自然」を疑わないナイーヴさにおいて、第二に「同性愛もまた自然」と見なすことによって、セクシュアリティについてのどのような知的な探究も封じる知的怠慢において。

わたしの困惑は、この国が生んだもっともすぐれた同性愛表現者の一人である高橋睦郎の、次のような言説を前にして、いっそう深まる。高橋は、毎日新聞に毎週一回、責任編集による「瞠目新聞」という文化面を担当していた島田雅彦編集長の求めに応じて、同性愛特集に「それもひとつの自然である」という一文を寄せている〔『毎日新聞』夕刊 1992. 6. 24〕。

「異性愛がひとつの自然であるように、同性愛もひとつの自然であって、それ以上でもそれ以下でもない」

「性愛はほんらい……多方面の対象に向かうもので」と高橋は書くが、彼が言いたいのは、異性愛も同性愛もただ性愛の多様な自然の一種であり、多数派の「自然」が少数派の「自然」を抑圧するのはやめてもらいたい、というリベラリズムへの要求にすぎないのか？

性愛にどんな「ほんらい」も「自然」もないと考えて、セクシュアリティの文化的な規範を解体しようとしてきたフェミニズムへの、これが同性愛者の側からの回答なのだろうか。

もちろん同性愛者の側に、フェミニズムの提起した問題に答えるどんな義理もない。高橋の文章がフェミニズムの問いに答えようとして書かれたものでないことも明らかである。だが、この「多様な自然」観では、「気がついたら異性が好きだったのよね」という異性愛者の「自然」を撃つことができない。そして、異性愛者が、自己のセクシュアリティを疑わずに発する無邪気な抑圧、「ウッソー、信じられない。そんなの気持ちワルーイ」を排除することができない（もちろん同性愛者の側からも異性愛者を「ウッソー、異性なんかを愛してるの。その気持ち、わかんなーい」と差別しかえすこともできる）。それとも、（高橋の言うことを文字どおりに受けとめれば）同性愛者がのぞんでいるのは、お互いに理解も共感もできない多様な「自然」が、相互に平和共存できるというささやかなのぞみなのだろうか？

——ちなみに、島田雅彦責任編集による毎日紙面の同性愛特集に登場した書き手は四人、高橋陸郎のほかにおすぎ、淀川長治、橋本治、全員男性である。同性愛を語るのであれば女性同性愛者が入らないのはおかしい。男性の発言者が女性に言及している場合もあるが、男性に女性同性愛について語ってもらう必要はない。また、高橋が文章の中で、「同性愛」をほぼ「男性同性愛」と同義で使っているのは明らかである。島田編集長は、特集のタイトルを「男性同性愛」と限定すべきだったろう。その限定なしで「同性愛」という用語を使い、その中にレズビアンを含めないのであれば、その態度は無自覚の性差別と疑われてもしかたがない。

多様な「同性愛」者

ようやくここで、「同性愛」という言葉をめぐる居心地の悪さに言及することができる。読者はすでに、わたしが「同性愛」という言葉と「レズビアン」という言葉との間をふらついていることにお気づきだろう。

異性愛と対置して同性愛という用語を使い、その中に男性同性愛と女性同性愛の二つをサブカテゴリーとして含める、という「論理的」な分類法に従うことには問題がある、とわたしは考えている。異性愛の経験がこれほど当事者の双方にとって非対称的なときに、男性同性愛と女性同性愛との間に、同性愛というだけで似たところはどこもない、と考えるからである。むしろ、用語から共通性を想起させる「男性同性愛」「女性同性愛」という言葉より、ゲイとレズビアンという独立した用語を用いる方がましである。

セクシュアリティを当事者の経験から定義するとすれば、現に存在するのは、男にとっての異性愛、女にとっての異性愛、ゲイ、レズビアン……というさまざまなカテゴリーである。これにSMやオートエロチシズムやフェティシズムなどのタイプを加えることもできる。ついでに言えば、同性愛の中に、少年愛や衆道を含めることにも、わたしは異論を持っている。少年愛や衆道は、パートナーの役割交換のない非対称的な性愛である点で、異性愛と似ている。その意味で男にとっての「少年」や「稚児」は同性というより異性、つまり女ではないが、かといって男(成人男性)でもない「第三の性」と考えた方がよい。そして非対称的な性愛の経験は、その当事者間で「藪の中」ほどにも落差がある(強姦者にとっての強姦と、被害者にとっての強姦を考えてみるといい)。したがって異性愛同様、少年愛にも男にとっての「少年愛」と少年にとっての「少年愛」という二種類のセクシュアリティがある。同性愛に少年愛を含めるかどうかは、同性愛の定義しだいだが、少なくともゲイという用語が成立してくる過程では、少年愛は除外されている。同性愛はこのように、論理的な分類概念ではなく、経験的な歴史概念である。

「同性愛者の社会史」を研究テーマにする日本でも数少ない若手の研究者、古川誠は[古川 1993]「同性愛という言葉で自分は男性同性愛を扱い、女性同性愛は扱わない」とその出発点で明言する。理由は、第一に男性同性愛と女性同性愛はちがうものだからであり、第二に、女性同性愛について「自分は知らない」からである。同性愛について語る人は、古川ほどの率直さとセンシティヴィティがあってもよい。

ふり返って考えれば、わたしが過去に言及してきた同性愛も、「同性愛」という言葉のもとに異ったセクシュアリティを混同してきたことがわかる。あるときは「同性愛」という言葉でもっぱら「男性同性愛」のみを、それも女性嫌悪 misogynous のエリート的な同性愛者のみを指したこともあるし、べつなときは、同じ言葉でレズビアン・セパレーティストを指したこともあった。その両者を同じ用語で一括することは、もともと不可能だった。

掛札がくりかえし強調するように、レズビアンはゲイとは非常に違う。というのは、レズビアンとゲイは、同性愛者である前にまずそれぞれ女であり、男であるからである。永続性のあるモノガミー(単婚制)願望や排他的な対幻想を持つ点で、レズビアンの女性は異性愛の女性と似ており、他方、性器中心主義やポリガマス(重婚的)な傾向においてゲイの男性は異性愛の男と多くを共有している。

三〇〇〇組の『アメリカン・カップルズ』[Blumstein & Schwartz 1983 = 1985]を調査研究したブルームスタインとシュワルツは、レズビアンとゲイとの間にある大きなジェンダー・ギャップを指摘している。「カップルズ」の中に、既婚組、同棲組の異性カップルのほかに、ゲイとレズビアンの同性カップルをごく当然のように含める点で、ポスト・フェミニズムの状況を反映したこのユニークな研究は、レズビアンはパートナーが共に「関係中心的」で「モノガマス(一対一的)」な点で、「女性的」であり、他方ゲイは、パートナーの社会的属性（地位や収入）を誇示する業績主義やポリガマスな傾向で「男性的」であることを証明した。かんたんに言えば、ホモでもヘテロでも男は男、性別社会化を内面化している、という事実である。

掛札は、ゲイとレズビアンの「ジェンダー・ギャップ」に自覚的である。たとえばレズビアンを定義するときに、性器中心主義をとらない。性的欲望を同性愛の定義に置く男性視点にも批判的である。そもそも、レズビアンにセックスが不可欠かどうかについても、彼女は留保する。欲望というものが男性によって定義され、つい最近まで女性の欲望が否認されてきたような状況で、女性が自分の欲望を（男の言葉によってではなく）自己定義することは、かんたんなことではないからである。森崎和江が初版［森崎 1965］から二五年後の『第三の性』文庫版［1992］のあとがきで「わずか三十年前の男性諸君が……「女に性の快感があるんか」など、まじめに私に話しきかせていました。ああ、ああ、笑いたくなるけれど事実です」と書き、記憶を甦らせては「そんなアホな！」と怒りを新たにするような近過去を考えると、男性同性愛のセクシュアリティの用語で、レズビアンを類推することほど危険なことはない。それどころか、レズビアンの中には、男性が定義する「欲望」や「セックス」を超えた、男性の知らないセクシュアリティが存在するかもしれない。

掛札が「レズビアンであること」の核心から、「セックス」を注意ぶかく排除しようとした意図はわかる。それを彼女は「親密さ」という言葉で置きかえる。そしてレズビアンを、「自分と同性である女性を親密さの対象として選ぶ」指向だという。たしかに「親密な関係」と「性的な関係」は、同じではない(それはとっくに異性愛の世界で証明されている)。そして人は、誰かと「性的な関係」を持ちながら、べつの他者と「親密な関係」を持つこともできる。掛札の言う意味での「「レズビアン」である、ということ」は、もしかしたら性愛でさえないかもしれない。もちろん、その背後には、「性的な関係」を非特権化しようとするラディカリズムすらひそんでいる。そしてレズビアンが「性的な関係」の特権性へのオブセッション(強迫)から自由でないことへの自省も。

日本で最初にマスメディアでカムアウトしたこの勇気あるレズビアンの考察は、性愛をめぐって、結婚を家族をめぐって、排他的な対をめぐって、生殖と母性をめぐって、欲望そのものをめぐって、じりじりと根源へまで問題を追いつめる。

同性愛はジェンダーを超えるか?

ホモでもヘテロでも、男は男、女は女、とわたしは書いた。それは非対称的な性別二元世界 gender dualism に住むわたしたちの限界である。そして異性愛者であるわたしは、その不自由を自覚している。

わたしに残された疑問は、同性愛はジェンダーを超えるか、という問いである。異性愛のコードは、「自分と異なる性に属する他者を愛せ」と命じる。と同時に、自分と同性の他者を性的に愛することを抑圧する。性的欲望(とりあえずそんなものがあるとして、だが)は異性に対してだけ水路づけられる。

マネーとタッカーは『性の署名』[Money & Tucker 1975＝1979]の中で、性自認 gender identity が個人のアイデンティティの核《コア》であることを説いた。同様に、他者とかかわるとき、わたしたちはまっさきに、相手の性別を認知する。性別を認知するまでは、ふるまい方や話し方、つまり関係の水準が決まらない。

異性愛者は、相手の性別が異性だと認知されたときに、性的欲望の掛け金がはずれるよう、プログラムされている。愛するか愛さないかは、相手の性別を確認してから決まる、というわけだ。もちろん異性なら誰でも愛するわけではないが、相手が異性だというだけで、発情装置の水位は上がる。

それを不自由と、強制と、呼んでもいい。異性愛のコードのために、人類の半分を性愛の対象から失うのは、大きな損失だ、と言ってみてもいい。

だが同時に、この強制された文化的な発情装置は、何千年もの歴史的な洗練を経てきて、屈強な在庫と蓄積を持っている。欲望の水位を上げ、それをチャネリングするには、文化のコードにのっかるだけでよい、という容易さがある。それだけではない。この条件づけから逃れることは、かんたんではない。

だが、同性愛者は、ジェンダーの愚鈍な二元制 dualism――男でなければ女、女でなければ男――を超えたのだろうか？「愛した人がたまたま女(同性)だった」という言い方は、対象選択の際の性別認知を、ほんとうに無視しているのだろうか。

『プライベート・ゲイ・ライフ』[伏見 1991]の中で「男制」「女制」という卓抜な造語をやってのけた伏見憲明は、異性愛が「男制」と「女制」のあいだの「制度的な関係」であると、その文化的制約を的確に衝きながら、同時に、ゲイであることもまたこの性別二元制から自由でないことを認める。彼は、自分が「男」という性別にこだわっているからこそゲイなのだ、と正直に告白するし、自分が「男制」にこだわればこだわるほど世の中の性別二元制の強化に加担するのではないか、ひいては女性差別につながるのではないかと危惧し、自己批判することを忘れない。

同性愛は自分と同性の対象に向かって、欲望をチャネリングする。その時、異性愛とは逆に、異性に対しては欲望の発動は抑制されている。その対象選択にあたって、性別が関与していないと言えるだろうか。「私はバイセクシュアルよ」という人でさえ、対象選択にあたって性別二元制を超えているとは言いがたい。河野貴代美の『性幻想』[河野 1990]に登場するバイセクシュアルは、性的な関係と親密な関係とをべつな性へわりふることで(男とはセックスするけど愛するのは女)、セクシュアリティの分断を生きる、べつな意味で性別にとらわれた人々である。バイセクシュアルは「男も女も性別に関係なく自由に愛せる」豊かな対象選択を享受している人ではなく、むしろセクシュアリティの断片化を生きている人かもしれない(1)。

わたしが言いたいのは次のことである。異性愛者が性別二元制に拘束された不自由な存在であると同様に、ゲイもレズビアンも、そしてバイセクシュアルも、それぞれのしかたで、この性別世界にふかくからめとられているのではないか。もし異性愛者が文化的強制を受けた存在なら、ゲイもレズビアンも、そしてバイセクシュアルも、性別二元制という文化の立場から、異性愛とはちがったしかたで強制を受けた文化的な存在ではないのか？　そして性別世界というこの非対称的な二元制(わたしはそれをヘテロセクシュアル・ワールドと呼んだ)を解体していくのが、フェミニズムの使命だとしたら、「異性愛も同性愛も自然」と「多様な自然」を認める性愛自然観や、「異性愛者も同性愛者も同じ人間なんだから、だれを好きになってもいいんじゃない？」[掛札

1992]という見せかけのリベラリズムは、問いを根源的に遡行《そこう》していこうとする試みの妨げになるだけでなく、ゲイやレズビアンにとっても「究極に求めている形」[掛札1992]ではないのではないか、という疑問である。

掛札が「浅い考え」と批判したわたしの見解、「レズビアニズムはヘテロセクシュアル・ワールドの副産物である」という発言は、レズビアンは性別を超えられるか、という問いとつながっている。そして今のところ、性別を解体したあとの世界でのセクシュアリティのあり方については、誰もわかっていない。

追記

わたしのこの文章に対して、平野広朗から厳しい批判を受けた(「異性愛者は、いつ、目を覚ます?」『アンチ・ヘテロセクシズム』[平野 1994])。平野の批判は半ばはあたっており、半ばは同意できない。平野の批判に応えて、本文を書き直すことを考えたが、最小限の変更だけにとどめ大幅な改稿はしないことにした。というのは、初出時の限界を含めて、本文自体が時代を語るひとつの「民族資料《エスノグラフ》」になるだろうからである。

平野の批判は多岐にわたっている。掛札が主として批判の対象とし、平野が引用しているのは、わたしが『スカートの下の劇場』[上野 1989]で示した「レズビアン」観である。「政治的な選択」としてレズビアン・セパレーティズムを選んだレズビアン・フェミニストにレズビアンを「代表」させたことについて掛札は、「「思想的にレズビアンになった」のではない大多数のレズビアン」に対する誤解、それも「レズビアンの存在を否定することを前提にした悪意ある誤解」[掛札 1992：33]であると言うが、この点では平野の言うように「「無知」なるがゆえに「大多数のレズビアン」を無視した上野の「レズビアン」理解」[平野 1994：99]が当たっている。わたしはフェミニズムを介してしかレズビアンを知らず、わたしの知るレズビアンは政治的なレズビアンであった。だからこれは「無視」ではなく「無知」である。そして彼女たちは「フェミニズム以後」に「思想的にレズビアンを選択」した人々であったから「(異性愛社会から逃れて)ホモセクシュアリズムに走る」という表現は、全く妥当しないわけではない。

もう一つ、しばしば挙げられるのが「オマンコ・シスターズ」についての発言である。掛札が言うように、「女性同士の共感」に、ペニスを媒介とする「性的な行為」がなぜ不可欠だと考えられるのか？ ——ここには「ペニス」の「絶対視」がある、という批判は、これも当たっている。平野はこの部分に言及して、「彼女(上野)が「……同性愛者の存在は、異性愛からその自明性を奪う」という認識に本当に到達したのであれば、「セクシュアリティは自然か」の中心テーマは、自ら提唱した「オマンコ・シスターズ」の自己分析、ないしは自己批判となるべきであった」[平野 1994：101]と言う。一九九七年のわたしは、一九八九年当時のようにはすでに考えていないが、そして、今となれば、それが「強制異性愛社会」で異性愛者として性的アイデンティティを形成してしまったわたしじしんの限界であることも十分に「自己分析」できるが、だからといってその事実を「自己否定」することも「自己批判」することも、わたしにはできない。セクシュアリティが文化だということを知ることと、それを変えることができることとは同じではない。「自己批判」して行き着くべき「正しいセクシュアリティ」が存在するわけでもない。平野にとって同性愛が「選択の結果」として感受されているわけではないように、わたしにとっても異性愛は「選べなかった」ものとして感受されている。平野はこれを「驚くべき本音」と言うが、たしかにこれは「異性愛社会」にからめとられた女であるわたしの「本音」であり、これに「驚く」かどうかは平野の側の問題である。平野は、多くの異性愛者と同様、上野もまた「同性愛者には「語れ」と求め続ける」一方で、「どうして、もっと素直に自分を語ろうとしないのだろうか」[平野 1994：116]

と詰《なじ》るが、平野の指摘どおり、わたしは至るところで「本音」を洩らしている。それが一九八九年時点でのわたしの現実であったことは疑いようがないし、それを「自己批判」して、自分が「強制異性愛社会」から自由だ、と強弁するつもりはない。それはわたしの「実感」だったが――そして平野は(掛札も)異性愛女の限界を適切に分析している――わたしには、その「実感」がどう構築されたかを、「自己分析」することはできる。「女は男によって満たされなければ完全ではない、欠落を抱えた存在である」と、たしかに当時のわたしは思っており、かつ「思わされて」いた。わたしは現在ではそう思わなくなった(女同士の共感にペニスの媒介は要らない)が、それもまた歴史の産物であろう。フェミニズムの思想の助けなしに、わたしが自力でそういう考えに到達したわけではない。

平野の批判の核心は二つある。第一は、「同性愛は自然」という言説に対するわたしの批判の中にある「鈍感さ」であり、第二は「同性愛は性別二元制を超えられるか」というわたしの問いの中にある無理解と差別性とである。第一の点について言えば、「同性愛は自然」という言説をわたしが批判の対象にしたのは、異性愛者・同性愛者の双方からつくり上げられるこの国の「セクシュアリティの多様性を認めよう」という一見リベラルな言説とそれの持つ危険性であった。掛札の発言がそのような「性愛多元主義」を補強することになってしまうのではないか、という危惧から、わたしは彼女に対する不満を述べたのだが、それは本文中で述べたとおり、掛札自身がそのような安易な着地点に至ることを許さない強靭な思索力の持ち主であると期待したからこそ、のことであった。「異性愛も同性愛も、どんなセクシュアリティも自然だね」という「性愛多元主義」に対しては、平野自身もわたしと批判を共有している。

第二点め、平野は「同性愛者も性別二元制に深くからめとられている――上野に言われるまでもなく、そんなことはわかっている」[平野 1994：114]と答えた上で、「なぜ同性愛者ばかりが問われなければならないのか。「同性愛者は、ジェンダーを超えてみせる」とでも宣言した、オメデタイ同性愛者がいたのであろうか」[平野 1994：114]とたたみかける。「同性愛者ばかり」に問いかけているわけではない。フェミニズムこそは性別二元制というジェンダー秩序を問いの核心として問いつづけてきた思想であった。その思いがあるからこそ、同じ問いを「同性愛者」はどのように共有するのか、と問いたい気持ちを抑えることができなかったのだ。フーコーのセクシュアリティ研究も、ジェンダーに無関心であるという批判を浴びている。逆にジェンダー研究はセクシュアリティを無視しているという批判もある。「同性愛者は性別二元制に深くからめとられている」——異性愛者と同じように——という答えは予期している。とすれば次の問いは、異性愛者とどのように同じで、かつどのように違うしかたでか、が問われる。

「愛した人がたまたま女(同性)だっただけ」という掛札の表現にこだわるわたしの態度に言及して、平野は「上野の文中にあるあの「ひとこと」の呑気さと、掛札の文中で出会うこの「ひとこと」の誠実さとの差は、歴然としている」[平野 1994：113]と指摘する。異性愛が自明とされる社会で「口に少し出しかかって、息をのみながら「たまたま(多数派である)あなたと違って、好きになったのが同性だったという、ただそれだけ」という表現にこめられた言葉にならない「おずおずとした自己肯定の想い」を「感じとれない鈍感な人には、この「ひとこと」さえ通じない」[平野 1994：113]と平野は書く。行間に立ち入り、紙背に徹する平野の掛札に対する共感に満ちた「読み」から、わたしはたしかに多くを学んだ。その点で、わたしが「鈍感な読者」(わたしが掛札の著書に込められた注意ぶかい表現、『「レズビアン」である、ということ』を、鈍感にも『レズビアンであるということ』と誤記していたことをも含めて)であることは、否定しようもない。たしかにこの「ひとこと」が多数者から発される場合と、少数者から発される場合とでは、万感の隔たりがある。平野の教示——こんせつていねいな読み解きに遭うまで、鈍感にもわたしは自分が多数者の自明性の上に胡坐《あぐら》をかいていることに気がつかなかった。その点では、掛札は、平野という理解者を読者に持った幸運を喜んでよい。

だが、この「ひとこと」の読みが、異性愛者にもたらす効果が、現にわたしの示したような「誤解」であったとしたら？——その表現の持つ限界は、周到に検討されてもよい。「愛した人がたまたま同性だっただけ」という表現は、わたしには性別二元制の問いを無化するように響いた。わたしの「鈍感さ」と「無理解」を、平野は、かくれたホモフォビアと内なるミソジニーのせいだと論をすすめていくが、だとすれば、平野にも彼自身のかくれたホモフォビアとミソジニーについて、自己点検してもらわなければならない。異性愛、同性愛を問わず、対象選択に性別二元制(ジェンダー)が関与する以上、ミソジニー(そしてホモフォビアはミソジニーと密接に関連している)から自由な人々はこの社会にはいないだろうからである。掛札が『「レズビアン」である、ということ』を「ありのままのわたしの現実」として受け容れる過程は、フェミニストがそうであるように、内なるミソジニー(低い自己評価や自己嫌悪)との長きにわたる葛藤のプロセスである。そしてわたしは、男性同性愛がミソジニーと結びつくかもしれない疑いを捨てることができない。ここでは(言うまでもないが）男性にとってのミソジニー（平野は「ウーマン・ヘイティング」と書いているが）と女性にとってのミソジニーとは、同じではない。男性にとってはそれは他者に対する差別にすぎないが、女性にとってはそれは自己嫌悪を意味するからである。同じような非対称性は、今度はホモフォビアをめぐって、異性愛者と同性愛者との間に成り立つことだろう。多数派の異性愛者にとってはホモフォビアは異端排除のことだが、同性愛者にとっては、自己の抹消を意味する。だが、この性別二元制のもとで、ミソジニーから完全に自由な女性がいないように、ホモフォビアから完全に自由な同性愛者もいないことだろう。わたしが「内なるミソジニー」から完全に解放されている、と言えばウソになるし、だとすれば、もはやわたしにフェミニズムの闘いの必要はない。性別二元制のジェンダー秩序のもとでは、「敵は男だ」と外在的に名ざせるほど、単純な闘いをわたしたちは闘っているわけではない。

強制異性愛社会や、通俗的な同性愛理解（その実、誤解）に対する批判の多くを、わたしは平野と共有している。掛札や平野と対話をつづけていくとしたら、それは、「性別二元制をいかにして解体するか？」という問いを共有するからこそである。

（1）河野貴代美はその後、フリッツ・クラインの『バイセクシュアルという生き方』

[Klein 1993＝1997]を訳している。クラインによれば、ヘテロセクシュアルにもホモセクシュアルにもバイセクシュアルにも「健康な人々」と「不健康な人々」とがいる。なるほど、心理療法家のもとを訪れるのが、自分のセクシュアリティを「困難」として構成する人々だとすれば、彼らが「不健康な」ホモセクシュアルやバイセクシュアルだけを扱っていることになる経緯はよくわかる。他方、ヘテロセクシュアルの中にも病的な「ドン・ファン症候群」や「ニンフォマニア（多淫症）」のような、強迫的なセクシュアリティの持主がいる。クラインは、「健康な」ヘテロ、ホモ、バイセクシュアルのあり方がありうるとし、かんじんなのはそのありのままの事実を当事者が肯定的に受け容れることだという。とりわけバイセクシュアルは、性的二元制のもとでは、名づけられてもおらず、カテゴリー化を拒否されている。そして異性愛者からも同性愛者からも中途半端でヌエ的な存在として疑いの目で見られている。存在を否認されているものにカテゴリーを与えることで、その存在を肯定することが自分の課題だとするクラインの立場は説得的である。河野は「あとがき」でその立場に共感を示している。

10　ゲイとフェミニズムは共闘できるか？

——アカーとの対話——

はじめに

ニューヨーク滞在中に、アカー（動くゲイとレズビアンの会）のメンバーでもあり、『ゲイ・スタディーズ』［風間・ヴィンセント・河口 1997］の共著者でもあるコロンビア大学のキース・ヴィンセントから、東大五月祭でのアカー主催のイベント、『ゲイ・スタディーズ・ミーツ・フェミニズム（ゲイ・スタディズとフェミニズムの出会い）』への招待を受けたとき、わたしの口をついて出たのは次のようなことばだった。

"Am I going to get victimized?"（「わたしを血祭りに上げようってわけね」）

キースはこれに即座に応答した。

"You are most difficult to get victimized"（「あんたを血祭りにあげるなんてできっこないよ」）

テーマにある「ゲイ・スタディズとフェミニズムの出会い」が容易でないことをわたしたちは両方とも承知していたし、わたしが「同性愛差別者」として一部の人たちのあいだで槍玉に挙げられていることも知っていた。が、ある意味で、ここしばらくのあいだ、セクシュアリティをめぐってわたしが考えてきたことを公開の場で話す絶好の機会だとも思えた。アカーのメンバーからは「互いに学びたい」という誠意のあるメッセージを受け取り、わたしは「まないた」の上に載ってみる気になった。

わたしは同性愛差別者だった

「ゲイ・スタディズとフェミニズムは出会えるか？」について考えるために、次の四つの問いを立ててみたい。

第一に、敵は誰か。

第二に、誰が担い手か。

第三に、何を問題にしているのか。

第四に、共通の敵はあるのか。

第一の問いに答えるにあたって、まず一つの自己批判から始めたい。わたしは同性愛差別者だった。ものを書いて生きている人間にとっては、過去に書いたものを批判の対象にされるのは避けられない。だが、わたしのフェミニズム理解が一〇年前とは変わってきたように、ゲイやレズビアンについての理解も一〇年前とは違っている。

わたしを変えたのは、わたしの身近にいたレズビアンやゲイの友人たちである。レズビアンやゲイの人々の経験の多様性が、わたしの目を開かせた。わたしが同性愛差別をしたのは――その当時「ゲイ」という言葉はまだ一般的ではなかった――今から考えれば理由がある。当時、わたしの目の前に同性愛者の言説として入手可能だったのは、三島由紀夫、稲垣足穂、高橋睦郎、美輪明宏のような男性同性愛者のものに限られていた。三島のミソジニー(女性嫌悪)たるや強烈なものである。彼が書いた文章にこういうものがある。「女は論理的にものを考えられない」。もし論理的にものを考える女がいたとしたら、それはすでに女ではない」。このように反論しようのないレトリックを弄して、あからさまなミソジニーを表現していたのが、三島という男だった[上野・小倉・富岡 1992]。当時一般に知られていた「男性同性愛者」によって書かれたテクストのなかにある、あからさまなミソジニーに対して、わたしが猛烈な反発を感じたとしても無理はなかったと思う。

わたしにゲイ、レズビアンの現実について教えてくれたのは、身近にいた友人や学生たちだった。実際にわたしの身近には多くのゲイ、レズビアンがカムアウトしていた。それでわかったのは、彼らは、必ずしも若くもなく美しくもなく、異性装者でもなかった、ということだった。このような多様性のもとで、はじめてゲイとレズビアンの現実を知ることができ、わたしは自分の誤りを認めることができた。とはいえ、わたしの過去の発言に対して、掛札悠子[掛札 1992]や平野広朗[平野 1994]がてきびしい批判を与えるのは当然だろう。その批判に値するだけの偏見や無理解に満ちた発言を、たしかにわたしはしてきたからである。

わたしが最初に同性愛について言及したのは「対幻想論」[上野 1982, 1986]のなかである。そのなかで、わたしは吉本隆明の「遠隔対象性」ということばを手がかりに、異質志向と同質志向とをそれぞれ異性愛と同性愛とに対応させ、「わたしは同性愛を差別する」と明言した。もちろんそれはレトリカルな表現だったが、わたしは同性愛を同質志向と、すなわちホモソーシャル(男同士の同質な絆)と同義に見なしていたのである。

わたしがなぜそのような同性愛差別的な発言をしたかというと、当時わたしが反発していたものが二つあった。

一つは、三島のようなエリート同性愛者の発言の中にある女性嫌悪(ミソジニー)である。たとえば美輪明宏は、「わたしは女性とは一度も性関係を持ったことはない。

ええ、わたしの体はきれいです」という。女は汚れたものだ、という見方が背後に見える。

もう一つは、男性同性愛をナルシシズム的性愛とほぼ同義に考えていたことである。その当時、セジウィック[Sedgewick 1990＝1996]のようなポストモダン派のフェミニストのセクシュアリティ論はまだ登場していなかった。わたしの無知は『現代思想』一九九七年五月臨時増刊号「レズビアン／ゲイ・スタディーズ」特集の座談会のなかで浅田彰から揶揄されているが、それは時代の限界でもあった。セジウィックの登場までは、ホモソーシャルとホモセクシュアルという概念は混同されたままだった。ゲイ・スタディズのなかでも例外ではない。

ホモセクシュアルとホモソーシャルという概念を区別することができるようになってはじめて、わたしが嫌悪していたのはホモソーシャルだったということがわかるようになった。ホモソーシャルとホモセクシュアルを概念上区別するには、どのような訳語をあてればよいだろうか。ここでは暫定的にホモソーシャルを「男性同質集団的」、ホモセクシュアルを「同性愛的」と訳しておきたい。ホモソーシャリティは、女性嫌悪と分かちがたく結びついている。男が男としての優越的なアイデンティティを維持するために作りだす必然性のあった〈影〉が、女という劣位のジェンダーだったのだから。男同士のあいだで「あいつは女好きの男だよ」というときには、女に対する愛を少しも意味していない。実のところホモソーシャルな男たちの間では、「女好き」とは女の数を獲得品として競うゲームにほかならない。女を他者として対象化することができるからこそ、モノにした女の数を誇ることができる、そのようなオヤジ社会の結びつきをホモソーシャルと呼ぶ。だからこそホモソーシャルが、男同士の中のエロチシズムを抑圧するホモフォビア(同性愛嫌悪)と必然的につながっているのは、ゲイ・スタディズやポストモダン派のセクシュアリティ研究の中で、緻密に積み上げられてきた理論によって、はじめて明晰に証明された。

ホモソーシャルとホモセクシュアルは、表象の分野でも長いあいだ混同されてきた。同性愛の美的表象の中では、同性愛は男性の性的ナルシシズムとして描かれてきた。たとえば、ルキノ・ヴィスコンティの『地獄に堕ちた勇者ども』でも、ナチズムとホモセクシュアリティが一つの主題になっている。大江健三郎の『セブンティーン』も右翼と同性愛の結びつきが示唆される。何より、三島自身が、天皇制ファシズムと同性愛とを美学的に結びつけた当人である。ファシズムというホモソーシャルの極限とホモセクシュアルとが結びつく美的な表象は、洋の東西を問わず、文学や映像作品の中でいくらも見ることができる。ジョージ・モッセの『ナショナリズムとセクシュアリティ』[Mosse 1985＝1996]が刊行されたのは一九八五年のことである。ナチが強制収容所に送り込んだ犠牲者の中に同性愛者がいたこと、「犠牲のピラミッド」の中で同性愛者がユダヤ人以下の底辺に置かれて差別されたことは、このところようやく問題にされてきた。それによれば、ナチはホモセクシュアルどころかかえってそれを排撃したのである。ナチの中にもホモセクシュアルはあったかもしれないが、セジウィックによれば男性性の境界を定義する「内なる検閲」によって、よりいっそうきびしく排除されなければならなかったのだろう。

わたしが嫌悪した二つのもの、ミソジニー(女性嫌悪)とホモソーシャリティ——異質排除のマッチョ志向、すなわちファシズムに至る病——この二つが、「敵は誰か」というときのわたしの敵であり、フェミニズムの敵であった。もしこのような敵をゲイ・スタディズとフェミニズムが共通の敵として持っているとすれば、わたしたちは同じ闘いを闘うことができるだろう。

ゲイのあいだでは、敵はホモフォビア(同性愛嫌悪)だという言い方をすることがよくある。それに女性嫌悪がふかくからんでいるとすれば、もっと広義に男性同質集団のゼノフォビア(異質嫌悪)と言ってもいい。ホモソーシャリティを維持するための他者嫌悪、異端排除が敵だとすれば、ゲイとフェミニズムは「共通の敵を持つ」と言っていいかもしれない。ゼノフォビアが女に対して向けられるときはミソジニーになり、同性愛者に対して向けられる場合はホモフォビアになる。

ホモフォビアやミソジニーが敵だというとき、その敵は決して自分の外部にだけあるわけではない。平野広朗は『アンチ・ヘテロセクシズム』[平野 1994]の中で、上野はミソジニーを内面化している、そして自分のミソジニーを克服できないでいると批判したが、もしわたしがミソジニーを克服しました、と言えば、自己欺瞞にしかならないだろう。この女性嫌悪の社会で自分の女性性と一〇〇パーセント折り合いをつけて生きることは誰にもむずかしい。ミソジニーの克服とはそのつどのプロセスであって、このような社会で「わたしは一〇〇パーセント解放されて生きています[1]」などという能天気な発言をわたしは信じない。「女だ男だなんてこだわるのはダサイ」と思っている女は、そういう言い方で自分を劣位の性だと認めたくない、というミソジニーを表現していることになる。差別が現にそこにあるのに、あたかもそれがない真空地帯に生きているかのようなふるまいは、無知でなければ、自己欺瞞か逃避というべきだろう。

ゲイにとっても事情は同じであろう。ゲイの闘いとは、自分が内面化したホモフォビアとの闘いでもあるはずだ。フェミニズムは、まず何よりも女にとっての自己肯定のための闘いであった。この社会に生まれ育って、ミソジニーを内面化していない女はいない。フェミニズムは、「敵は誰か」と言うとき、「そこだよ、そこにいるよ」というふうに名指すことができるような安直な闘いを闘ってきたわけではなかった。

ただしゲイとフェミニズムが本当に共通の敵を持てるのかという問いに対しては、まだ答えなければならない問題がいくつか残っている。ホモソーシャルがミソジニーと結びつく論理的・実践的必然性は、多くの研究によって明らかにされたが、ホモセクシュアルがミソジニーと結びつかない論理的・実践的必然性はどこにあるだろうか。これについては、ゲイ・スタディズに答えてもらわなければならない。それが保証されない限り、フェミニズムとゲイ・スタディズがともに闘うことは、むずかしいだろう。

伏見憲明は「性的二元制」という卓抜な概念を編み出した[伏見 1991]ゲイ理論家だが、彼は、同性愛者はもしかしたら自分の同性愛的実践によって性的二元制というジェンダー秩序の再生産に加担しているかもしれない、と指摘したことがある。九〇年代のゲイは、歴史的な同性愛、たとえばギリシャの少年愛や日本の男色とは何の「同一性 identity」も持っていないかもしれない。あるいは「同性愛」というカテゴリーを、それらすべてを含む上位概念として用いること自体が誤りかもしれない。だが、ギリシャの少年愛や日本の男色のなかに男性優位の価値が組み込まれているのは歴史の常識である。もし、ゲイもまた、男性を優位な性として構築する性的ナルシシズム、男性の権力への欲望によって支えられているとするなら、わたしたちには共闘する根拠はない。

他人の問題を解くことはできない

第二の問題、誰が担い手か、つまり研究の当事者性ということについて。河口和也は、五年前に『ゲイ・リポート』[アカー編 1992]が刊行されたとき、大月隆寛がそれを評して「稚拙だ」と表現した、そのことを五年間しつこく覚えている、というエピソードを紹介したことがある。

それを聞いて、わたしがノスタルジックに思い起こしたのは、二〇年前に女性学が出発したとき、やはり「稚拙だ」といわれたことである。「女性学？ こんなもの学問ですか、大学の教壇で教えるようなものじゃないでしょう」という反応にしばしば直面した。関西の自主研究グループ、日本女性学研究会が、日本で初の女性学の研究誌『女性学年報』を創刊したのが一九八〇年。当時、関東で日本女性学会を旗揚げした人たちのなかから、定期学術刊行物を出すにあたって、「(『女性学年報』のような)レベルの低いものはつくりたくない」という発言があったとの風評が伝わった。刊行後一〇年経ってみると、『女性学年報』の論文が、いつのまにか学術誌の論文に引用されるようになっていた。その後、各地で総合講座や専門課程の女性学が次々に開講されるにいたった。国立婦人教育会館の恒例の調査[国立婦人教育会館編 1994]によれば、一九九三年現在で女性学関連講座を開講しているのは二六八大学、計五一二講座である。女性学がアカデミアで市民権を獲得するには二〇年の時間がかかった。

河口はゲイ・スタディズを定義して、闘いのための理論武装、実践のための武器だという。その点においても、フェミニズムと女性学との強い関係を思い起こさせるものがある。女性学はフェミニズムのただなかから生まれ、「運動のための理論的武器 theoretical arm」という自己定義のもとに育ってきたからである。運動を欠いた女性学はありえないことを、明言しておきたい。

最近ある共学大学で女性学を開講した男性の担当者が書いた文章を読んで、一驚した。それによれば、女性学というものは「女の女による女のための学問」と思われているようだが、わたしたちはこのような誤った考えを正すべく、この女性学を皆さんがたにお伝えしようと思っている、とあった。

女性学を「女の女による女のための学問」と定義したのは井上輝子である。そのままならたんに「(学際的)女性研究」と訳されるはずであったウィメンズ・スタディズを、井上は「女性学」と創造的に誤訳した。そのおかげで、女性学は「女についての学問 studies on women」ではなく「女がする学問」であることが明確になった。女性解放の考え方のなかには、解放とは自己解放でしかないことが、そして女性学のなかには、学問の当事者性が含まれている。わたしは学問の党派性、特にジェンダー・スタディズの党派性、当事者性を引き受けているし、女性学はそうであるべきだと思っている。だからフェミニズムはイデオロギーなんだよね、と言う人々に対して返す刀は、中立的・客観的な装いのもとにおこなわれているその学問の党派性・政治性こそが問題だ、という問い返しである。むしろ中立性・客観性の名においておこなわれる「政治」、政治の隠蔽によるフーコー的な意味でのミクロの「政治」こそ、女性学が撃とうとしてきた当のものである。わたしがかつて語ったことばをくりかえせば、女性学は偏った学問であるが、それというのも他のすべての学問に対して「おまえもまた偏った学問にすぎない」と言うためなのである。

もちろんこういう考え方に対しては初期のころから、「女しか女性学の担い手になれないのか」「男に女性学はやれないのか」という議論があった。だが、この問いは倒錯しているというべきだろう。これまで他のすべての学問は「人間学」の名において実際は「男性学」(男性がする学問)だったのだから。そしてそこに女の場所はなかったのだから。ようやく女が研究の客体から主体になったとき、そこに「男の居場所がない」というのは、たんに男性支配の遍在と、男が普遍的人間である、という神話をふたたび再生産する結果に終わる。男は「客観的・中立的」でありうるから、「女性の視点にも立てる」というわけだ。ブラック・スタディズなら、白人の研究者のこのような態度を許すだろうか？　そしてレズビアン／ゲイ・スタディズも？

「女性学が女のものである時代は終わった」「女性学はいまやジェンダーの正義 gender justice を求める、女と男両方のための学問だ」という言い方も聞かれる。それもよいだろう。だが、レイシズムに抵抗する学問が白人のアプローチと黒人のアプローチとでは同じものでありえないように、「ジェンダー・スタディズ」が両性を含むのは当然としても、それに対するアプローチには、女性の場合と男性の場合とでは違いがあるはずだ。ジェンダー秩序に対しては男性も当事者のひとりだが、女性とは違う関わり方をしているからである。ジェンダー・スタディズに男性の当事者性は持ちこまれていいし、持ちこまれるべきである。したがって男性学の必要性があるのだ。わたしは男性学を「フェミニズムを通過したあとの男性の自己省察」［上野 1995b］と定義したことがあるが、それはフェミニズムの実りのひとつ、フェミニズムがもたらした新しいジェンダー関係の可能性を示すものだろう。それは男が女性学をやる、ということとはまったく別なことである。わたしは今でもそう思っているが、男に女性学をやってもらおうとは思わない。男性がジェンダー・スタディズをやるのは歓迎だが、それはあくまで「当事者として」、自分自身の男性性を問い直すかたちでやってもらいたい、と思っている。ジェンダー・スタディズとは当事者のジェンダー・アイデンティティを無傷のままにはおかない学問のはずだから。そして男のアイデンティティについては、まだまだ探究されなくてはならない課題が山積みなのである。

わたしは『日本のフェミニズム』全七冊別冊一[井上(輝)・上野・江原編 1994-95]というアンソロジーの編集にかかわったとき、この党派的な方針を採用した。フェミニズムは「当事者の声」であるから、書き手に女以外は採用しない、という方針について、井上輝子を含めた共編者のあいだでは、ただちに合意が成立した。これとはべつに『フェミニズム・コレクション』全三巻[加藤・坂本・瀬地山編 1993]というアンソロジーもあるが、こちらは三人の編者のうち二人までが男性である。またこのなかには男性の文章や中野翠のようなアンチ・フェミニストの文章も「争点」として、収録されている。フェミニズムとは「女について」論じられたものではない。またフェミニズムの「争点」についてあれこれ評論家的に論じたものでもない。それは何よりも女性が当事者として担う自己探求、自己定義のこころみである。

岩波の『日本のフェミニズム』のなかには、当事者原則からすると、ひとつだけルール違反がある。別冊に「男性学」が含まれている。アンソロジーのなかに男性学を入れたいと主張したところ、他の編者に反対されて、妥協案として別冊という形になった。女の編者がどのような権利と資格において男性学のアンソロジーを編集するのかというと、これはあからさまに「女の目によって検閲された男のテクスト」のことである。したがってフェミニズムの眼鏡に適《かな》うものしか入れない――実際、男性学の名において性差別的なものは少なくない――という政治的な方針を貫徹した。

「男性学」の巻に、わたしはゲイ・スタディズの項目を立てた。そこで伏見憲明の原稿の収録を依頼したところ、ご本人からお断りの返事を頂戴した。その理由は、「自分としては男性学もしくはゲイ・スタディズというアンソロジーは、いずれ当事者の声として編まれるべき性格のものだと信じている。その機が熟したときに自分のテクストがその中に入ることを望むけれども、今回のようなアンソロジーには参加したくない」というまことにもっともなもので、わたしは深く納得して引き下がった[上野・伏見 1997]。

フェミニズムとジェンダー・スタディズは学問の当事者性を引き受けている。他人の闘いを闘うことはだれにもできない。わたしたちが学ぶことができるのは、自分とは立場が違うけれども他人が闘っている自分自身の闘い、他人の闘い方から学ぶことである。男には男という深刻な問題がある。自分自身の男という問題を解く前に、他人の問題を解こうなどとは越権行為であろう。フェミニズムは闘う学問なのである。

構築主義 vs 本質主義

第三に、何を問題にするか。

フェミニズムが問題にしてきたことはたくさんある。ゲイ・スタディズと関わるところでセクシュアリティに問題をしぼると、フェミニズムもまた女のセクシュアリティを問題にしてきた。特にセクシュアリティの歴史的・社会的な構築を問題にしてきた。フェミニズムはアンチ・エッセンシャリズム(反本質主義)の立場をとっている。セックスが自然だ、セクシュアリティが自然だ、という言葉ほどフェミニズムにとって危険な言葉はない(2)。

だがフェミニズムの中にも多様性があるから、本質主義者にも事欠かない。そのあいだで論争もある。わたしの立場はフェミニズムのある部分にすぎず、フェミニズムを代表しない。わたしが日本のフェミニズムを代表なぞしたら、迷惑だと思っている自称フェミニストたちがこの日本にはたくさんいることはよく承知している。

たとえば八〇年代のアメリカにキャロル・ギリガンという人物が登場した。ギリガンは『もうひとつの声 In a Different Voice』[Gilligan 1982＝1986]という本の著者だが、「女らしさ」の文化的なエッセンシャリズム（本質主義）を唱えた。八〇年代バックラッシュのアメリカで、家族と母性の価値を見直そうとしていたフェミニストたちのあいだで、ギリガンの著書はベストセラーになった。日本では、それによく似た役割を「女性原理」派が果たし、八〇年代エコフェミ論争と呼ばれる青木vs上野論争があった[日本女性学研究会'85・5シンポジウム企画集団編 1985；青木 1986；上野 1986]。その中でわたしが批判したのも「女性原理」に象徴される文化エッセンシャリズムである。セクシュアリティについても同じことがいえる。掛札悠子の『「レズビアン」である、ということ』[掛札 1992]が出たとき、わたしは彼女の真摯な自己探求の問いに高い敬意を払ったが、結論部に至って彼女は「自然」という言葉を使う。セクシュアリティ研究にとって「自然」「本質」「本能」は禁句である。DNAもしかり。ゲイ・スタディズが本質主義に向かうとしたら、わたしはそれについても批判的でありたいと思っている。同性愛は自然だ、さまざまに自然なセクシュアリティの一つとして同性愛を受け入れてもらいたい、という彼女の発言を見たとき、ちょっと待てよ、と思った。

フェミニストは女に強いられた強制異性愛を脱自然化するために、あれほどの努力、あれほどの闘いをしてきたのではなかったのか。そのプロセスの中で同性愛者自らが同性愛は自然だと言ってしまえば、わたしたちがやってきたことは何だったのか、ということになる。掛札に対しての批判がきびしかったとしたら、セクシュアリティについての知的な探求をともにやっていこうとする同志だと思っていた彼女のような書き手が、終わりになって安易な着地点にたどり着いたことに、ブルータスお前もか、という思い、つまり期待と信頼が大きかっただけに裏切られた思いが大きかったという、その気持ちが抑えられなかったのは確かであろう。

単身者化する身体

フェミニズムはゲイ・スタディズと同様に、歴史的・社会的に構築されたものとしてのセクシュアリティの探究をラディカルに(根源的に)おこなってきた。『現代思想』[臨時増刊 1997. 5]の「レズビアン/ゲイ・スタディーズ」特集の中では、わたしはデミリオ[D'Emilio 1983＝1997]のアンチ・エッセンシャリズム、特に資本主義の中ではじめて同性愛的な身体が可能になったという歴史分析に納得したが、それというのも彼の説はわたしの『家父長制と資本制』[上野 1990]の分析にみごとに適合するからである。もし彼の説が正しければ、同性愛的身体とは後期資本主義の中で産み出され、かつ現在、「近代家族」に対して批判的な力となってきている単身者の身体のことにほかならない。この単身者の身体とは、近代家族から解放された身体の別名である。

後期資本主義が可能にした単身者の身体の中には、同性愛者以外の多様な身体が含まれる可能性がある。その一つは、オナニストの身体である。オナニストの身体がいかに単身者の性的身体として後期資本主義に適合するかということを、金塚貞文ほど徹底して考えぬいた人はいない。もう一つの可能性はポリガマス(複婚的)な身体である。べつな言葉で言えばノン・モノガマス(非単婚的)な身体である。この言い方も正確ではない。モノガミー(単婚制)が制度化、特権化されているからこそ、その対立概念をそれにならってつくらなければならない。モノガミーが性を婚姻の中に封じこめる装置だとすれば、リブこそは単婚制、つまり一夫一婦的な婚姻制度と、したがって近代家族に対する最も痛烈な批判だったはずではなかっただろうか。それが今や夫婦別姓選択制がフェミニズムの主流になっている。かつてあれほど一夫一婦的な婚姻制度の痛烈な批判者であったリブは、フェミニズムは、どこにいったのだろうか。もしフェミニズムが法的な制度改革をめざすとすれば、むしろ、婚姻が法的な権利を伴うようなあらゆる制度を廃止する方向に動くべきであろう。結婚が特権にならない、ということは、ひるがえってシングルマザーと婚外子が育つ権利を擁護するシステムをつくりあげることを意味する。アメリカのフェミニスト法学者、マーサ・ファインマン[Fineman 1995]は婚姻を法的制度として廃止することを主張したばかりに、フリーセックス(乱交)の支持者との誤解を受けた。「この人と添い遂げたいという人間のいじらしい気持ちをあなたは踏みにじるの?」と、わたしにも反論が返ってくることがある。わたしはそんなことを言っているのではない。ポリガマスかモノガマスかというのは単なるセクシュアル・プリファランス(性的嗜好)の一つに過ぎない。ただヘテロセクシュアルでモノガマスな関係を法的な権利として特権化するなどのような制度も支持しないというだけのことである。

もしかすると同性愛という概念の使い方自体がミスリーディングかもしれない。後期資本主義のなかで可能になった単身者としての性的身体を呼ぶためには、同性愛というのは限定的すぎるカテゴリーに見える。これは異性愛が制度化・正当化されているためにそこからはみ出した多様な残余カテゴリーを、たまたま「異性愛でないもの」=「同性愛」と名付けただけのことかもしれない。「同性愛」として括られているカテゴリーのなかには、実は互いに似ても似つかぬ多様な性愛のあり方がいっしょくたに詰め込まれている可能性を考えてみる必要がある。わたしたちはセクシュアリテイのまだ見ぬ多様性に開かれているのかもしれない。

フェミニズムがセクシュアリティの脱構築をめざし、強制異性愛の規範と闘ってきたとすれば、第四の問い、ゲイとフェミニズムに共通の敵はあるか、については答えはおのずから明らかであろう。これまでの議論からは、わたしたちの共通の敵はミソジニーであり、ホモフォビアであり、ゼノフォビア(異質排除)だと言えるだろう。

カミングアウトの戦略

もう一つ、カミングアウトの問題についてつけ加えたい。「僕、実はゲイなんだけど」とカムアウトしたときにいちばんやっかいな反応は、「それがどうしたの？　なんでそんな私的なことをわたしが聞かなきゃいけないの？」という反応だろう。この一見したものわかりのよさは、カムアウトの政治的な効果を無化するもっとも恐るべき反応である。おそらくあからさまなホモフォビアや、無邪気を装ったのぞき見趣味よりたちが悪い。

フェミニズムは「私的なものは私的である」ということを覆すためにこそ「私的なものは政治的である」というスローガンを立ててきた。最近のフェミニズム理論はさらに一歩踏み込んで「私的な領域とは公的に作り出された制度である」と命題化する。

セクシュアリティが私的な領域に属するということは、巧妙にしくまれた罠である。つまりセクシュアリティというものは、実際には公的にコントロールされていながら私的な領域に隔離されているために、あたかも公的領域の干渉から自由であるかのような見かけを与える、そういうダブルバインドな状況に置かれている。そのようなものとして女の身体もまた、公的にコントロールされていながら、私的な領域に隔離されてきた。女の身体が、私的な、すなわち性的な身体として——公的に——作り上げられてきたことを示すエピソードを紹介しよう。

セクハラの問題について論議がかまびすしかった頃、田原総一朗が、三井マリ子との対談で、「女が職場進出するのは、男風呂に女がハダカで入ってくるようなものだから、セクハラぐらいは覚悟して当然だ」と発言したことがある。つまり職場という公的な領域に女性という私的な身体が「場違い」に入ってくることに対する困惑を、田原は「男風呂」の比喩で言ったのである。もちろん、女性の身体を私的＝性的な身体と見なすのは男のまなざしである。したがってこの「困惑」は男の側の問題であって、女の問題ではないはずなのだが、彼はそちらのほうは問題にしなかった。女性の性的な身体は、女性にとってはそれから逃れることのできない、身体という牢獄であった。男のまなざしは女を性的な身体という牢獄の中に閉じこめてきたのである。その性的な身体という牢獄を、美の規範によって磨き立てるために、女性はエステに通ったり、痩せたり太ったりしなければいけない。

カミングアウトの戦略とは、公的に構成されたものとしての私的な領域から、公的な領域に領域侵犯をすることで、カテゴリーを混乱させることである。だからこそ相手は「困惑」を示すのだろう。「私的なものは私的である」とすることでこの「困惑」を封じることほど、保守的な政治はない。ゲイの人々はカミングアウトでのカテゴリーの混乱を実践している。

レズビアンはどこにいるか

最後に、レズビアンはどこにいるか、について語っておきたい。アカーはテーマを「ゲイ・スタディーズ・ミーツ・フェミニズム」とし、「レズビアン／ゲイ・スタディーズ・ミーツ・フェミニズム」とは僭称しなかった。それは彼らが当事者としてゲイについて語ることはできても、レズビアンを代表／代弁することはできない、と考えたからである。実際、ゲイとレズビアンには多くの非対称性があり、両者を「同性愛」という上位概念で括ることには無理がある。というより「同性愛」という上位概念に見えるもの自体が、異性愛を唯一の規範として、それからはずれるものをすべてひとつのカテゴリーに包摂しようとする「性的二元制」がもたらした命名にほかならない。

当事者としてのレズビアン・スタディズが圧倒的に少数なのは、公的な媒体(表現、出版、パフォーマンスなど)へのアクセスがレズビアンにはきわめて限られているからだ。それは女性学の研究者がアカデミアのなかで少数なのと事情が似ている。その限りでレズビアンはゲイの男性より、ジェンダー非対称性を多く負っている。

そのなかで最近出たふたつの著作ほど刺激的なものはない。(3) ひとつは掛札悠子の「抹消(抹殺)されること」[掛札 1997]という力のある鮮烈な文章だ。もうひとつは竹村和子の「資本主義社会とセクシュアリティ」[竹村 1997]で、考え抜かれた考察である。わたしが問いを立てて答えなかった(答えることができなかった)問いに、竹村は次々と明快な、しかし決して単純ではない答えをあたえていく。レズビアンとフェミニズムの関係についても、六〇年代、七〇年代、八〇年代、九〇年代とめまぐるしく移る歴史的な変化について、彼女の説得的な議論にわたしは多くを教えられた。わたしがへたな要約や紹介をするより、読者はこのふたつの文章に直接あたって、日本のレズビアン・スタディズの到達を自分の目で確かめるとよいだろう。なお、竹村がしばしば言及し依拠しているリリアン・フェダマンの大著『レズビアンの歴史』[Federman

1991＝1996］が、日本語でも読めるようになった。

竹村がめざましく論じるように、セクシュアリティが歴史的に変化していく現場にわたしたちが立ち会っているならば、最後にこのような自戒のことばを書いておくのはむだではないだろう。「近代家族」を可能にした竹村の言う（ヘテロ）セクシズムも、それが成立した当時は革新的な思想であった。わたしたちはフェミニズムの歴史的研究から、セクシュアリティをめぐる中産階級的な言説がどのようにしてフェミニストの内部で構築されてきたかを知っている。同時に秩序攪乱的でも秩序構築的でもあるフェミニストの多義的な言説や実践が、支配的な秩序にどう回収されてきたかも、今では知っている。だとすれば、次のような問いを忘れずにいることは重要だろう。

――わたしが今やっていることは、来たるべき支配的な秩序に手を貸しているだけではないか？

ある支配的な秩序が確立すれば、フェミニストはそれに対しても異議申し立てをするだろう。フェミニズムにオルターナティブな秩序の提案はない。それは不断の実践であり異議申し立てなのである。

（1）こういうことをしつこく言わなければならないのは、まったく疲れることだが、フェミニストとは「女だ男だとこだわっている」女のことではない。自分が「女だ男だとこだわりたくない」のにも拘らず、「社会が女だ男だとこだわるのに、こだわっている」女のことをいう。性別に「わたしは関係ない」とどんなに言いつのろうとも、社会のほうからむりやり関係させられる、この状況からだれも逃れられない。この性差別的な現実に「わたしは関係ない」ということは、たんに現実を認めたくない、というナイーヴな発言をしていることになる。

(2)「ジェンダー」という用語をフェミニズムが採用したことこそ、フェミニズムが反本質主義、社会構築主義の立場に立つことの核心である。性差は自然ではない、と言うためにこそ、「ジェンダー」の用語は採用された。

(3) 本稿脱稿後、さらに重要な書物がもう一点出た。渡辺みえこ『女のいない死の楽園——供犠の身体・三島由紀夫』[1997]である。フェミニストの手になる本格的な三島論は、誰かが書かなければならなかった作品である。

11　複合差別論

複合差別とは何か?

「複合差別」とは、有吉佐和子の『複合汚染』[1975]にならって、私が造語したものである。有吉の『複合汚染』に見るように、環境汚染は単独の原因で発生するとは限らない。複数の原因が複雑にからみあってたがいに強化しあったり、特定の条件を備えた個体にだけ発症したりする。またそれに対して治療的な効果をもつと考えられるものが、症状を悪化させることもある。複数の要因群のもたらす効果は、物理反応より、化学反応に似ている。

複数の差別のあいだの関係もそれと似ている。社会的な存在としての個人は、多くの文脈を同時に生きている。ひとつの文脈で差別を受けている弱者が、べつな文脈のなかでは強者であることはいくらもありうる。また、差別を受けている人々は、社会的な弱者として、しばしば複数の差別を同時に経験していることが多い。だが、その複数の差別のあいだの関係は、当事者個人のアイデンティティのなかでも複綜し、葛藤を起こしている場合がある。このような状態をどう概念化すればよいのだろうか、というのが、長いあいだ、私の課題であった。「多元的現実」にならって「多元的差別 multiple discrimination」という言い方もできるだろう。また、「重層的差別」という言い方もできるかもしれない。だが、「複合差別」は、先に述べたように、たんに複数の差別が蓄積的に重なった状態をさすのではない。複数の差別が、それを成り立たせる複数の文脈のなかでねじれたり、葛藤したり、ひとつの差別が他の差別を強化したり、補償したり、という複雑な関係にある。それを解きあかすために、ここでは「複合差別」という、いまだ熟さない概念を採用することにしよう。

「すべての被差別者の連帯」は可能か?

それというのも、私たちは実践的に「すべての被差別者の連帯」が、それほど容易ではないという現実に直面しているからである。「政治的に正しい politically correct」(1)立場からは、ひとつの差別が問題化されるとき、他の差別をも巻きこんで「すべての被差別者の連帯」が安易に口にされる状況がある。その前提から、ひとつの差別の経験者は、他の差別に対しても高い感受性 sensitivity が期待されるために、ひとつの文脈における被差別者が他の文脈において差別者である事実には、より強い憤激と失望がひきおこされる。また、ひとつの差別についての解放運動や解放理論は、おのずと他の差別に対しても有効であることが要求されがちである。その結果、期待水準に達しない運動や理論については、性急に「限界」や「不満」が口にされる傾向がある。

いずれも私たちが日常的に経験していることがらである。裏返していえば、日常的・実践的に、「すべての被差別者の連帯」が少しも容易でもなく可能でもない現実を経験していながら、なおかつ「すべての被差別者の連帯」が可能であるかのごとき言説が流通していることこそ問題であろう。

近い過去では、マルクス主義について同じような状況があった。彼らは「労働者階級の解放」を「抑圧されたすべての人民の解放」と等置したために、「女性解放」は「労働者階級の解放」と同時に達成される、と考えた。そしてその変革主体である労働者のあいだには、女性抑圧の基盤である私有財産そのものがないために、女性差別が存在しないと考えた。『日本女性史』[井上(清)1948]の著者、井上清が「労働者の家庭は女性差別を知らない」と書いたのは、ほんの半世紀前のことである。井上は労働者階級を理想化する脳天気な知識人にすぎなかったのだろうか。それとも労働者階級の実態を知っていたにもかかわらず、イデオロギーのために現実を歪曲し差別を隠蔽するプロパガンディストだったのだろうか。

事実、マルクス主義者のこのような態度は、運動内部の女性抑圧を強める結果となった。彼らは女性マルクス主義者たちが性差別を問題化し、独自の行動をとろうとすることを「分派主義」と非難し、それを抑制した。しかも「労働者階級の解放」という究極の目的に向けて、女性同志の献身と自己犠牲を求め、女性メンバーに家父長的な権力を行使した。戦前非合法下の日本共産党の「ハウスキーパー問題」は有名である。(2)

マルクス主義のこのような傾向は、その思想と信条の「全域性」(に対する信念)によって説明することができる。マルクス主義は「社会経済構成体」と呼ばれる全体社会システムについて統一的に説明することができる「全域的」な理論であるから、それから導かれる解も、ゴルディオンの結び目を解いた「アレクサンダーの剣」のように、錯綜した問いをいっきょに解くものであることが期待された。労働者階級の問題について解ける答えが、他の問題について解けなければ、それは理論の「限界」として忌避された。マルクス主義者はそのような理論の限界を認めない点で、限りなく「信仰者」に近い、と言われてもしかたがない。

だが、すべてのマルクス主義者がそうとは限らない。マルクス主義の立場から、実証的な階級再生産過程に取り組んだポール・ウィリスは、『ハマータウンの野郎ども』［Willis 1977＝1985］のなかで繊細で行き届いた観察をおこなっている。原題を"Learning to Labour: How Working Class Kids Get Working Class Jobs"と題する本書は、労働者階級の子弟――ここではladsすなわち男子青年に限る――がその階級的社会化の過程で、いかに性差別と人種差別とを、自己のアイデンティティのなかに組みこんでいくかを緻密に跡づけている。学校文化と学歴による選別に従順な「耳穴っ子」（できのよい優等生に対する隠語）たちを、「男らしさ」で凌駕することによって彼らは階級の下位文化をみずから主体化していくのだが、そしてその結果、父親と同じ労働者になるという社会的に不利な選択をおこなうことで階層の世代的再生産を果たすのだが、その過程で、彼らは「娘っこ」たちと「少数民族」とを差別化することで自己の優位を確立する。言い換えれば、性差別と人種差別とは、「労働者階級の男性」のアイデンティティ形成にとって欠くことのできない否定項なのである。ウィリスのこの分析は、労働者階級が性差別や人種差別から少しも自由でなく、ことによれば中産階級よりもあからさまな差別者である、という事情を説明する。もちろん、この現象を「抑圧委譲説」（被抑圧者が抑圧をさらに弱い立場の人間にしわよせする傾向）で説明することもできるし、反対に中産階級の一見リベラルな態度を、「偽善」と呼ぶこともできる。

ウィリスは、『イギリス労働者階級の形成』[Thompson 1966]で有名な、E・P・トムソンの弟子である。トムソンは、のちに『ジェンダーと歴史学』[Scott 1988＝1992]の著者、ジョーン・スコットによってその歴史へのアプローチの「ジェンダー・バイアス」を批判されている。スコットによれば、トムソンは「労働者」を最初から男性に限定することで女性労働者を周辺化した。すなわち労働者カテゴリーの形成そのものが「性差別的」であった、という。トムソンにくらべればウィリスは、たしかにジェンダー変数に、より自覚的である。だが、学校文化論のなかでは、ウィリスのこの仕事もまた、「娘っこ」たちの周辺化という点で、性差別的であるという批判をまぬがれない[松井 1995]。ウィリスのこの著作のなかでは、「娘っこ」たちは、「野郎ども」の階級的・ジェンダー的アイデンティティ形成の「影」として利用されているだけであり、それ以上の扱いを受けない。彼女たちじしんがどのように「労働者階級の女性」として自己形成していくかは、ウィリスの立てた問題からは、初めからはずされている。

トニ・モリスンがそのポスト・コロニアル批評で明らかにしたように[Morrison 1992＝1994]、差別とは、何よりも差別者の側の問題である。アメリカ人男性にとっての永遠のビルドゥングス・ロマン、「ハックルベリィ・フィンの冒険」の分析を通じて、モリスンが明らかにするのは、「黒人」とは「寛容」で「高潔」な「ホワイト・アイデンティティ」を確立するために不可欠な影なのだということである。

被差別者のあいだの差別と抑圧を描いてアメリカでベストセラーになったアリス・ウォーカーの『紫のふるえ』[Walker 1982＝1985]は、黒人男性社会のあいだに憤激をひきおこした。黒人社会のなかで生まれ育った女主人公は性暴力と虐待を受けながら、女同士の連帯を見出して自己形成を果たしていく。そのプロセスを感動的に描いた黒人女性版ビルドゥングス・ロマンというべき本書は、同時に黒人社会のなかでの赤裸々な女性差別の実態を暴いたとして、ウォーカーは「階級の裏切り者」扱いを受けた。

被差別者の社会的集団のなかで性差別を問題化することには、しばしば困難がともなう。同じようなことは日本でも、被差別部落の解放運動内部での性差別を問題化するときや、在日韓国・朝鮮人の民族解放運動内部での性差別問題への無理解などにあらわれる。最近では、沖縄の米兵による強姦事件をきっかけに盛り上がった米軍基地反対闘争のなかでも、男性の活動家のなかから、「基地問題を女性問題に矮小化するな」という発言としてあらわれ、女性参加者の怒りを買った。

理由はいくつもある。第一に、「さまざまな差別」のあいだに政治的な優先順位がつけられることである。「より深刻な差別」の前に「とるに足りない差別」が沈黙を強いられる。問題は、この優先順位が集団内の相対的強者の立場から判定されることである。沖縄の女性にとっては、強姦という女性の人権侵害は、「基地問題」や「安保再定義」にくらべて、けっして「とるに足りない問題」ではない。第二に、社会的弱者が抵抗運動をおこなっているときに、集団内の差別を言い立てることは、運動の力を分裂させ足並みを乱す「分派主義」「利敵行為」とみなされることである。第三に、最優先課題が設定された以上、運動内の担い手たちにその目標達成のための自己犠牲と献身が要求される。とくに支配的価値に対して対抗的な集団アイデンティティを形成しがちな少数者の集団では、こうした集団主義と手段主義とがはびこりやすい。そのなかでは、支配的集団以上に露骨であからさまな差別や搾取が横行することさえある。

このような現実のなかで「すべての被差別者の連帯」を強調する理想主義は、かえってそこにある差別を隠蔽する効果がある。ここで必要なのは、むしろ「さまざまな差別」どうしのからみあいをときほぐし、そのあいだの不幸な関係を解消するための概念装置ではないだろうか。

女性と障害者

日本の第二波フェミニズムは七〇年に産声をあげたが、その直後に七二年の優生保護法改悪阻止の運動をめぐって盛り上がりを見せた。明治期に成立した刑法堕胎罪が戦後も引き継がれるなかで、優生保護法のなかの中絶規定のうち、「経済的理由」が拡大解釈されることで、戦後の日本女性は「中絶の自由」を実質的に行使してきたが、法的には今日にいたるまで、中絶の完全な合法化も女性の自己決定権にも、法的根拠は与えられていない(3)。法律の条文は変えずに、その解釈と運用だけで取り締まりを強化したり緩和したりするというタテマエとホンネの乖離を前提とする日本政府の「統治の技術」は、中絶に関してもあてはまる。六〇年代、合計特殊出生率(一人の女性が生涯に産む子どもの数)が四人台から二人台へと急激に減少するなかで、いわば「成功しすぎた出生率抑制」に対して、将来の労働力不足や国力低下を憂える財界や、「生長の家」に代表される宗教的保守派の議員から、「経済的理由」を削除するという優生保護法「改正」案が国会に提出されようとした。ウーマン・リブのグループは「産む・産まないは女(わたし)が決める」という標語を掲げてこれに抵抗し、女性の「中絶の権利」を守ろうとした。出産・育児を私事化した近代社会にとっては、女性の身体の管理は「性の政治 sexual politics」の核心である。裏返して言えば、女性にとって身体に関する自己決定権と「再生産の自由 reproductive freedom」は、絶対に譲れない生命線だった。

だが、リブの主張に対して思わぬ伏兵が登場した。女性の「中絶の権利」に対する、障害者団体の批判である。胎児の生命尊重派や保守派に対して反駁の準備があった女性たちも、社会的弱者だと思っていた自分たちに対して、さらに弱い立場にあると思われた障害者の立場からの批判には虚を衝かれたと言っていい。七〇年代はじめには、「コインロッカー・ベイビー」のような子捨て・子殺しの事件が報道され、無力な生命に対する加害者としての女性が問題化されていた。

初期のリブがスキャンダラスに「子殺しの母」を擁護することで、被抑圧者が加害者になるメカニズムを早い時期から見据えていたことは記憶されてよい。リブはけっして「被害者の正義」を一方的に言い立てる運動ではなかった[上野 1994b]。同じ態度は、障害者からの批判に対しても貫かれた。

七〇年代は生殖技術の黎明期でもあった。羊水検査で胎児の性別や障害の有無が判定できるようになった。その背後にはもちろん、少子化の趨勢がある。「少なく産んで、確実に育てる」ことがカップルの要請となっていた。羊水検査を受けるか受けないか、検査で望まない性別の胎児や、障害のあることがわかった場合に、妊娠を継続するかどうかの選択が可能になった。それに対して「障害者は生まれる前に殺されるのか」という声が、障害者団体から挙がったのである。

障害児を産んだカップルが、しばしばその子どもの死を願う事実は指摘されている。障害を負った子どもをもった両親が、その障害ごと子どもを受け入れようとする過程にはいくつかの段階がある。第一の段階は混乱と事実の否認である。「おれの子にこんな子ができるはずがない」とか「うちの家系にはこんな子が生まれるはずがない」として事態への直面を避け、あまつさえ責任を転嫁して危機を回避しようとする。障害児を産んだことで離婚を強制される妻さえいる。第二の段階は自責と抑鬱である。「この子を殺していっそ自分も」という自殺企図や一家心中はこの時期に起きる。第三の段階は治療や矯正への熱中や献身である。この段階でも「障害がない」ことがよいという支配的な価値を親はまだ内面化している。第四の段階に至って「回心」とも言うべき価値の転換が起きる。その後にようやく受容と共生の段階がくる[要田 1986]。(4)

多くの親は「五体満足」や「一人前」という支配的な価値を、ふつうの「健常者」として内面化している。障害児を肯定的に受け入れるためには、この価値から「回心」を図らなければならない。この変化は、段階ごとに確実に起きるわけではなく、ゆきつもどりつの迷いの多い試行錯誤の過程であることを、障害児の親との面接臨床の現場から、要田洋江は説得的に論じている[要田 1999]。

多くの女もまた、「強さ」や「たくましさ」という支配的な価値を内面化している。夫選びの基準もこの支配的な価値を反映したものである。男性中心的な社会が女性を「二流市民」に貶めるとき、この価値観を内面化して自分自身に「二流の性」として低い自己評価しか与えないのもまた、女性自身である。差別のもっている深刻な問題性は、差別が外在的に存在するだけでなく、内在的にも存在すること、すなわち支配的価値の内面化が起きること、ハバーマス流にいうなら「生活世界の植民地化」が起きることである。差別による「人間的尊厳の侵害」を主張する以前に、当事者が自尊の感情をもてないことが、差別が被差別者にもたらす破壊的な効果のひとつである。

フェミニズムのなかには事実、「男にできることは女にもできる women can do it all」と主張するエリート主義的なものがあった。日本の第一波フェミニズムのなかにも、「よい子を産んで国家に貢献する」という優生思想があったことは、八〇年代以降のフェミニズムのテクストの読み直しのなかで問題にされている。母性主義もまた、「よい子を産む資格のない女は子どもを産むべきでない」という「優勝劣敗」のエリート主義と容易にむすびつく[鈴木(裕) 1989b;古久保 1991;上野 1995c]。

障害者団体は、フェミニズムのなかに潜在する優生思想を批判した。だが、これに対して日本のリブは、加害者としての自己を問い詰めることで、一種の「回心」を表明する。だが、フェミニズムが「回心」したという言い方は、ほんとうは正確ではない。フェミニズムは、障害者からの批判によって「回心」したというより、支配的な価値(男性中心的な価値)からの「回心」によってあらかじめ成立していたのである。リブは、被差別者同士が擬似的に対立させられてしまうメカニズムを乗りこえようとした。

ひとつのケーススタディ

ここで女性と障害者の問題をめぐって、「複合差別」のひとつのケーススタディをしてみよう。女性であり「障害者」でもある安積遊歩《あさかゆうほ》の半生記『癒しのセクシー・トリップ』[安積 1993]は、同時に障害者フェミニストとしての彼女の雄弁な「回心」の記録でもある。

女性障害者にとってジェンダーは混乱と困難に満ちたものである。女性障害者として彼女は病院の検査技師や施設の職員などからセクシュアル・ハラスメントを受ける。そこでは女性障害者は性的な存在として、かつ無力で抵抗力を奪われた障害者として、二重の抑圧を経験する。同時にもう一方では、女性障害者は性的存在であることを否認される。初潮を迎えると同時に、介護者にとって手間のかかる存在として、また優生思想から妊娠を避けるべき存在として、セクシュアリティを否定される。思春期の女性障害者には、本人の同意を得ずに子宮摘出手術が施されることさえある。性的な価値で図られる「女らしさ」から排除され、恋愛もセックスも縁がないものとみなされる。ましてや結婚や出産は論外である。すなわち一方では性的な存在であることを否認され、他方では性的な存在であることを搾取されるのである。

性的存在であることを否定された女性障害者にとって、性的主体性の獲得が自己実現の課題となる。だが、女性にとって性的主体性の獲得のためのシナリオがあまりに限定されているために、「『女性としてのしあわせ』は、障害をもつ女性の場合、まっすぐに「結婚」にいってしまいがち」だと、「結婚」にこだわった自分自身の過去をふりかえって安積は言う。

「自分の生きたいように自由に生きていいんだ」ということで、まずはがれたのは「障害をもっていること」の抑圧だった。「障害をもっていても自由に生きていいんだ」と。それは私にとって、障害をもっていても、「自分は女性である」とか「女性として見られたい」とか「女性としてのしあわせをえたい」とかを公

言してもいいんだ、ということを意味していた。［安積 1993：174］

「女性としてふつうのしあわせをえたい」という至極まっとうなのぞみは、「女性のしあわせ」が家父長的に定義されているところでは、「女性としてふつうの抑圧を受けたい」ということと同義になる。女性としての性的主体化ののぞみは、皮肉にも女性としての抑圧をみずからすすんで主体的に選択する結果につながりかねない。女性障害者の場合、性的主体性が否認されているだけにかえって逆説的に、その獲得が短絡的にめざされてしまいがちであることを、安積の例は示している。

かくして実際に結婚した安積は、家事をめぐる夫とのあいだの性別役割分担や、「家」や「嫁」の重圧とまともに向き合うことになり、結果としてこの結婚を離脱する。もちろんセクシュアリティを否認されることの抑圧と、セクシュアリティを「妻として」搾取されることとの抑圧の、どちらがましか、などと問うても意味はない。高くついたこの経験をつうじて安積がたどりついたのは、自分のセクシュアリティを否認しないまま、それを制度化するという抑圧を拒否することであった。このプロセスは多くのフェミニストにとってなじみぶかいものである。だが、この「回心」は、いっきょには起きなかった。彼女が「障害者」としての自己否定感から「回心」を果たしたあとも、「女性」としての自己否定感から「回心」を果たすためにはべつな経路が必要だった。このことが示唆するのは、障害者差別と性差別とは異なった原理で組み立てられており、一方の解放が自動的に他方の解放につながるわけではない、ということである。べつな角度から言えば、障害者の解放もまた、男性障害者の言葉で定義されており、女性障害者については語ってこなかった、ということでもある。

エスニック・マイノリティと女性

女性・障害者のように複合的な差別が相互に強化しあい、一方から脱けだすことが逆説的に他方の差別を強めるというような論理のねじれが起きる場合だけではない。複合差別のなかでは、女性・障害者のように、社会的に周辺化された集団のなかでさらに女性が周辺化されているという重層化だけでなく、マイナスとマイナスとが掛け合わされてプラスになるような逆転が起きることもある。少数民族の女性の場合がそうである。

アメリカ合州国のエスニック・マイノリティのあいだでの人種間通婚のデータによれば、日系アメリカ人のあいだでは、女性のほうが人種間通婚の比率が高く、男性のほうがより集団内婚的であることが知られている。日系女性の通婚相手は白人種が多く、なかでもユダヤ系のような白人社会のなかでも周辺化されている人々が多い(5)。他方、日系男性は同じ日系女性と結婚するだけでなく、他のアジア系アメリカ人女性とも通婚するが、その相手は韓国系、中国系などである。人種間通婚のマクロデータは、現在のアメリカ社会における各エスニック・グループの社会的地位を反映した人種間上昇婚のパターンを示している。

したがって女性は通婚によって人種間階層を上昇する機会を、男性よりもより多くもつことになる。だが、この戦略が、当の女性にとって「抑圧からの解放」であるかどうかは、まったくべつの問題である。集団外婚によってたしかに女性は、少数民族集団内部の性差別構造からは脱け出せるかもしれない。だが、婚入した新たな優位集団内部で、彼女(と彼女の子ども)は生涯にわたって少数民族としての有標化を受けつづけるだけでなく、優位集団内部の家父長制の抑圧構造に、より抵抗力の少ない弱者として組みこまれることになる。上昇婚のメカニズム自体が、あらかじめ家父長的なものだからである。結婚がブルデューのいうように、家族や個人にとって「資源最大化戦略」であったとして、このゲームでもっとも合理的な選択をしたはずの個人が、そのシステム自体の抑圧構造の再生産に手を貸している例は枚挙にいとまがない。

人種間通婚の例では、女性作家によるいくつかの文学作品が強力な例証を提供してくれる。芥川賞作家の米谷ふみ子の『過越しの祭』[1985]は、ユダヤ系アメリカ人と結婚した日本人女性が、夫の親族コミュニティとのあいだで経験する確執が執拗に描かれる。ユダヤ系社会に家父長制が根強いことはよく知られている。日本の家父長制から逃れるという主人公の選択は、新たな家父長制に組みこまれることを意味していた。

若手の作家では、野中柊の『アンダーソン家のヨメ』[1992]が、リベラルな白人一家に少数民族のヨメとして迎えられる困惑を描いている。日本社会では女であっても日本人という支配的集団に属することを疑わなかったナイーヴな主人公は、アメリカ白人社会のなかでの自分の少数民族としての地位にしたたかに気づかされ、夫の家族のあたたかい歓迎にも、庇護者的な温情主義を感じてしまう。

人種・階級・ジェンダーの錯綜を描いて圧巻なのは、有吉佐和子の『非色』[1967]である。敗戦直後の日本を舞台にしたこの作品では、占領軍の米兵相手の娼婦をしていた主人公が黒人米兵と結婚して「戦争花嫁」としてアメリカに渡る。「パンパン」と呼ばれ性を売っていた彼女たちが、社会的にスティグマ化されていたことはたしかだが、飢餓状態に苦しめられていた敗戦後の日本では、缶詰や毛布などを軍のMPから入手できる個人的なアクセスをもつことは特権でもあった。ことに戦死で夫や父を失い、女手に頼らなければならない世帯では、性を売って家族を養う女性は一家のたのもしい稼ぎ手であり、家族も彼女の仕事を非難できない状況にあった。そのなかでも「オンリー」といわれる特定のパートナーとの関係をつくって占領者と結婚にまでこぎつける女性は、たんなる娼婦とちがって、幸運と思われたのである。

当時の日本人がアメリカ国内の人種差別を知らなかったわけではない。だが戦争中の「鬼畜米英」のプロパガンダを見ても、日本社会がアメリカを白人社会とみなし、多人種社会とは認識していなかったことはあきらかである。日本人の多くにとっては、大量の「外人」に物理的にさらされること自体がはじめての体験だっただけでなく、アフリカ系アメリカ人に直面することも歴史上希有な経験であったにちがいない。大江健三郎の『飼育』[1958]は、戦後に書かれているが、戦時下の捕虜拘束事件に題材をとって、生まれてはじめて黒人兵を見た四国の山中の村人たちが、「この男は敵であるはずがない、なぜならかれは黒人だから」という奇妙なロジックを行使する経緯を描く。村人たちの論理のなかで、敵対する社会のなかで差別されている存在は敵ではない、と「敵の敵は味方」というような逆転の論理が働いていたとは考えにくい。そのためにはアメリカ社会の人種差別についての情報と知識が必要だが、それをかれらがもっていたとは考えられないからである。というより「敵は白人」のイデオロギーのなかに、黒人の居場所がなかったというだけのことであろう。だがこの「敵国」

と人種のねじれは、村人たちのあいだにこの捕虜に対する奇妙な親しみと寛容さをもたらし、それが物語を展開させる。

占領軍のあいだでも黒人兵は差別されていた。それはかれらが出入りするバーや慰安所が白人兵から隔離されていたことからもあきらかである。日本女性はそれをじゅうぶんに知っていたが、それでもなお、占領軍の圧倒的な物量の支配力の前には、兵士のあいだの人種差は相対的に小さなものと映った。それに徴兵を受けた若い兵士のあいだでは、軍隊内平等主義が実現しており、多くの黒人兵が外部の社会より軍隊のなかでは相対的に人種差別が少ないと感じたことも事実である。

『非色』の女主人公は、結婚してアメリカに渡るが、移住したところがニューヨークのハーレムという貧しい黒人地区であることにショックを受ける。敗戦後の日本では圧倒的な強者であった夫も、本国に帰ればただの社会的弱者にすぎない現実に、彼女はまったく無知であった。女主人公の友人は、女主人公と同じ頃、プエルトリコ人の米兵と結婚して、同じく「戦争花嫁」としてアメリカに渡る。人種差を肌の色でしか区別できない日本人のあいだでは、「相対的に白い」プエルトリコ人と結婚した女友だちは、黒人兵と結婚した彼女に対して優越感をもつが、ニューヨークに渡ってみると、プエルトリコ人が人種的に黒人よりも低い地位に置かれていることに初めて気づく。ハーレムの現実に直面して衝撃を受けている女主人公にとって、女友だちとの優劣関係が逆転したことがわずかななぐさめになるほど、人種間の関係は錯綜している。夫の失業や夫婦間の葛藤を経て、女主人公は自立のために働きに出ようと決意し、彼女が身に着けたわずかな社会的資源のひとつである英語力を生かそうとある職場の面接試験を受けるが、その場で彼女の英語に黒人社会の訛が強くビジネスに向かないと判定され、強いショックを受ける。

『非色』は今日、その人種差別性を批判されているが、人種差別を描いたからといってその作品が即人種差別的というのは当たらない。『非色』の女主人公は、たしかに人種差別的にふるまっているが、有吉はそういう主人公を造型することで、人種・階級・ジェンダーのあいだの一筋縄でいかない関係をシミュレーションするという知的な実験をおこなった。むしろ一九六七年という早い時期に、人種・階級・ジェンダーの錯綜を描いた先駆的な作品として、有吉のこの作品は評価されるべきであろう。

差別の複数性

これまで述べてきたことを理論的に整理してみよう。

差別にはその複数性によって次の種類が分けられる。

(1) 単相差別
(2) 重層差別
(3) 複合差別

(1)単相差別は差別の次元が単一であるものをさすが、現実にはこのケースは少ない。人種やジェンダーなどの差別は、しばしば経済階級と結びついている。(2)重層差別は多元差別と呼びかえてもいい。複数の次元の差別が重層化し、蓄積している状態である。(3)複合差別は、多元差別のうち、差別相互の関係にねじれや逆転があるものをさす。

となれば現実には、私たちは複数の差別のあいだの関係を扱わなければならないことになる。これにも論理的には次の類型を考えることができる。

(1) 優位集団 majority と社会的弱者集団 minority との関係(いわゆる差別)
(2) 社会的弱者集団間の関係(相互差別)
(3) 社会的弱者集団内の関係(重層差別・複合差別)
(4) 社会的弱者集団に属する個人のアイデンティティ複合内部の関係(葛藤)

(1)から(3)まではもはや説明を要さないであろう。(4)はもっと精緻に理論化される必要がある。そのための第一の前提は、個人のアイデンティティが少しも統合的なものでなく、一貫してもいない、という「アイデンティティ」概念の変革である。多元的な現実を生きる個人は、多元的なアイデンティティ複合を文脈に応じて生きており、そのアイデンティティ複合内部の関係はかならずしも「同一性」では記述できない。これは長らく「自己同一性」と訳されてきた「アイデンティティ」概念にとっては、一種の論理矛盾だが、ゴフマン以降の「自己呈示 presentation of self」理論からは目新しい概念ではない。ジェンダー理論の側からも、ジュディス・バトラーは「パフォーマティビティ（行為遂行性）としてのジェンダー」[Butler 1992]という概念を提案している。バトラーの観点からは、「アイデンティティ」とはたんに継起的なパフォーマンスの「効果」として事後的にもたらされるものにすぎず、その「一貫性」を予期することでジェンダーという制度が再生産されているのである。ここまでくれば、私たちはこの概念が社会学でいう「役割」の概念にすこぶる近いことに気づく。

第二の前提は、個人が生きる多元的現実が、非対称的な権力関係で成り立っているという事実である。べつな言葉で言い換えれば、行為者がそのつど場面場面で従うパフォーマンス規則には、あらかじめ権力関係が埋めこまれており、「対等な」役割関係とは夢想にすぎない、という現実である。そしてフェミニズムほど、性別という役割関係のなかにある非対称性を徹底的に暴いてきた思想はない。そして性別を「性役割」に解消することによって差別と抑圧とを隠蔽してきた社会学の政治性をも、フェミニズムは告発してきた。社会学だけではない。あらゆる学知を政治化 politicize することに、フェミニズムほど急進的であった思想はないといってよい[上野 1995b]。

ここで暫定的に与えられている「葛藤」という概念は、これまで「役割葛藤 role conflict」と呼ばれてきたものと似ている。だが、役割葛藤という概念は、役割の遂行にともなう権力関係を不問に付した。その背後にあったのは、「相互に対等な行為者」という近代主義的な幻想であり、その幻想が隠蔽した男性中心的な権力関係である。複合差別のなかで、当事者が経験している「葛藤」は「役割葛藤」のようなナイーヴなものではない。自己評価をめぐる優位と劣位とがせめぎあい、逆転しあう、自己を場とした権力ゲームなのである。「複合差別」に対する関心は、近年、適切な概念を欠いたまま、高まっているように見受けられる。ここではいくつかの主要な社会的変数に限って、そのあいだの「複合差別」をめぐる研究動向を見てみよう。

ここで挙げるのは、階級・性別・民族・障害の四つである。その四つのなかから二つを選ぶ組み合わせには六通りある。さらにそのあいだに因果関係を双方向に考えれば、6×2＝12通りが考えられる[図参照]。

(1) 階級→性別

すでに論じたとおり、社会主義婦人解放論や唯物史観がどのようにジェンダー変数を隠蔽する効果があったかについては枚挙にいとまがない。

(2) 性別→階級

ひとつのカテゴリーが成立することによって、そのカテゴリー内部の差異が抑圧され、隠蔽される効果についてはフェミニズムも例外ではない。フェミニズム初期の代表的著作、ロビン・モーガンの"Sisterhood Is Global"[Morgan ed. 1984]は、そのオプティミズムのゆえに多くの女性に歓迎され、同時にポストモダン・フェミニストたちのきびしい批判の標的となった。

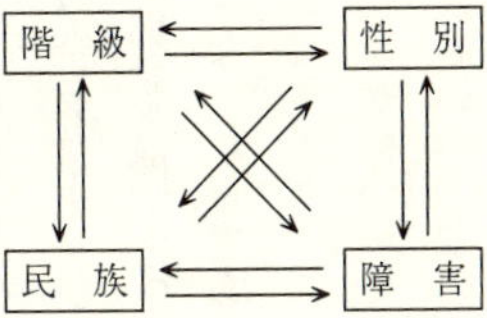

(3) 性別→障害

女性の「生殖の自由」が障害者の「生きる権利」を侵す、という議論についてはすでに見てきたとおりである。

(4) 障害→性別

だからといって、障害者がつねに弱者であるとは限らない。障害者のあいだにも性差別はある。たとえば、先述したように、障害者にとって「結婚」は男女ともに「ふつうの生活」のひとつのゴールとなっているが、障害者と「健常者」との組み合わせのうち、男性障害者と女性健常者の組み合わせのほうが、女性障害者と男性健常者との組み合わせより多い。女性性が自己犠牲や献身と結びついているために、女性健常者が「世話労働 care work」を担うことに、当事者の男女だけでなく、社会的にも抵抗が少ないからである。中途障害者の場合は、女性が中途障害者になった場合のほうが離婚に至るケースが多い。アルコール依存症の患者とその配偶者とのジェンダーの組み合わせについても同じことが言える。また最近、性の商品化の動向のなかで、男性障害者の「性欲の処理」に介護者が協力すべきかどうか、具体的に言えば、男性障害者がソープへ行くための介護をするべきか、が問題となっている。男性障害者にも「性の自己決定権」は認められるべきである。だが、買春が金銭を媒介に他人の身体を性的に使用する「手を膣に持ちかえたマスターベーション」[金塚 1982]の一種だとするなら、そのような家父長的な抑圧の構造を前提にしたうえで、男性障害者がそれに加担することをサポートしてよいのか、という問題が残る。また「性的弱者」論は、女性の性的弱者に対しては、どのように対処するのであろうか。

(5) 民族→性別
アリス・ウォーカーの『紫のふるえ』に対する黒人男性の反応に典型的に見られる。

(6) 性別→民族

ここではふたたびアリス・ウォーカーを例として挙げよう。一九九二年、ウォーカーはふたたび論争的な書物、『喜びの秘密』[Walker 1992＝1995]を著した。この作品で、彼女はアフリカ社会の女性性器切除を女性に対する深刻な抑圧として問題化したが、『紫のふるえ』では多くの女性の共感を招いたウォーカーも、新しい著書ではアフリカ女性たちの怒りを買った。黒人社会の性差別を告発するには、彼女は当事者であったが、アフリカの女性性器切除については、「アメリカ人」として啓蒙的な態度をとったというのが批判の理由である。自国内部の南北問題には敏感なウォーカーも、国際関係のなかでの南北問題となると先進国女性の限界を露呈するという苦い例である。(6)

(7)　階級→民族

被差別部落を階級差別のひとつと数えるのは不適切かもしれない。だが、ここでは部落差別と民族差別のあいだの不幸な過去を例としてとりあげよう。一九九四年に金静美(キム・チョンミ)の労作、『水平運動史研究』[1994]が刊行された。この著作のなかで金は、水平社の指導者であり、戦時下の翼賛国会の衆議院議員であった松本治一郎が、植民地主義的な侵略を積極的に支持したことを執拗に追及している。松本と水平社の戦略は、被差別部落民の「聖戦」への貢献によって「国民」としての権利を獲得しようとするナショナリスティックなものであった。一九九五年五月、部落解放同盟は戦後五〇年たって初めて松本をはじめとする戦時中の水平社の民族差別の「あやまち」を正式に認め、謝罪するという手続きをとった。この背後に金の著作のような告発の努力があったことはたしかであろう。

(8) 民族↓階級

戦時下の翼賛体制のもとでは労働運動は徹底的に弾圧され、「国民」の名のもとに階級的な差別は隠蔽された。ナショナリズムにとって階級概念は、一体であるべき「国民」に分断をもちこむ危険思想であった。

(9) 階級↓障害

フランス革命時に、新興のブルジョア階級が旧支配層を貶めるために当時成立しつつあった新しい科学的知見である遺伝学を利用したことは知られている。それによれば貴族層は長い年月にわたって近親交配をくりかえしてきた結果、肉体的にも精神的にも劣った個体が増えた、という反貴族プロパガンダが広まった。狂気や精神薄弱は遺伝性のものとみなされ、異なる階級の血統の劣位を主張するために遺伝学が使われた。他方ではブルジョアジーは、犯罪者のような社会的逸脱者も遺伝性のものとみなすことで、貧困層や下層階級の差別にも利用した。

(10) 障害↓階級

障害をもった個人が優位の階級に属することはよくある。経済力があったり召使いがいれば、障害をもったまま生きることはそう困難なことではない。だがそれはしばしば妻や従僕の犠牲において達成される。D・H・ローレンスの『チャタレー夫人の恋人』はその例であろう。身体障害者の貴族の夫をもったチャタレー夫人は抑圧されたセクシュアリティを森番の男によって解放される。だがここでも女性や下層の男性が「身体」や「自然」と結びつけられている点で、そしてセクシュアリティが秩序破壊的な力をもつと作家によって観念されている点で、『チャタレー夫人の恋人』は、近代的な男性中心主義のコードがつくり出した物語である、と言うこともできる。

⑾ 民族→障害

民族や人種が特定の身体性と結びつけられるのはよくあることである。身長や体格のみならず、脳の容量や知能、精神障害や神経症までが民族と結びつけられた。世紀の転換期のパリ万国博覧会では「原住民」を会場に連れてきて、身体標本として陳列する、ということまでおこなわれた。逆に「劣等民族」と思われた側では、国民の「人種改良策」のために、優位文化である白人と通婚することが勧められた。明治初期に表れた「余は貴女諸君に告ぐ、日本男子はまことに甲斐なきものなり、西洋人に嫁したまへ」(咄口居士「貴女諸君に告ぐ」『日本之女学』一二号、一八八八年)という言説も、この「人種改良論」の一例であろう。

障害者の集団のなかにも性差別、部落差別、民族差別は存在しないわけではない。

⑿ 障害→民族

むしろ「障害」ということに一般化しにくい「個性」に対して、「さまざまな障害」がわずかな差異をともなって微細に細分化され、障害者のあいだに「あの人よりはまし」という差異化がおこなわれやすい。障害者は民族や性別のように集団的アイデンティティを形成しにくい。

以上の類型とそのなかのさまざまな事例は、とりあえず思い浮かぶ例証にすぎない。これだけのシミュレーションをしてみるだけでも複合差別間の関係が一筋縄ではいかないことはよくわかる。さらにこの四つの変数のなかから三つ以上を取り出す組み合わせを考えるとなると、問題はもっと複雑になる。ひとつの変数を他の変数が強化し、もう一方で残る変数が補償するというこみいった関係も考えられる。

たとえば、円高ニッポンの高学歴女性が黒人男性と関係してニューヨークに住むと仮定しよう。彼女は「アジア人女性」として黒人社会のなかでも差別を受けるが、他方でカネづるとしてボーイフレンドに頼られ搾取される。貧弱な語学力のために男に頼らざるをえない一方で、殴られ貢がされていながらふかく内面化された「女性性」

がもたらす「共依存」のために男を離れられない。経済階層のうえでは優位にいながら、人種と語学力の資源のうえで少数者集団として劣位におかれ、他方で「女らしさ」の価値規範から、男を何とか自分の手で立ち直らせたいと過度の献身にはまってしまう。……家田荘子の『イエロー・キャブ』[1991]には、このような分析があてはまりそうなケースがいくつも出てくる。(7)

ここで変数を四つに限定したのは私の非力のせいであって、他の変数が重要でないことを意味しない。他に重要な変数としては、年齢やセクシュアリティを挙げることもできる。これらのカテゴリーはどれも歴史的なものであり、したがってその重要度もまた歴史的文脈に応じて変化する。たとえば性別という変数が「前景化」してきたのは「階級」という古典的な変数が相対的に重要性を失ったから(もしくは失われた社会で初めて)であり、この変数もまたやがて他の変数にとってかわられるかもしれない。必要なのはむしろ、ＤＮＡや解剖学に還元されがちな決定論的思考や本質主義に対して、諸カテゴリーを徹底的に「歴史化 historicize」することであろう。

歴史的に固有の差別、たとえば被差別部落を職業差別の一種として階級変数の下位カテゴリーとみなしてかまわないのか、それとも「血統」を重視するイデオロギーと結びついているために「民族」の変種と考えていいのかという、分類上の問題も起きる。それよりも他のどれにも還元不可能な独立した変数として扱うべきだという議論もありうる。歴史的な差別は、複数の次元の変数と結びついているために、一元的な変数にカテゴリー化することがむずかしい。被差別部落の場合も、江戸時代には職業階層に結びついていたのに、むしろ明治以降血統主義的な色彩がつよくなったとも言える。さらに中世にさかのぼれば、網野善彦は『日本中世の非農業民と天皇』[1984]のなかで非農業民の職能団体が「縁起書」を捏造することで、みずから血統主義のイデオロギーを利用したことを論じている。だとすれば、特定の差別を超歴史化することで、逆説的に運命視してしまうより、当該の差別が置かれた歴史・社会的コンテクストのなかでのマクロ、ミクロ・ポリティックスを考えていくべきだろう。

分類の困難は、売春婦差別のような場合にも起きる。これは職業に結びついた階級差別の下位カテゴリーなのか、それとも「娼婦ラベル」のスティグマ性として、セクシュアリティやジェンダーにより結びついているのだろうか[川畑 1995]。変数の次元が複合的にからみあう場合には、ひとつの次元の劣位を他の次元の優位が補償するというイデオロギー的粉飾が起きる。たとえば祇園の芸妓をフィールドワークしたことで有名になったアメリカ人の女性人類学者、ライザ・ドルビーの『ゲイシャ』[Dalby 1983]は、賤視されていた彼女たちが「自立した働く女」として性的自由や経済的意思決定権を行使し、専業主婦たちを逆に蔑視していたことを指摘する。ドルビーは限られた社会的ニッチのなかでの当事者による自己正当化をあまりにナイーヴに追認することで、性の商品化そのものを免罪するが、その正当化の過程で芸妓と主婦とは擬似的に対立させられる。そして女性のセクシュアリティを快楽と生殖とに分断した当の家父長制の支配構造そのものは不問に付されるのである。いずれにしても権力関係の次元が複合的に交差しているところでは、理論的なレベルをたんねんに分離することでより緻密な分析をする必要がある。

さらにミクロなアイデンティティに立ち入れば、「目に見える変数」と「目に見えない変数」とを区別することもできる。ゴフマンのいう「パッシング passing（なりすまし）」が通用してしまうような変数（白人社会のなかのユダヤ人、日本人社会のなかでの在日韓国・朝鮮人、あるいはカムアウトしないゲイやレズビアン）の場合には、パフォーマンスの場面ごとの力学はさらに複雑になる。その権力のゲームから被差別者はけっして自由ではない。それどころか限られた社会的資源を総動員して、場面ごとに相対的な優位に立とうと努力する点では、社会的弱者の集団のほうがさらに戦略にたけているとも言えるのだ。(8)

解放の戦略

にもかかわらず希望がないわけではない。それは被差別者の集団が反差別の運動をおこなうときの戦略に驚くほどの共通性と、相互の影響関係が認められることである。

第一は、支配集団に対して報復や逆転の発想をとらない、ということである。在日韓国・朝鮮人二世である高史明(コウ・サミョン)は、敗戦のとき、すなわち韓国・朝鮮人にとっては「解放」のときに、日本人に対して「ざまをみろ」という高少年をさとして、戦時中に日本人から耐え難い苦しみを受けた父親が、「やられたらやりかえせ、というやりかたを私たちはとらないのだよ」と言ったエピソードを印象的に記している[高 1974]。権力の論理を逆転するだけでは、支配的な集団が入れ替わるだけで、解決にならない。必要なのは権力のゲームを解体していくことである、という点で社会的弱者のあいだには合意が形成されているように思う。

第二に、「キャッチアップ(成り上がり)」戦略をとらないことである。支配集団のようになることが、平等や解放のゴールなのではない。というのも、キャッチアップ戦略は、基本的に支配集団の価値を受け入れることを前提に成り立っており、それこそが生活世界の植民地化の根拠だからである。キャッチアップ戦略では差別を構造的に生み出すメカニズムそれ自体を解体することにはならない。

この「キャッチアップ」には、個人としてのキャッチアップもあれば集団としてのキャッチアップもある。個人としての成り上がり(出しぬき)は、集団への裏切りとしていみきらわれる。また被差別集団のなかにはしばしば相互扶助のような集団的原理が働いているために、ひとりだけそこからぬけがけしたい個人は、しばしばその内集団倫理を裏切らなければならない。アメリカではこのところ黒人中産階級の増加が指摘されているが、彼らは白人中産階級の社会で周辺性を維持したまま、もとの黒人コミュニティからも孤立することで困難な立場に立たされる。ぬけがけがダメなら、集団として階層上昇する戦略も考えられる。女性に学歴や資格をつけたり職業訓練を受けたりするようすすめる戦略はそのひとつである。アメリカのような移民社会ではこの戦略は有効性をもっているかもしれない。事実、過去二〇年間のアメリカ白人中産階級女性の相対的な地位の上昇は、それより低学歴・低階層の少数民族集団が彼女たちの集団的地位を押し上げることによって可能になった。もちろん、彼女たちはすべての社会的集団にこのキャッチアップ戦略は有効だ、と主張するだろう。だが、ブルデューが指摘するように、すべての社会集団が階層上昇を果たした暁には、階層間の相対的格差はそのまま温存される結果になる。

「キャッチアップ」戦略に批判的なのは、デルフィやミースのようなヨーロッパのフェミニストである。(9)「男性」が「差別する者」として定義されているところでは、女性が男性と同じように「差別する者」となることをめざすのは、論理的に矛盾しているだけでなく、実践的に不可能である。

だが「平等」が支配集団の言葉で定義されているために、しばしば「平等」のゴールは「支配集団なみになること」と理解されがちである。そのようにしてフェミニストは「男なみになりたい女」の別名だと「誤解」されてきたし、その誤解にもとづいて一見「リベラル」な男たちからは、「男のようになっても何にもいいことはないのに、愚かな女たちよ」と逆に哀れまれてさえきたのだ。いずれも誤解とそれがもたらす差別の増幅というほかない。ここにあるのは支配集団が自己の言語でしか被差別者集団の「解放」を定義することができない、という限界である。

第三は、被差別者の運動が差異の解消ではなく、差異の承認に向かっていることである。そこでは非対称的な権力構造を離れた多様性の承認がいかに可能か、が共通に問われている。だがそのためにはいったん本質主義的な「区別」と見えたものを、それが埋めこまれた権力構造のなかで徹底的に「差別」として洗い出し、文脈を政治化することが求められている。そのプロセスを欠いた多元文化主義が、リベラルポリティックスの見かけの背後で既存の権力構造を温存してしまう危険については、つとに指摘されている。

そして第四に、私には以上のすべての論理的な帰結のように思われるのだが、「すべての被差別者を一挙に解放する」アレクサンダーの剣のような一般理論、または普遍主義への禁欲、または拒否がある。さらに言えばそれが適用可能な「抽象的で対等な個人」という普遍的観念も放棄することである。ここにあるのはさまざまな多元的現実を生きる個人が経験するさまざまな差別という「生きられた経験」であって、それは当事者の言語によって定義され、構成されるほかない。被差別者の解放思想が共通にもつのは、他者によって「生きられた経験」の多様性に対する承認と想像力である。そしてフェミニズムをはじめとするポストモダンの解放思想は、集団内外での「他者の経験」を導きだし、解き放つしくみを内在的につくりあげてきたことはたしかである。その点では、八〇年代以降の「さまざまなフェミニズム」や「マイノリティ・フェミニズム」の動きは、フェミニズムの直接の政治的効果なのである。

(1)　アメリカの社会的少数者の反差別運動のなかで、「弱者の正義」として反論の余地なく主張される立場を揶揄して言う言葉。politically correct 略してPCともいう。

(2) 戦前の日本共産党は非合法下で活動するために、党員の男女を夫婦に偽装して、官憲や近隣の目をごまかそうとした。党の名において党員の女性は男性党員の身のまわりの世話や家事労働、果ては「妻」としての性的奉仕を強いられた。後にこの党の名における女性の差別と抑圧は「ハウスキーパー」問題として問題化された。

(3) 優生保護法は批判を受けて「優生」の用語を廃し一九九六年に母体保護法に移行したが、この法律でも中絶の完全な合法化と女性の自己決定権に法的な裏付けは与えられていない。

(4) 要田洋江は障害者臨床の現場から考察を展開し、のちに本論文を含む単著『障害者差別の社会学』[要田 1999]を刊行している。

(5) 日本人女性がユダヤ系アメリカ人と通婚する割合が高いことについては、ヨーロッパ社会のなかで歴史的に成立したユダヤ人差別に日本人が非関与かつ無知なために、ユダヤ人を他の白人種から有標化しにくいためだと考えられる。

(6) 女性性器切除もしくはFGM(Female Genital Mutilation)に対する先進国フェミニストの自文化中心主義批判については、岡[1995]が詳しい。

(7) 家田荘子の『イエロー・キャブ』(イエロー・キャブはアメリカではタクシーのこと。転じて、誰でもすぐ乗せる、という意味で性的に安易な海外在住の日本女性に対する差別的な隠語)は、その題名とテーマ自体が性差別的であると強い批判を受けた。

(8) 石川准は『存在証明の社会学』[1992]のなかで、スティグマを負った者の「補償努力」

について説得的に論じている。

（9） とりわけミースはキャッチアップ戦略がもつ破壊的な帰結に対して警鐘を鳴らす。すべての発展途上国が現在の先進国なみのエネルギー消費を実現したとすれば、資源危機と環境破壊はとりかえしがつかないレベルに達するであろうからである。

IV

12 〈わたし〉のメタ社会学

なぜ社会学するか?

作家の倉橋由美子はかつて「なぜ書くのですか?」という問いを受けて、「注文があるからです」と答えてひんしゅくを買ったことがある。「文学」の書き手にはなにかしら内面的・実存的な動機がなくてはならない、という命題に彼女が応えなかったからなのだが、もちろん、この端倪すべからざる書き手は、このあまりにも通俗的な問いに逆説的に世俗的な答えを与えることで、たとえ読者がいなくても書きつづける、という貧乏くさい「文学」信仰を嗤ったのである。

なぜわたしは社会学するのか? もちろん「注文があるから」である。わたしは「注文がなくても」社会学しつづけるだろうか? おおいに疑わしい、と言わなければならない。「文学」も「社会学」も、文壇や学界という制度に守られている。制度がなければ多くの研究者は研究をやめるだろう。あるいは制度を維持しつづけるために、逆に制度的な知の再生産が要請され、これに応える人々が登場することだろう。なかには「読者もないのに」書きつづける人々もいるだろうが、それもまた制度のなかに地歩を占めるための予備軍、一種の「徒弟」的な習作として位置づけられることだろう。(1)

もちろんわたしは「注文があるから」この文章を書いている。だが、わたしに寄せられる注文の多くは、「これこれのテーマについて論じてほしい」というものであり、なぜわたしが書くか、については誰からも問いかけられたことがない。

この文章のなかで、わたしは、誰からも注文を受けたことのない問いに答えてみようと思う。それは、「〈わたし〉はなぜ社会学するのか?」というメタ社会学的な問いである。そしてそれは同時に、わたしの多くの同業者たちがひそかに抱えながら答えを保留している問いと重なるはずである。多くの研究者たちは制度的な知の再生産に忙しく、そのようなメタ社会学的な問いを自分に問いかける余裕がないか、さもなくばそれを禁欲しているのであろう。

「文学」と「社会科学」の間

こんな笑い話がある。

旧知の作家と学者が温泉宿でばったり出くわした。学者が作家にこういった。

「羨ましいですな、あなたのお仕事は。原稿用紙さえあればどこでも書けるなんて」

作家は学者にただちに逆襲した。

「あなたこそ。文献さえあれば原稿が書けるなんて」

学者は「想像力＝創造力」という無形の重宝な財産の恣意性を作家に対して指摘したのだが、作家のほうは学者の「想像力＝創造力」の欠如を指摘したのである。この笑い話は笑い話以上の真実を社会科学について伝えている。

誰でも承知していることだが、社会科学は経験科学である。「科学」ということばがふさわしくなければ経験知、と呼んでもいい。「科学 science」の語源はラテン語で広い意味の「知 scientia」にほかならず、「科学」は「知」一般のなかで「近代知」に固有の限定的な性格、すなわち客観性、法則性、論理性、検証可能性等々を備えた特殊な「知」のあり方をさすと考えてもよい。

社会科学が経験知であるということは、それが知の内包のほかに外延、すなわち経験的対応物 empirical referent をもつということを意味する。したがって社会科学は形而上学ではなく、形而下の対象を扱う学問である。社会科学のこの形而下性、言い換えれば此岸性と世俗性は記憶しておいたほうがよい。社会科学とは「この世」の問題を「この世」の手段で解こうとする試みのことである。もしこの世俗性そのものを「近代知」の産物であるとするなら、なるほど社会科学は「近代知」に属する知のひとつであろう。

「経験」とは何か、という問いについては後で考察しよう。ところで「経験知」が経験的対応物をもつということは重要な問題を含んでいる。この経験的対応物はつねに「外延」、すなわち研究者の「想像力」の「外に」求められ、他者によって承認を受けなければならない。社会科学の実定性 positivism —— あやまって実証性とも訳されている —— とは、このような条件をさしている。実定性は「文学」という虚構 fiction に対しては、求められない。文学という表象に経験的対応物があるとすれば、書き手の内面的真実というものであり、それは外からうかがい知ることはできず、ただ表象によってそれとして定位されるだけである。「原稿用紙さえあれば書ける」という言い方は、作家のこの「自由」と「恣意性」をさしている。

「経験知」が自分の「外に」あるとは何を意味しているだろうか。社会科学者とは自分の「外に」あるものを対象とする。社会が自分を含めた他者によって構成されたものだとすれば、社会科学者は自分以外の他者に関心を向ける。その点で作家ときわだった対照をつくると言っていい。作家は自分の「内面」に向かう。もちろん「自己とはもうひとりの他者だ」というレトリックもありうる。だが、そのレトリックが覆い隠すのは、自己にとっての圧倒的な未知、絶対的な謎であるほんものの「他者」である。もういちど「想像力」の用語を使うなら、フランソワ・リオタールの言うように、社会科学者とは「現実の方が想像力よりつねに豊かだ」と認める人物であるといってよい。この背後には「現実」のありとあらゆる可能態を受容する自己のヴァルネラビリティがあるが、それは確信をもった自我とはほど遠いものである。学者が「作家の想像力」を指摘するとき、そこには羨望とともに「自己との対話」で世界が完結することへの批評意識がこめられている。もし「社会学的想像力」(ミルズ)というものがあるとすれば、それは何よりも「他者に対する想像力」のことにほかならない。

「他者への関心」を説明するのに、精神科医と患者の関係を引いてもよい。精神科医療の先端ではすでにだれが病者であるかについての定義は大幅に崩れている。ここころある医者は、「わたしたち患者さんでない者」という表現を用いるぐらいである。「患者」と「正常者」の区別が、しるしつきとしるしなしの区別による欠性対立によるものならば、「正常者」を「患者さんでない者」と否定法で定義するのは論理的にも正しい。ところで「患者」とはだれか? 精神医学の今日的な定義によれば、「患者」とは「自分の状態に苦痛を覚えて援助を求めて専門家のもとを訪れる人びと」のことをさす。世の中には、客観的には似たような状態にありながらその状態を「苦痛」と感じない人々もいれば、また苦痛を覚えても「専門家の援助を求め」ない人々もたくさんいる。そのようにして精神科医のまえにあらわれない人々を、「患者」とは呼ばない。したがって精神科の患者が「潜在的に」何人いるか、という問いはまったく意味をなさない。精神科の「患者」とは、そのようにして自己と他者から「患者」として認知された人々だけをさすからである。時には本人に病識がないのに家族や専門家など第三者による認知だけで強制入院をさせられるケースもあるが、そのような強制的な措置にはしだいに批判が高まっている。ある個人が「病者」として生きるかそれとも「正常人」として生きるかは、その人の状態によるのではなく、その個人を受け入れる社会の許容度による。

わたしは若い頃、精神医学の病跡誌を熱心に読んだが、精神医学の論文から、「患者」の「狂気」についてよりも、未知の他者の名状しがたい経験、納得も説明もできない経験に関心をもちそれを記述する「精神科医」の手つきについて、より多くを学んだ。言い換えれば「患者」とはだれかについてよりも「医者」とはどういう人々なのか、について多くを学んだ。それはこの社会を生きる人々のなかで「社会科学者」とはだれか、という問いに似ている。

精神科の「医師―患者」関係のなかでいったいだれが「医師」でありだれが「患者」であると判別できるのであろうか。医師もまた病者であるかもしれず、精神科医療のもつ一種の共生関係は「病者の共同体」を構成することになるかもしれない。事実、多くの精神分析的治療のもとでは治療者が自ら教育分析を受けることが義務づけられている。精神分析ではかつて「被分析者」であった者だけが「分析者」となることができる、というルールは継承されている。反‐精神医学や解放病棟のような非権威主義的な治療をめざす先端的な精神医療の試みのなかでは、(2)「医師」と「患者」を区別するのは、たんに制度が定義する非対称性、同じ時間を共有しながら一方は報酬を受け取り、他方は支払う、というトランザクションの非対称にしか求められなくなるかもしれない。

だが、制度が与える地位や権力の非対称的な関係のほかにも、「医師」と「患者」を区別する非対称的な性格は際だっている。「患者」とは自己の状態にあくなき関心をそそぐ人々であるのに対し、「医師」とは「他者の状態に関心を持つ人々」だからである。この事実は言説のうえで圧倒的な非対称となってあらわれる。

第一に、「患者」は自己のことしか語らず、相手の状態に関心を払わない。他方、「医師」は「患者」という他者に関心を払うが、自己を語らない。言い換えれば「患者」とは「自己に憑かれた人々」、「医師」とは「他者に憑かれた人々」と呼んでもいい。この「患者」と「医師」の対照は、「作家」と「学者」の関係にきわめてよく似ている。

第二に、にもかかわらず、「患者」の言説を記述し、統制し、解釈する「言説の権力」は「医師」という専門家の手にある。この権力は主として、より上位の専門家集団の言語を共有し、それとコミュニケートする能力に依拠している。もしこの言説の能力を「患者」自身がもっていれば「患者」は「医師」を兼ねることができるはずである。この「共有知」の問題はあとで論じよう。

最後に「専門家」による言説行為がほんとうに「治療」なのか？という問いが残る。精神科医療の「治癒率」は言説の説明能力に依存していない。もし「治癒」の意味するところが「正常な(と思われる)社会生活への適応」によって定義されるものならば、専門知の説明能力の有無にかかわらず、「治癒」は起きることもあれば、起きないこともある。ほんとうのところ精神科医療における「治癒」とは何かは、じゅうぶんには定義されていない。「専門家」は診断し、解釈し、説明するが、それは自分の属する言説の共同体に向かってそうするのであり、「患者」に対してそうするのではない。むしろ「治療」の名において「医師」のおこなう最大の行為は、「他者への関心」がつくり出す磁場のなかで「患者」の言説が発生することを手助けすること、その「場の共有」と「共感」こそが「専門家」の使命と考えられている。(3) それは「治癒」をもたらすこともあり、もたらさないこともあるが、にもかかわらず「医師」が言説化への努力をあきらめないのは、言語のもつ「状況の定義」にかかわる能力を信じればこそなのである。そしてこの主知主義的態度が社会科学を形而上学と宗教から、区別している。

臨床の知と経験

社会科学は「経験知」である、と書いた。「経験」の発生する「現場」とはどこか？　それは自己と自己以外のものとのあいだのインタラクションの場である。したがって「経験知」とはつねに「臨床の知 clinical knowledge」（フーコー）にほかならない。社会科学の経験性と実定性とは、この「臨床の知」に裏づけられている。

「臨床の知」は「自己との対話」のような独我論的な知でもないし、だれが見てもそれと指定できるような「客観的な知」でもない。むしろ自己と他者との相互交渉のなかから生まれる「対話的な知」である。自己と他者との「場」の共有から生まれる「共同制作」の産物である。

この「臨床の知」から成る経験知の記述を「民族誌 ethnograph」と呼ぶとすれば、エスノグラフは情報提供者がだれかによってだけでなく、聞き手がだれかによって変わってくる。ある現実から同じエスノグラフを別な研究者が再構成できるという保証はない。再び精神科医療の比喩を引くなら、患者の病跡誌 pathogragh は当の医師と患者とのあいだの一回性をもった相互交渉の産物であり、他の医師の診療との代替がきかない。その限りで、双方にとってもっとも堅固な「現実」の構成物であり、実定性の対象である。精神科医の論文が基本的には自分が制作に関与したパソグラフから成り、他の専門家のパソグラフへの言及を禁欲するのは、第一に、この「臨床の知」そのものが研究者の「作品」だからであり、第二に、他の研究者によるパソグラフでは実定性の要求を満たすことができないからである。

そのような社会科学的な「作品」としてオスカー・ルイスの『サンチェスの子どもたち』[Lewis 1961＝1969]は群を抜いている。ルイスは自分の作品の実定性の担保として、情報提供者の「録音テープ」をいつでも提示できると証言するが、ここではルイス自身にとってさえ実定性は通俗的な「実証性」として狭く捉えられている。サンチエスの子どもたちは、相手がルイスでなければルイスに語ったようには語らなかっただろう。彼らの「語り narrative」の真偽を「実証性」のレヴェルで問うのは無意味である。彼らの「語り」は実定性の水準で「現実」を構成しており、だからこそルイスの「作品」は堅固な現実性をもつに至ったのである。

したがって相互交渉の相手を情報提供者 informant と呼ぶのはまちがっている。彼もしくは彼女は同一の情報を第三者に提供する機械的な語り手ではないからである。ここでは「医師―患者」関係にならって「臨床の知」におけるクライアント client という用語を採用しよう。

人類学を「野外の知 field science」としてその方法論を練り上げた川喜田二郎［川喜田 1966, 1970］からわたしは多くの影響を受けたが、その川喜田の手法をマーケティングの分野に取り入れて独自のプログラムを開発した故小野貴邦は、自分のカリキュラムを「聞く力の訓練」と呼んだ。自己表現など後回しでいい。語るべき情報をもたない人にとって自己表現は無意味である。それ以前に、自分でないものへの関心、他者への配慮、「聞く」ことの能力がなおざりにされているのではないか？　小野はそう考えた。(4) 川喜田の方法はその後、梅棹忠夫ら京都学派の人々によって洗練され、『知的生産の技術』［梅棹 1969］を生んだ。

ここで「情報」とは何か、を定義しておこう。「情報」とはノイズから生まれる。ノイズをはさんでその両極には、一方に自分にとって自明なあまり情報にさえならない領域、他方に自分にとって疎遠なあまり「認知的不協和 cognitive dissonance」(フェスティンガー)のせいで情報としてひっかからない領域とがある。「情報」とはまったき自明性とまったき異質性の中間領域、そのファジーゾーンにはじめて発生する「意味あるもの」の集合である。

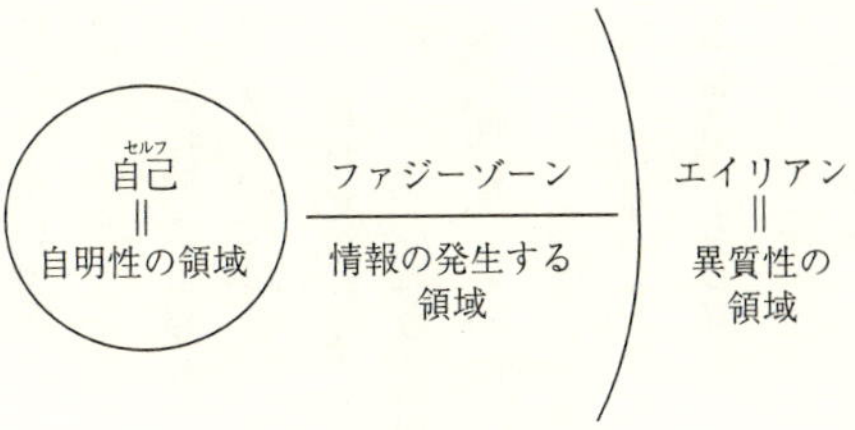

図　情報発生の現場

情報科学の概念では「ノイズ」はもともと「情報」と対立する概念である。だがノイズがノイズとして「聞こえる」という事実のなかには、ノイズから情報化への契機が含まれている。言い換えれば、「情報」とはノイズから絶えず生成される「意味生産」のプロセスと考えてよい。したがって情報とノイズとの境界はほんらいあいまいで流動的なものである。ノイズの外側には、ノイズにさえならない領域——認識からスリップオフする〈外部〉がある。

同じ「現実」に向き合っても、観察者によって「情報」生産は質・量ともに異なる。こう書いたからといって「情報」には秘儀的な性格は何もない。人は訓練によって「情報」の量を増やすことができる。ひとつは自明性の領域を懐疑と自己批判によって縮小することによって。もうひとつは異質性の領域に対して自己の受容性を拡大することによって。こうして、研究者の〈わたし〉はノイズを情報へと転換する媒介器のごとき存在となる。「臨床の知」の発生現場では〈わたし〉の境界は定かではない。

「臨床の知」という「現場」のなかで、研究者の〈わたし〉の一貫性や確実性は失われる。ほんとうを言えば、この言い方もすこぶる倒錯している。〈わたし〉の一貫性や確実性は、いわば「臨床の知」の不確実さや一回性への「投企」を犠牲にすることによって、自明性の世界へのたてこもりの効果としてはじめて構築される。心理学によれば、「同一性 identity」とはある現象に対して同一の反応をくりかえすことで定義される。もし経験が一回性のものならば、それが以前のものと「同じ現象」だとどうして言えるのだろうか？

べつな言い方をしてもよい。「情報」の価値とは自分にとって自明なものと自明でないものとのあいだの落差のことである、と。したがって自明性の世界に生きることで「複雑性の縮減」(ルーマン)をはかっている人々には、当然のことながら「情報」は発生しない。

自明性の領域から抜け出るにはどうしたらよいか？　研究者の自問自答から答えは

出てこない。自分にとって未知なもの、ノイズとなるもののなかにしか、新しい「情報」はない。「臨床の知」のなかには「当事者のカテゴリー native category」が含まれている。「当事者のカテゴリー」は「観察者によるカテゴリー化」を頑強に拒むが、だからといってまったくエイリアンなものでもない。自明性の外側にあるこの「当事者のカテゴリー」を「聞く力」をもてるかもてないかが、観察者に問われている。「当事者のカテゴリー」は「聞かれる」ことを通じていわば「共同の作品」となる。それは観察者だけによっても、クライアントだけによっても生産されることができない、両者の相互交渉の産物である。

例を挙げよう。精神科医の斎藤学は摂食障害の患者に長く関わってきたが、あるとき摂食障害と幼児期の性的虐待とが偶然とは言えない蓋然性で結びついていることを「発見」する。彼は幼児虐待の問題化、さらに幼児(非常にしばしば女児)の性的虐待の問題化という動きのなかで、それまでべつべつのことがらに見えていたふたつの現象のあいだに関連を見出し、摂食障害の患者たちに性的虐待のトラウマについて尋ねるのだが、そのなかのひとりの患者の発言は、彼をもっと驚かす。

「そのことは一〇年も前に先生に言ったでしょ」

驚く彼に患者は追い打ちをかける。

「でも先生はとりあってくれなかった」

彼は聞いていたけれども、聞こえていなかったのだ。斎藤は「その時のわたしには聞く準備ができていなかった」と述べる。斎藤のこの経験は、意味のある「情報」がいかにして成立するかの現場について教える[上野・斎藤(学)1996；斎藤(学)1999]。

定性情報と定量情報

ここで言う「情報」とは、定性的情報、別名質的情報のことである。

川喜田をはじめとして「情報」生産の手法に取り組んだ京都学派の人々には、社会学的な定量的情報処理への批判があった。コンピューター処理のおかげで、社会学は統計的な手法をますます洗練していったものの、そのせいでかえって「通常科学」としての陳腐化を深めていったからである。社会学は定量情報処理の技術論と化し、その一方で社会学のジャンルとしての魅力は薄れていった。

社会科学の実定性が定量的な調査の「実証性」へと還元されてしまったのはどうしてだろうか？　その背後には自然科学を範型とする社会科学観がある。が、ここでも「近代」自然科学、と限定をつけておこう。近年のポストモダンな科学、たとえば不確実性の理論やファジー理論などは自然科学観を塗り替えているからである。むしろ遅れた「自然科学」観にもとづく狭義の「科学」観が、社会科学をも規定してきたというべきだろう。そこには「経験」のうち、(1)測定可能なもの、(2)数量化可能なもの、かつ(3)平均的なものだけが、「実証性」の要請にかなうとする見方がある。わたしは定量的な情報を否定しているわけではない。定量的な手法で、わかることとわからないことがある。定量的な情報を扱う研究者は、自分が「定量化できる情報」だけを扱っていること、その外側にその方法では扱えない広大な「経験」の領域があることについて、自覚的であるべきだろう。

定量的な情報処理といえども、その核心は定性的な変数のカテゴリー化にある。その過程でたしかにカオスから「情報」は生産されている。だが、いったんカテゴリー化された変数は、「情報」になりうるかもしれない貴重なノイズを、すべてあらかじめ定義された変数にコード化することを通して「予言の自己成就」をおこなうに終わる。この方法は情報を「生産」するよりも「縮減」しているのである。定量調査の多くが、かけたコストの大きさに比して「情報」の生産量が少ないのはそのためである。

逆に定量情報を扱う研究者の側からは、定性情報の信頼性に対する疑義がくりかえし提出される。その情報は「客観的」か？　そのサンプルは代表的か？　サンプルの規模はじゅうぶんに大きいか？　等々。第一の問いに対しては、情報のコード化の過程で、研究者と回答者の双方にとってすでに「主観的」な変換がおこなわれており、定量調査だからといって「客観性」の保証はない。それどころか、コードへの入力と出力の際に、「コード化」の意味づけがお互いにずれている場合もありうる。第二に、サンプルの「平均性」と「典型性」については、社会学のなかで長いあいだ議論されてきた。「平均性」は「典型性」と同じではない。「理念型」で表されるような「典型」がどこにも経験的対応物をもたないと同じくらい、「平均型」にもそれに該当する経験的対応物は存在しない。「平均的日本人」や「平均的サラリーマン」をわたしたちはどこにも見出すことができない。「平均型」がそれとの示差を通じて参照枠frame of referenceになりうるとしたら、それと同じ資格で「典型」も「説明モデル」になることができる。ただし、「平均型」とは違うしかたで。ここでもやはり、精神医学の方法に学ぼう。「狂気」という特異で個別的なもの、「平均」を拒む極限型のなかからも「典型」を論じることはできる。したがって定性調査には「適切なサンプル規模」というものは、ない。第二の問いには、そう答えればよい。適切になされた分析であるならば、サンプルはひとつあれば十分、なのである。

共有の知とオリジナリティ

もうひとつ、社会科学的な知のもつ特徴には、それが専門家集団によって共有された知である、という知の共同性がある。トマス・クーン[Kuhn 1962＝1971]は「科学とは科学者集団が共有する制度的な知」であるといういささか同義反復的な定義を与えている。この知の集団的な性格が、文学のような言説と社会科学の言説とをするどく分かつ。先に挙げた笑い話に戻れば、「文献があれば原稿が書ける」という作家の揶揄は、この知の共同性を衝いている。「文献」とは「自分以前の研究者の考えたこと」の別名だからである。

知の共同性だけなら、どのような秘密結社的な集団にもあるだろう。社会科学の知の条件は、「他者に伝達可能な知」であることである。したがってそこにはどんな秘教的なところもない。ある研究者によって生産された知は他の研究者にただちに伝達され、研究者集団の共有知となることができる。文学の場合とちがって、このような知にとって、「作者」の固有性は問題にならない。だれが固有の「作者」かを問うことなく、共有知として流通する情報の無名の作者であることを、研究者はむしろ誇りに思うべきだろう。したがって、研究者はアーチスト(作家)であるよりアルチザン(職人)に近い。それだからこそ、知の伝達と修得のための作法が積み上げられている。この慣習に従うことが知の生産者には求められている。

第一は、集団的な知の継承である。「先行研究」と呼ばれているものがそれにあたる。そのなかには、研究者の〈わたし〉の固有性に対する疑いが織りこまれている。〈わたし〉が立てたほどの問いは、すでに他のだれかによって問われており、答えられているのではないか？ その問いと答えは、〈わたし〉の問いと答えと、どのように同じでどのように違うか？ 出典明記と文献挙示というルールは、第一にその「先行する知」に対する敬意から、第二にその「先行する知」を読み手も共有できるようにするための配慮から、成立している。そうすることで、〈わたし〉がだれに何を負っているかを、読み手に対して明らかにするためである。

第二は、方法の明示である。情報生産をどのようにおこなったかを自覚的に示すことで、そのプロセス自体を伝達可能なものにすることである。他のだれかが同じことをおこなっても同じ結論に達するという再現性を保証するためである。

第三は、一義的な表現法の採用である。社会科学の文章がしばしば「無味乾燥」と言われるのはその一義的な表現法と関係している。正確にいえば、社会科学の文体は「無味乾燥」なものではなく、たんに「平易」であることをめざしている。「詩的言語」は表現のなかにしばしば多義性を含む。したがって読み手に開かれており、かつ解釈が決定できないという意味で「難解」である。社会科学の文体は「難解」であってはならない。もちろん専門家的な秘教主義やジャーゴンの連続からなる権威主義的な難解さは論外だが、一義的に定義された用語法をいったん「集団の言語」として習得すれば、社会科学の文体は平易なものに変わる。もしそれでもその文章が「難解」であるとすれば、たんに悪文であるか、それとも書き手自身にとって未消化なことがらを書いているからにすぎない。「難解さ」は社会科学の記述にとって何の名誉にもならない。記述におけるこの共同性も社会科学の要請のひとつである。

最後にこのように共同的な社会科学の知にとって、オリジナリティとは何か？を論じておこう。文学と同じく、オリジナリティは社会科学にとっても重要な要素である。そうでなければ新たな知の生産をつけ加える意味がないからだ。だが、オリジナリティは情報の真空地帯には発生しない。オリジナリティとはすでに知られている情報からの「差異」を意味するが、「すでに知られていること」が何か、を知らなければ、何が「差異」であるかを知ることもできないからだ。

「すでに知られていること」を、別なことばで「教養」とも呼ぶ。「教養」はオリジナリティを必ずしも伴うとは限らない。が、しかし、オリジナルであるためには「教養」が必要条件である。そして教養もオリジナリティも訓練によって身に着けることができる。

「教養」や「オリジナリティ」に神秘的な意味を与える必要はない。「すでに知られていること」が何かを知ること。それと自分の考えていることがどう違うかを分節する能力をもつこと。「異見」はそのようにして創られる。(5)

記述と文体

さて、いかに書くか? それが問題だ。

「文学」の文体がジャンルを解体しつつ揺らいでいるときに、アカデミックな文体が安全圏にいられるわけではない。アカデミズムとジャーナリズム、評論とエッセイ、研究と創作を区別するものは何だろう? 丸山真男の文体が「明晰」と言われる一方で、柳田国男のそれはどうして「明晰」ではないとされるのだろう? 柳田国男を論じた内田隆三の書物が『社会記 序』[1989]と題され、記述の問題から始まっているのは偶然ではない。社会科学というものが時代の記述の水準のひとつである以上、それが時代を超えたカノンとして超然としていられるわけでもないのだ。

どんな思想も記述に先立っては存在しない。記述は思想それ自体の「遂行的言語行為 performative illocutionary act」(オースティン=サール)である。記述は思想や研究を伝達する手段ではなく、それ自体が完結したパフォーマンスである。したがって表現能力を欠いては研究者は存在しえない。表現しない研究者は、たんに「物知りな人」であるにすぎない。そのなかには「訳知り」や「情報通」、「知的コノスゥアー(美食家)」とでも言うべき人々がいて、あれこれの批判や他人の揚げ足取りに余念がないが、こういう人々はディレッタントであって、知の消費者にすぎない。知はメッセージ(伝達可能な知)となって初めて生産される。

研究という行為が言語を媒介にしておこなう「遂行的行為」である、ということは、社会科学にとって決定的な意味をもっている。社会科学は自然科学と違って、「言語の壁」を超えない。国籍を超えた「科学的で中立的な言語」は、社会科学については存在しない。社会科学については、もちろん「翻訳」が可能であるし、必要でもある。だが、「翻訳」とは、異なった言語的遂行行為の回路に表現を変形することを意味する。したがってそこでは異なった「作品 version」が成立する。

研究が言語的な行為であることが了解されたなら、言語についてわかっている次の二つのことがらを記憶しておくことは重要だろう。第一に、言語は経験のすべてを表現するにはつねに「不足」であること。そして第二に、それと同じぐらい、言語は経験に対してつねに「過剰」であること。ウンベルト・エーコの言うように「言葉とは嘘をつく道具」のことである[Eco 1976＝1980]。言語が、経験した以上のことまでも語ってしまう、ということは経験科学の担い手にとっては自戒しておいたほうがよい事実である。

社会科学的な知も時代の言説を構成する要素のひとつであってみれば、時代とともに変わるのが当然であろう。そのうえで、当座のところ、わたしが考える社会科学的な記述の条件を挙げてみよう。

第一は、経験知のもつ実定性から離れないことである。研究者は思想家や信仰者ではない。だれもあなたの「信念」を聞くために論文を読むのではない。第二に、「共有の知」に要求される「公共的な表現」を受け入れることである。そのなかには研究者集団の共有財産であるさまざまな概念装置も含まれる。そしてそれを自分以外のだれに負っているかについてのクレジットが要求される。第三に、そのためのいくつかの慣習的な約束事に従うことである。引用や注、文献挙示などがそれにあたる。第四に言説の帰属するエイジェンシーについて、明示的であること、つまり簡明に言えば、主語に一人称単数の〈わたし〉を用いることである。これまでは、文体の公共性と客観性の「正統化」のために、「われわれ」が主語として用いられることが多かったが、これは最近人気がなくなってきた。このことは「われわれ」の使用が強制する権威主義に対する反発と、研究者の〈わたし〉の位置 positionality が、つねに問われるようになってきたことと無関係ではない。研究者がだれで、どの位置から発話しているか、という位置性 positionality の問題は、フェミニズムやカルチュラル・スタディズ等の言説の政治性をめぐる問いのなかからあらわれた。社会科学では研究者の言説そのものが対象を政治的に構成する主要な要素となるからである。その意味で「中立的・客観的」な観察者・記述者の存在は否定される。

したがってアカデミズムの文体は一種のクリシェ(陳腐な決まり文句)に近くなる。それがいやでオリジナルな文体をめざすなら、研究者はあきらめて作家か詩人を志すべきだろう。クリシェのなかでクリシェでないことを語ること——くりかえすが、それは研究者が「共有の知」にどれだけ多くを負っているかについての自覚の反映であり、それこそがオリジナリティの源なのである。

アカデミズムとジャーナリズム

記述と文体について述べたついでに、アカデミズムとジャーナリズムとの関係について論じておこう。アカデミズムが「専門家集団の共有の知」ならば、ジャーナリズムは「公共の知」としての性格をより強くもっている。アカデミズムも時代の「言説空間」の構成要素のひとつとして、「公共の知」の形成に加担しているし、その責任がある。とりわけ、マスメディアの言説が「現実」の重要な構成要素となるにつれ、言説生産者としての社会科学者の責任はますます重いと言わざるをえない。たとえば宮台真司は「ブルセラ少女」についての言説が、それ自体「ブルセラ少女」という社会現象を加速したことに自覚的である[宮台 1994]。だが、それは「そうするべきでなかった」ということを意味しない。言説行為はそれ自体、投企的な行為であることを書き手は自覚する必要がある。その意味で言説行為は、たえざる選択であり、実践なのである。かれは「使用済みパンツを売る少女」をシステム論の枠組みのなかで「正常化 normalize」したことでは正しかったが、「使用済みパンツを買う男」をシステムの与件として不問に付した点で、かれの「システム論」の保守性があらわになる。何をシステムの構成要素とし、何をシステムの環境とするかについての理論的な選択においても、宮台は政治的な実践をおこなっていることになる。

これまでアカデミズムはジャーナリズムを「通俗化・大衆化された知」として貶めてきた。その含意は、アカデミズムが提供する「真理性」から遠いところにあり、したがって「二流の知」であるというものである。この言説自体は、アカデミズムに客観性・真理性を付与することでその権威を守るという防衛的な性格のものでしかないが、とはいえジャーナリズムで発言する研究者を「二流の研究者」と軽蔑することを通して、制度と制度に守られた研究者の自尊心を守ってきた。

ジャーナリズムは制度的な知にくらべれば、「言説の自由市場」である。日本にはとりわけ「周縁的アカデミック・ジャーナリズム fringe academic journalism」というべき水準の高い知的読者の市場が形成されている。「周縁的アカデミック・ジャーナリズム」という出版市場の存在は、世界的に見てまれな現象だといってよい。ヨーロッパやアメリカではアカデミズムとジャーナリズムの距離が大きく、かつ大学知識人と一般読者とのあいだには断絶がある。かなり専門性の高い研究書が、人口規模に比しても欧米圏での販売部数以上に売れること、それと同時に研究者が一般読者を想定した著作を著すという日本の事情は、欧米圏の大学人には理解されにくいが、それは日本の高学歴でかつ知的水準の高い読者層の厚みを示している。

この周縁的読者は、言説生産者の予備軍でもある。言説行為が政治的な実践であり、次の世代の支持者の獲得という言説のあいだの妥当性をめぐる闘争であるなら、ジャーナリズムこそ、まだ見ぬ読者に向けての投企にふさわしい場であろう。日本の戦後社会科学におけるパラダイム変換はそうやってジャーナリズムとの相互作用のなかで形成されてきた。アカデミズムとジャーナリズムとのあいだに権威主義的な序列を立てる必要はない。それどころか、言説の自由市場で自分の言説行為が試される可能性と、公共的な言説を構成していく責任とを、社会科学者は引き受けるべきであろう。

系譜学的な知

社会科学が「科学」であることの背後には、自然科学をモデルとした法則性と予測可能性への要請がある。「空想から科学へ」(マルクス＝エンゲルス)とことさらに強調されたのは社会変動が「法則性」に従うという「信念」が背景にあったからである。「歴史」を含めた「社会科学」は「法則定立科学」であることを要請された。「唯物史観」と呼ばれるものがその代表である。だが当の「唯物史観」なるものの歴史的「予測」の大半ははずれてしまったのだから、「法則定立科学」も怪しくなった。むしろ、社会が自然現象と同じように法則に従うと考える前提そのものが、「魔術的信念」の一種であった、と言っていいかもしれない。

法則科学への要請のもうひとつの根拠は、社会を統制可能なものと考える社会工学的な発想である。もしほんとうに社会が統制可能なものなら、「失敗」はどうして起きるのだろう。経済は社会工学的な発想で動いている領域のひとつだが、そしてそのために公定歩合や財政投融資のようないくつかの統制変数が人為的に設定されている領域だが、にもかかわらず「ブラックマンデー」や「金融危機」が起きることを、専門家は予測も阻止もできない。

法則科学の概念には「合理的な解」はただひとつであるという、これも「合理性」についての根拠のない信念が含まれている。だが、歴史はつねにその「合理性」を裏切ってきた。

かわってフーコーが提示するのは系譜学的な知である。系譜学的な知は、第一に、事後的な知である。それは記述をするが説明をしない。第二に、したがって「科学」と違って予測をしない。ということは歴史は決定論にではなく、複数の選択に対して開かれていることを意味する。第三に、過去にさかのぼる系譜学的な知は索出的な知としての意味をもっている。つまり「それでなければこうであったかもしれない可能性」、社会の潜勢態に対する想像力である。「ここにあるもの」を論じるのはかんたんだが、「ここにないもの」を論じるのは難しい。系譜学の手法は、「ここにあるもの」が何を排除して成り立ったかを明らかにすることを通じて、選択の相対性をつねに明らかにしつづける効果がある。第四に、その結果として目的論的な知を否定する。

フーコーの理論を「実践の概念がない」として批判する人々がいるが、歴史をふたしかな選択の連続とみなし、秩序をそのつど言説実践によって再生産されるものとみなすかれの考え方は、すぐれて「実践的」なものである。

このような知的態度は確信をではなく懐疑をもたらす。それは「信仰」とは正反対の態度である。「ここにあるもの」を「ここにないもの」の側からつねに相対化し、不断に脱構築しつづけるスケプティシズム(懐疑主義)は、その主体である〈わたし〉をも例外にしない。脱構築とは、系譜学的な手法を概念の成立にさかのぼって適用したものである。「経験知」は経験の絶対化を意味しない。この「経験」はなぜこうであり、こうでしかないのか？　この経験が「こうでなかったかもしれない可能性」はあるだろうか？　この疑いは経験の「実定性」を疑うことはしないが、経験がとりえた他の可能性を疑ってみることはできる。そしてその構想力をわたしたちは「自由」と呼ぶ。

パラダイム転換

トマス・クーンは有名な『科学革命の構造』[Kuhn 1962=1971]のなかで科学的な知とは専門家集団の公認する共有の知の別名にほかならず、それ以上でもそれ以下でもない、と説いた。科学革命をパラダイム革新ともいうが、このパラダイム革新は複数のパラダイムの競合のなかで、その真偽性によって判定されるわけではなく、専門家集団の多数派がどちらを支持するかで決定される。しかも一方のパラダイムが他方のパラダイムを説得するという知的なルールに従って勝敗が決するわけではない。どのパラダイムもある程度一貫性のある論理の体系からできており、ひとつのパラダイムの支持者は他のパラダイムに論破されたからといって簡単に「転向」したりしない。パラダイムは当事者の経験を構成する世界観の根底をなしており、「説得」や「論破」によって取り替えることができるようなものではない。したがってパラダイムの交替は、旧パラダイムからの「改宗者」によって担われるのでなく、新旧パラダイムの競合のなかで新パラダイムを支持する追随者の増加、という世代交替によってはじめて可能になる。

パラダイム交替劇は教理問答に似ている。複数の教理のあいだで問答が闘わされるが、それは相手を説得するためよりもむしろ、「公衆」の支持を獲得するために、「公衆」に向かって発信されている。資源動員論でいう「枠組の競争 framing contest」[Gamson 1992]がおこなわれている。

このパラダイム交替は進歩や進化を意味しない。知の変化を進歩と見る見方は、進化論的な社会観の反映であり、その逆ではない。

クーンのパラダイム交替説のもうひとつの核心は、新パラダイムは旧パラダイムの内在的な自己変革や発展から生じるのではなく、つねに「外から」来るという考え方である。クーンはこの事情を天動説と地動説とのパラダイム交替を例にとって説明する。だれも地球を外から見たことのない時代にあって、地動説は経験知に反する荒唐無稽な説に思われたことだろう。地動説を天動説より「論理整合的」とみなす考え方は支持されない(ただしシステムの全体をより少ないルールで解けるという「オッカムの剃刀」の原理は働いている)。天動説はそれなりに論理一貫性をもっており、「例外」を説明する論理の集合までをもっていた。天体一般の動きに従わない「惑星」という「例外」のカテゴリーには、固有の論理が用意されており、それにしたがって天動説は惑星の動きを予測することもできた。クーンによれば、天動説は地動説に論破されたのではない。たんに支持者を失って交替したのである。

パラダイム転換という革命期のあとには、「通常科学 normal science」の時期が来る。パラダイム革新の追随者たちによって、新パラダイムを他のあらゆる問題に適用しようという「応用問題」が解かれる時期である。パラダイムはだれにでも使える道具となり、通常科学が量産される。新パラダイムは時にはその革新者の名前をとって「マルクス主義」とか「フーコー理論」とか呼ばれることもあるが、だれもクレジットを支払うわけではない。この「作者」の匿名性、知の共有性と伝達性もまた社会科学的な知の特徴である。

ところでパラダイム革新はどのように起きるのだろうか？　パラダイムの追随者になるのはたやすいが、どうしたらパラダイム革新者になれるのだろうか？

ウェーバーは「理念型」という用語でモデルの提示をしたが、「理念型」がどのように創られるかについてはついに語らなかった。ウェーバーについてわたしたちが知りうるのは、「理念型」が「職人技」のような「飛躍」によってもたらされるという「魔術的な知」だけである。だがパラダイム革新は無から起きるわけではない。経験を組み替えるカテゴリーの萌芽は「臨床の知」のなかに満ちみちている。あらゆるパラダイム革新がそうであるように、それは〈わたし〉の「外から」しか訪れない。〈わたし〉にとってエイリアンなものを「聞く力」をもつこと。「当事者のカテゴリー」こそ、パラダイム革新の宝庫である。

自己言及性 self-referentiality と位置性 positionality

こういう社会科学観を示すたびに、「学問は真理のためにあるのではないのか」という学生からの反応に悩まされてきたが、二〇歳くらいまでのあいだに、そのような「学問観」がどうやって形成されてきたかのほうが、わたしには謎に思える(もしかしたらたんに「正解」はひとつ、という受験教育の弊害にすぎないかもしれない)。

学知が「中立的」「客観的」な「真理」それ自体のための探究であるという、ロマン主義的な信念は「芸術至上主義」と同様、学問を「聖域」に囲いこむことで他からの批判や疑問を排除するというまことに権威主義的で防衛的な効果をもっている。ロマン主義とは言葉の歴史的な意味において、ありもしないものを捏造し、それを神格化することを通じて、自己中心的な投射のメカニズムを隠蔽するという効果をもつ、まことに「反動的」な思想である。

このようなパラダイム観は、学知の真理性に対するニヒリズムにわたしたちを導くだろうか？　むしろ、ここでは「経験」のもつ歴史的・社会的な性格、共有された知の「現実性」が問題とされている。「経験的対応物」との照合からなる「真理性」とは、あくまで社会的に構築された「現実」のなかでの循環であり、「経験」の「外へ」出ることは、だれにも可能ではないからである。研究主体が「経験」それ自体を構成している客体の一部であるという認識を「自己言及性 self-referentiality」と呼ぶ。

梃子の原理の発見者、アルキメデスは「わたしに地球の外の支点を与えてくれたら、地球を持ち上げて見せよう」と言ったと伝えられる。観察対象の絶対的な外部に立てる、というこのようなナイーヴな信念は、今日では、相対性理論のなかで自然科学においても支持されていないが、むしろ「魔術的信念」と呼んでもよいこのような信念は、社会科学においては不可能であるばかりでなく、有害でさえある。「真理」と「学問」の名において何が守られ、何が排除されているのだろう？　第一に「客観的」な対象の全体を透明に見通せるという命題によって、「現実」もしくは「経験知」の多元性が否定される。第二に「中立的」な認識主体という観念によって、研究主体の位置の限界とバイアスとが不問に付される。第三に「真理」の名において「解」の多様性が排除される。

「万人にとっての真理」という一見中立的で普遍的な知はだれのための、何のための知であったか？　その「真理」の名において、だれが排除され何が抑圧されたか？　その問いに対してフェミニズム以上に根底的に答えようとしてきた立場はない。フェミニズムは「ジェンダー」という概念によるパラダイム転換を持ちこんだが、それは学問の真理性を高めるためでも、従来の学問の死角に忘れられていた対象をつけ加えるためでもない。フェミニズムはその成立の当初から自分たちの言説の党派性を標榜してきた。「ジェンダー」概念はその自己言及的な態度においてみずからを含めて例外を許さないことで、「客観的・中立的な知」の政治性をもあばこうとする[Scott 1988＝1992]。

そう考えれば、「芸術至上主義」も「文学の特権性」もすべて政治化される。この

「政治性」「党派性」は、かつてのイデオロギー論のようなわかりやすい大文字の「政治」ではない。言説実践のなかでつねに再生産されつづけるミクロな「政治」、「状況の定義」の権力のことである。

社会学の対象と方法

ようやく社会学について語るところまで来た。

何が社会学であり、だれが社会学者なのか？　そしてそれをだれが、どのような基準で定義するのか？

社会学に固有の対象領域はあるか？　社会学に固有の方法はあるか？

社会科学のなかでも新参者であり、かつその妥当性がいかがわしい成り上がりの学問である社会学は、つねにこの問いに悩まされてきた。制度知としての社会学はこの問いに対してイエスと答える。そして財産目録として、社会学の学説史とそのなかで蓄積されてきた専門的ジャーゴンの集合を提示する。

あらゆる系譜誌と同じく、学説史もまた出自の正統性を証明する目的で構成される。社会学ということばを最初に発明したコントはもとより、デュルケイムやウェーバー、果てはみずからは社会学者とけっして名のらなかったマルクスやフーコーまでが、この系図のなかに書きこまれる。

しばらく前ならば、社会学の学説史はパラダイムの継承と発展の歴史として、そしてグランド・セオリーとさまざまな対抗的諸理論の布置として書かれたであろう。前者は近代的な歴史観をそれもまた言説の歴史のひとつである社会学の学説史に適用したものであるし、後者もまた支配的な社会観を言説の布置に置き換えたものである。まことに幸いなことに、タルコット・パーソンズの死とともに構造＝機能主義が最後のグランド・セオリーになってしまった。今日ではむしろ普遍的な一般理論と思われたパーソンズのシステム理論の歴史的な相対化が課題となっている。

なぜシステムにとって「統合」が至上命令になるのか？　それは第一に超越的な規範による「統合」が自明でなくなった社会において、第二に「統合」を自己の利益と考える人々にとってのみ、そうだ、と言ってよい。この意味でパーソンズ的な「システム」とは、慣習的な価値にかわる代替的な「統合」原理を提出しなければならない、と強迫的に思いこんだエリートによって社会工学的につくられた概念だと言ってもよい。「自己組織系」の概念も、その社会工学的な「統合」概念を継承している。

もっとわかりやすくするために、ここで離合集散の可能なもっと小さな「システム」、たとえば「家族」を考えてみよう。システム論では「家族」もまた下位システムのひとつ、と捉えられている。システム論者にとっては「自明」な「家族システム」論は、家族にシステム的な集団主体性を前提することで、もしかしたら多様な個人の暫定的な集合にすぎないかもしれない対象に「超個人的実体」性を与える。そのようなシステムとしての家族にとって、「統合」は至上命題となるが、「家族」の「統合」とは、それを維持することに利益を見出す個人にとってのみ至上命令であり、そうでない人々、もしかしたら「家族」の「統合」のためにコストを払っているメンバーにとってはそうでないかもしれない。家族にはつねに「解散」というオプションもありうるし、そのほうが一部のメンバーの福祉に貢献するかもしれない。そのうえパーソンズは、性別の違う生物学的な両親とその未婚の子どもからなる歴史的な形態である「近代家族」を、普遍モデルととりちがえる間違いをおかした。その「間違い」の背後にある西欧近代中心主義とジェンダー・バイアスは、つとに指摘されている[田中(和)1987]。現実には「家族」の「統合」を欠いても社会の再生産はおこなわれるし、社会は病理にもおちいらずに維持される。現に九〇年代のアメリカでは夫婦の二組に一組は離婚するし、新生児の三人に一人は婚外子として生まれている。この「統合」の欠如を「病理」と見る言説もあるが、それはその状態を「病理」と定義する同義反復の結果にすぎない。パーソンズ流のシステム論の歴史性、政治性、保守性は、あきらかであろう［上野 1996］。

もっと大きなシステム、たとえば社会学が「全体社会」と呼び慣わしているシステムや、「それ以上分割不可能な in-divide-able」な下位システム、すなわち「個人 individual」の「人格システム」の「統合」について考えてみてもいい。「全体社会」の境界はどこか？「全体社会」が言語と文化と国家権力の重複した運命的な共同体であるという考え方は、国際的な人口移動やディアスポラの現実のなかで無効となってしまった。「全体社会」はしばしば国民国家とその外延を等しくするが、ここには二重、三重の隠蔽が働いている。第一に、「国民国家」を運命共同体とみなす「幻想の共同性」の仮構。第二に、「国民国家」という人為的な権力体を「社会」という自生的な用語に置き換える狡知。第三に、「国家」の境界を「社会」の境界と等置する排他性。さらに言えば、「全体社会」の概念が社会学のなかで成立したのは西欧の帝国主義的拡張政策のさなかであったのだから、この概念は「国民国家」以上に中立的な装いのもとに、帝国主義的侵略のもとでの民族概念の純粋性の構築に寄与したと疑うこともできる。

「個人」や「人格システム」の「統合」も同じ文脈のもとで考えられる。「個人」に「統合」的なアイデンティティ（同一性）を要求するのはだれか？　言い換えれば、「個人」が「統合」的なアイデンティティをもたないとだれが困るのか？　それは「個人」を一貫性のある「責任主体 responsible subject」として管理の対象とする「権力」によって要請される。「統合」された「人格システム」とはすぐれて近代的な人間類型である。「人格システム」の「統合の欠如」を「病理」とみなすのは、ただそう定義する視線からだけである。もし「病理」を「当事者による定義」、すなわちその状態を当人が苦痛に感じるかどうかだけで定義すれば、多くの社会で「個人」は「統合」を欠いても平然と生きているし、かつ「個人」でさえなくても生きていける。「自我」や「個人」の概念の歴史的・文化的な違いも多くの論者によって論じられてきている[濱口 1977；Dumon 1970]。

ありとあらゆる粉飾を取り去ったあとに、社会学に残る固有のかつ核心的な問いはホッブズ以来の「秩序問題」――「規範問題」という言い方もある――だという人もいる。だが、ここでもこの問いは歴史化・政治化される必要がある。「神」と「自然」というマジックタームが秩序問題に解を与えていたあいだは、「ホッブズ問題」は成立しなかった。したがって第一に、「秩序問題」はきわめて近代的な問題である。第二に、だれのための、何のための「秩序」なのか？　パーソンズはこの「秩序問題」に答えようとしたが、このパーソンズの立場自体を「調和型モデル」であるとして

「葛藤型モデル」の立場から批判したのがダーレンドルフである[Dahrendorf 1959＝1964]。社会学者はなぜ、だれのために「秩序問題」に答えようとする責任を引き受けようとするのか？「秩序」が他のだれかにとって「葛藤の隠蔽」でしかないところでは、葛藤が存在しつづけることが常態であってよい。そして歴史もまた、秩序問題はつねに部分的にしか解決されてこなかったことを現実に証明する。

グランド・セオリーの死のあと、シンボリック・インターラクショニズムや現象学的社会学、構造主義などさまざまな理論の「群雄割拠」の状況が生まれたが、そのどれかを採用して「学派 school」を形成することが求められているわけでもない。理論は、問いに対して適切な方法を模索するなかからいわばアドホックに、かつマートンの用語を使えば「中範囲」の妥当性をもって、使われている。あるひとつの普遍理論が世界のすべてを説明するという素朴な信念は失われた。わたしはこの状況を歓迎している。なぜなら、一般理論の応用問題として「通常科学」を再生産するという「奴隷の労働」の代わりに、社会学は解かれなければならない問いに満ちみちているからである。社会学者は一貫性のある理論のエイジェント(機関＝代理人)や、解を産出する自動機械ではない。理論は問いに答えるための道具であり、問いによって道具は変わる。

どんな問いに答えたいか？　これこそが核心にある。問いの数だけ答えがある。裏返して言えば、答えたいほどの問いのない人は研究者であることをやめたほうがいい。しかし、にもかかわらず、経済学ではなく、心理学でもなく、社会学を選ぶとすれば、その選択のなかには問いに対する答えを社会的な変数で説明し尽くそうという「知への意思」が潜んでいる。これはフーコーが適切にそう呼んだように、ひとつの「権力」への意思である。この選択は経済学還元主義や心理学還元主義、生物学還元主義を否定する点で、一種の「社会学帝国主義」とでもいうべきものである。もちろん、経済学には経済学帝国主義が、心理学には心理学帝国主義があってしかるべきだろう。だが、この知的な「帝国主義」は、「帝国の領土」の限界を測るためにこそ、要求されることをつけ加えておかなければならない。社会的な変数でどこまで説明でき、どこからが説明できないか？　当然のことだが、それは限界まで「社会学帝国主義」を試してみることのなかでしか、明らかにならない。わたしは社会学帝国主義者であることを自認するが、それは学知の限界に対する自己言及的な態度において、無自覚な帝国主義者であるよりはましなことであろう。

学問の政治性

グランド・セオリーが死んだあと、社会学は「パラダイム交替」で説明できるほど単純な状況ではなくなった。専門家集団のなかの「主流」や「多数派」が形成しにくい状況にあるだけでなく、社会学の境界の定義や、だれが社会学者であるかもたしかでない。こんな状況のなかで社会学の固有のアイデンティティに固執すればするほど、社会学の「在庫目録」は痩せていくばかりであろう。専門家集団の多数派が支持する支配的なパラダイムが他の支配的なパラダイムに置き換わる、という「合意の形成」も難しくなった。専門家集団がかつてのような同質性を保てなくなったことも理由のひとつであろう。

パラダイム転換が「外から」来るということは、その担い手が既存の専門家集団にとっては異質な「他者」だということを意味している。そのことをフェミニズム理論の場合ほど典型的に示したものはない。

もう一度、家族の社会学を例にとろう。一般理論としてシステム論が成立し、その下位システムとして家族システムが措定されると、あとは膨大な「通常科学」が家族社会学の名において再生産されるようになった。社会学の制度のもとでは家族社会学と呼ばれる領域は長い歴史と膨大な蓄積をもっている。だが、フェミニズムがその「ジェンダー・バイアス」を指摘するまで、家族社会学の内部からは、自明と見えた

「家族」の脱構築の試みは登場することがなかった。「家族社会学」はその言説の生産の過程で、今では「近代家族」の名で知られている特殊なジェンダー秩序を再生産することに貢献してきたのである。

学知の政治性を支えているのは、知の再生産制度それ自体の政治性である。制度によって正統性を付与された知を再生産する制度——アカデミアと呼ばれる——のなかに、だれがどのような基準によってリクルートされるか？　そこから排除されるのはだれか？　アカデミアのなかに「女」という「他者」が増えたのは、戦後の学制改革や教育の場におけるタテマエ平等と無関係ではないが、にもかかわらず、上級学校に進むにつれ女子学生比率が低下すること、研究者集団のなかでも、院生、助手、講師、助教授、教授というハイラーキーのなかで上級職にいくほど女性の比率が下がることは、データのうえでもあきらかである。タテマエ平等のなかにある性差別的な「かくれたカリキュラム hidden curriculum」や、研究職をめざす女性の意欲を挫く隠然・公然とした性差別、さらに「働く女」が共通にもっている就労継続上の困難……などがすでに指摘されている。が、それだけではない。どういう研究が意味のある研究かについての評価基準、たとえばテーマ選択や対象・方法の設定それ自体のなかに「知の政治 politics of knowledge」が含まれている。たとえばここ近年の女性研究者の増加にともなって、家事労働、主婦、出産、避妊、中絶等々の研究領域がまたたくうちに開拓されてきたが、それらのテーマはこれまで男性の研究者によって一顧だに与えられてこなかったばかりか、正統な学問の対象としては評価されてこなかった「私的」な領域に属するものであった。

だが、研究者集団の多様性はまだじゅうぶんとは言えない。フェミニズムは学知の「ジェンダー・バイアス」を告発してきたが、今度はその担い手たちの「中産階級性」や「人種差別性」が告発されるようになった。「外国人」や「障害者」、「老人」や「子ども」にとっての「当事者の知」が、アカデミアのなかで場を占めることは難しい。まれに共感的な同伴者による研究があっても、対象を「客体」化し、結果として搾取するに終わる。「臨床の知」は、知の再生産の過程における研究者とクライアントの絶対的な非対称性を覆さない。それを「対話的な知」として理想化することは、この権力関係を隠蔽する結果になるだろう。知は政治であり、知の再生産は権力過程である。わたしたちはこの事実から目をそむけることはできない。

「臨床の知」としての学問の性格を早くから自覚してきた人類学は、この権力関係への「良心の呵責」から、人類学の究極の目的は「現地人人類学者 native anthropologist」の養成にある、と議論してきた。「当事者」が専門家集団の用語を身につけて

「バイリンガル」になれば、知の搾取者としての研究者はお払い箱になる、というわけである。人類学者のなかには研究者として研究対象を「搾取」することを自己批判して、「現地人化」してしまった人々もいる。だがそれは研究者の葛藤を「解決」したわけではなく、たんに問題から「おりた」というべきだろう。他方、「現地人人類学者」のバイリンガリズムの背後には、「西欧中心主義的な学知で訓練された」という「植民地的主体化」の問題が横たわっており、ことは単純ではない。

社会学のなかでも、研究の客体から主体へ、というかけ声で、学問の「当事者性」が強調されてきた。となれば全体社会の集団的構成を反映するようなしかたで「さまざまな社会学者」と「さまざまな社会学」が存在すればそれでよいのだろうか？

ことはアファーマティブ・アクションのような単純な「代表性」の問題ではない。そこでは少数者は永遠に少数者でありつづけるからである。もっとはっきり言えば「少数者」をカテゴリーとしてつくりだす「言説の権力」がここでは問われている。そして言うまでもなく、研究者はこの「言説の権力闘争」に否応なしにすでに加担している。その「権力闘争」のなかでどこに位置するか？　それこそが問われている。

ここで思い返してみよう。もし社会科学が「他者への想像力」から出発し、そのことによって〈わたし〉をノイズへとさしむける批判的な意識の産物だとすれば、その批判的な意識はなによりも自己意識へと向けられている。それはつねに〈わたし〉の境界を崩しては再定義するような不安定でヴァルネラブルな自己意識の産物である。もし「マジョリティ」の境界が不安定だとしたら、それと同じくらい「マイノリティ」もまたそうである。「マジョリティ＝われわれ」に安住する意識をわたしたちは批判するが、だとすれば「わたしは断固として少数者の立場に立つ」とする「マイノリティ＝われわれ」という自己同一性のあり方も、同じくらい無根拠で批判意識を欠いているだろう。問題は「われわれ」と「かれら」をつくりだすカテゴリー化の境界を、たえず疑問にさらしつづけることなのだから。たえざる相対化とスケプティシズムは、社会学者のほとんど第二の天性といってよいものである。だから確信をもって生きたいあなたは――確信というものはたいがい無根拠なものだが――社会学者にならないほうがよい。

社会学および社会学者のこの性格は、多くの人々によって「境界人 marginal man」(ジンメル)とか「ユダヤ的な学問」という表現で論じられてきた。だが「ユダヤ人」にも「祖国」ができてしまった。ユダヤ人のコミュニティが成立してしまえば、そこからさらに「メタ・ユダヤ人」となるほかない運動のなかを生きているのが批判的な自己意識というものである。

言説と実践

ここまで書けばもう「理論と実践」の対立、「理論家と運動家」の乖離、のようなクリシェが疑似問題でしかないことに気がつくだろう。理論とは「言説の政治」の実践の場にほかならない。もちろん「言説の政治」だけが「政治」のすべてではないが、「言説の政治」を離れてはどんな「政治」もありえないのだから、「運動家」が「理論家」を貶めるのはまちがっている。それと同じように、「理論家」が「政治」から撤退できる、と考えるのもまちがいである。もし「理論家」と「運動家」とのあいだに乖離があるとしたら、それぞれが動員している「言説的実践」のカテゴリー装置が、互いに無関係だったり役に立たないということを意味しているから、これに対しては「理論家」は責任があるだろう。

だが、ふたたび、この「言説の政治」の概念を単純で旧弊な「イデオロギー論」の枠のなかでとらえる人々にあらかじめ反論しておかなければならない。そのような見方こそが「学問」の「超越性」や「真理性」を「聖域化」し、そのことによって自己の特権性を守るというもっとも「政治的」な役割を果たしてきたのだ、と。

すでに多くの読者は気がついていると思うが、わたしの以上のような「社会科学」

観は、ポスト構造主義以降の「言語論的転回 linguistic turn」に多くを負っている。(6) ここでは参照文献を挙げなかったが、あまりにふかく影響を受けているために特定の著作が挙げられないような先行の研究者たちもいる。その意味でわたしのこの「社会科学」観もまた、その限界ぐるみ、九〇年代の今日の認識論的地平の産物である。最後にクリシェ中のクリシェをつけ加えるなら、この立場もまた、いずれ乗りこえられていく運命にあるだろう。

(1) 社会学(社会学に限らず社会科学一般)という制度とその担い手の存在意義については、知識人論という分野がこれを論じることになるだろうが、「知識人とは誰か」「社会学者は知識人と言えるか」等の問いについてはすでに多くの人々が論じているので、ここでは立ち入らない[Gouldner 1979＝1988；Said 1994＝1995]。

(2) 反-精神医学についてはレインを参照[Laing 1960＝1971]。

(3) もちろんすべての職業的な精神科医がそう考えているとは限らない。いちいち著書はあげないが、木村敏さん、中井久夫さん、河合隼雄さんの多くの著作、および公私にわたる対話から、わたしは多くを学んだ。

(4) 故小野貴邦は主婦マーケティングのヴェンチャービジネス、「ドゥ・ハウス」の創設者。川喜田の移動大学の影響を強く受け、KJ法(創始者、川喜田二郎の頭文字をとって

KJ法と名づけられた定性情報処理の技術)を利用して、企業の新製品開発のために「ドゥさん」と命名した主婦モニターを、現場からの「情報生産者」として訓練するための研修マニュアルを独自に開発。「聞く力の訓練」と名づけた。「臨床哲学」の提唱者、鷲田清一さんの『「聴く」ことの力』[1999]も同様の主張をしている。

(5) 『知の技法』の編者のひとりである船曳建夫は「ご意見はありますか」という問いは「異見をつくりましたか」と問われるべきだと適切に論じている[船曳・小林編 1994]。

(6) 「言語論的転回」以降の社会科学の新しい潮流については上野千鶴子編『構築主義とは何か』[2001]を参照。

参考文献

青木やよひ 1983「女性性と身体のエコロジー」青木編『フェミニズムの宇宙』シリーズ「プラグを抜く」3、新評論
青木やよひ 1986「女性原理とエコロジー」『フェミニズムとエコロジー』新評論、1993 加藤・坂本・瀬地山編『フェミニズム・コレクションⅢ』勁草書房に再録
アカー編 1992『ゲイ・リポート』飛鳥新社
赤川学 1993「セクシュアリティ・主体化・ポルノグラフィー」『ソシオロゴス』17、ソシオロゴス編集委員会
赤松啓介 1950『結婚と恋愛の歴史』明石書店、1993『女の歴史と民俗』(改題)明石書店
秋山洋子 1993『リブ私史ノート』インパクト出版会
浅井美智子 1990「〈近代家族幻想〉からの解放をめざして」江原由美子編『フェミニズム論争』勁草書房
安積遊歩 1993『癒しのセクシー・トリップ――わたしは車イスの私が好き』太郎次郎社
朝日ジャーナル編集部 1961「磯野論文をめぐって」『朝日ジャーナル』一九六一年四月六日号［上野編 1982 II］
浅間正通 1995「「男らしさ」という神話を憤る(梶谷雄二『男と女　すれ違う幻想』書評)」

『週刊読書人』二〇六七号
足立真理子 1987「マルクス主義フェミニズムの現在」『クライシス』32
天野正子 1988「「受」働から「能」働への実験」文眞堂
天野正子・伊藤公雄・伊藤るり・井上輝子・上野千鶴子・江原由美子・大沢真理・加納実紀代編、斎藤美奈子編集協力 2009-11『新編 日本のフェミニズム』全一二巻、岩波書店
網野善彦 1984『日本中世の非農業民と天皇』岩波書店
有賀夏紀 1988『アメリカフェミニズムの社会史』勁草書房
有地亨 1994『家族は変わったか』有斐閣選書
有吉佐和子 1967『非色』角川文庫
有吉佐和子 1975『複合汚染』新潮社
家田荘子 1991『イエロー・キャブ——成田を飛び立った女たち』恒友出版
石垣綾子 1955「主婦という第二職業論」『婦人公論』一九五五年二月号［上野編 1982 I］
石川准 1992『存在証明の社会学』新評論
石川弘義・斎藤茂男・我妻洋／共同通信「現代社会と性」委員会 1984『日本人の性』文藝春秋
石田雄 1994「一政治学者のみたジェンダー研究」原ひろ子他編『ライブラリ相関社会科学2 ジェンダー』新世社
石月静恵 1985「日本近代女性史研究の争点」『歴史科学』九九・一〇〇号
磯野富士子 1960「婦人解放論の混迷」『朝日ジャーナル』一九六〇年四月一〇日号［上野編

1982 II]
磯野富士子 1961「再び主婦労働について」『思想の科学』一九六一年二月号、思想の科学社 [上野編 1982 II]
伊田久美子 1992「資本主義批判の可能性」『現代思想』第二〇巻一号、青土社
伊田広行 1994「家事労働論・序説――労働力の価値と家事労働」『大阪経大論集』第四四巻五号、大阪経済大学
伊藤幹治 1982『家族国家観の人類学』ミネルヴァ書房
伊藤公雄 1993『〈男らしさ〉のゆくえ――男性文化の文化社会学』新曜社 [井上(輝)他編 1994-95 別冊]
伊藤セツ 1992「書評・上野千鶴子『家父長制と資本制』」『経済研究』第四三巻一号
伊藤孝夫 1991「「家」制度の終焉」『ユスティティア』2、ミネルヴァ書房
伊藤比呂美 1986『良いおっぱい悪いおっぱい』冬樹社、1992 集英社文庫
伊藤康子 1971「最近の日本女性史研究」『歴史学研究』一九七一年九月号 [古庄編 1987]
伊藤康子 1974『戦後日本女性史』大月書店
犬丸義一 1973「女性史研究の課題と観点・方法――マルクス主義史学の立場から」『歴史評論』二八〇号
犬丸義一 1982「女性史研究の成果と課題――日本近代女性史について」歴史学研究会編『現代歴史学の成果と課題II』青木書店
井上清 1948『日本女性史』三一書房

井上清 1953『新版日本女性史』三一書房
井上清 1962『現代日本女性史』三一書房
井上俊 1976『死にがいの喪失』筑摩書房
井上俊・上野千鶴子・大澤真幸・見田宗介・吉見俊哉編 1995-97『岩波講座現代社会学』全二六巻別巻一、岩波書店
井上輝子 1980『女性学とその周辺』勁草書房
井上輝子・上野千鶴子・江原由美子編、天野正子編集協力 1994-95『日本のフェミニズム』全七冊別冊一、岩波書店
井上輝子・上野千鶴子・江原由美子・大沢真理・加納実紀代編 2002『女性学事典』岩波書店
今井泰子 1993「〈主婦〉の誕生」『女性学』1、日本女性学会
ウィメンズセンター大阪 1987『ピル、私たちは選ばない』
上野千鶴子 1982「対幻想論」『思想の科学』一九八二年一月号、1986『女という快楽』勁草書房
上野千鶴子編 1982『主婦論争を読む・全資料』Ⅰ・Ⅱ、勁草書房
上野千鶴子 1985a『女という快楽』勁草書房
上野千鶴子 1985b『資本制と家事労働』海鳴社
上野千鶴子 1986『女は世界を救えるか』勁草書房
上野千鶴子 1988a『「女縁」が世の中を変える』日本経済新聞社、2008『「女縁」を生きた女たち』(改題)岩波現代文庫

上野千鶴子 1988b『接近遭遇』勁草書房
上野千鶴子 1989『スカートの下の劇場――ひとはどうしてパンティにこだわるのか』河出書房新社、1992 河出文庫
上野千鶴子 1990『家父長制と資本制』岩波書店、2009 岩波現代文庫
上野千鶴子 1991a「女性史と近代」吉田民人編『現代のしくみ』新曜社
上野千鶴子 1991b『一・五七ショック――出生率・気にしているのはだれ?』ウィメンズ・ブックストア松香堂書店
上野千鶴子 1992「唯物論的フェミニズムは可能である」『社会学評論』第四二巻三号、日本社会学会
上野千鶴子 1993「解説」赤松啓介『女の歴史と民俗』明石書店
上野千鶴子 1994a『近代家族の成立と終焉』岩波書店
上野千鶴子 1994b「日本のリブ――その思想と運動」井上(輝)他編『日本のフェミニズム①リブとフェミニズム』岩波書店、2002『差異の政治学』岩波書店
上野千鶴子 1994c「フロイトのまちがい」『思想の科学』一九九四年一月号、思想の科学社、1998『発情装置――エロスのシナリオ』筑摩書房、新版 2015 岩波現代文庫
上野千鶴子 1994d「欧州各国の出生率および家族政策の最新動向に関する調査報告」NIRA研究報告書『わが国出生率の変動要因とその将来動向に関する研究』総合研究開発機構
上野千鶴子 1995a「「セクシュアリティの近代」を超えて」井上(輝)他編『日本のフェミニズム⑥セクシュアリティ』岩波書店

上野千鶴子 1995b 「差異の政治学」 見田宗介他編 『岩波講座現代社会学11 ジェンダーの社会学』 岩波書店、2002 『差異の政治学』 岩波書店
上野千鶴子 1995c 「歴史学とフェミニズム」 『岩波講座日本通史 別巻1 歴史意識の現在』 岩波書店、2002 『差異の政治学』 岩波書店
上野千鶴子 1995d 「「労働」概念のジェンダー化」 脇田晴子・ハンレー編 『ジェンダーの日本史』 下、東京大学出版会、2002 『差異の政治学』 岩波書店
上野千鶴子 1995e 「ジェンダーの呪縛」 『記号学研究』 一五号、日本記号学会
上野千鶴子 1995f 「「恋愛結婚」の誕生」 東京大学公開講座 『結婚』 東京大学出版会
上野千鶴子 1995g 「連合赤軍とフェミニズム」 『諸君』 一九九五年二月号、文藝春秋
上野千鶴子 1996 「「家族」の世紀」 見田宗介他編 『岩波講座現代社会学19 〈家族〉の社会学』 岩波書店、2002 『差異の政治学』 岩波書店
上野千鶴子 1998 『ナショナリズムとジェンダー』 青土社、新版 2012 岩波現代文庫
上野千鶴子 2000 『上野千鶴子が文学を社会学する』 朝日新聞社、2003 朝日文庫
上野千鶴子編 2001 『構築主義とは何か』 勁草書房
上野千鶴子 2002 『差異の政治学』 岩波書店、新版 2015 岩波現代文庫
上野千鶴子 2010 『女ぎらい――ニッポンのミソジニー』 紀伊國屋書店
上野千鶴子 2015 『発情装置 新版』 岩波現代文庫
上野千鶴子・NHK取材班 1991 『九〇年代のアダムとイヴ』 日本放送出版協会
上野千鶴子・小倉千加子・富岡多恵子 1992 『男流文学論』 筑摩書房、1997 ちくま文庫

上野千鶴子・田中美由紀・前みち子 1993『ドイツの見えない壁』岩波新書
上野千鶴子・斎藤学 1996「対談　拒食症をめぐる身体へのまなざし」『シュトルム』7、シュトルム編集委員会
上野千鶴子・伏見憲明 1997「フェミニズムの視点から考える結婚制度」『クィア・スタディーズ』七つ森書館
内田隆三 1987『消費社会と権力』岩波書店
内田隆三 1989『社会記　序』弘文堂
梅棹忠夫 1969『知的生産の技術』岩波新書
江原由美子 1985「乱れた振り子――リブ運動の軌跡」『女性解放という思想』勁草書房
江原由美子 1988a『フェミニズムと権力作用』勁草書房
江原由美子 1988b「解放を無(な)みするもの――「社縁社会からの総撤退」論批判」『フェミニズムと権力作用』勁草書房
江原由美子 1992『フェミニズムの主張』勁草書房
江原由美子 2001『ジェンダー秩序』勁草書房
海老坂武 1986「独身差別に怒る」『シングル・ライフ――女と男の解放学』中央公論社［井上(輝)他編 1994–95 別冊］
大江健三郎 1958『飼育』新潮社
大熊信行 1957「家族の本質と経済」『婦人公論』一九五七年一〇月、中央公論社［上野編 1982 I］

大沢真理 1993a『企業中心社会を超えて──現代日本を〈ジェンダー〉で読む』時事通信社
大沢真理 1993b「「家事労働はなぜタダか」を手がかりとして」『社会科学研究』第四五巻三号
大塚英志 1996『「彼女たち」の連合赤軍』文藝春秋
岡真理 1995「女性報道」『現代思想』第二三巻三号、青土社
荻野美穂 1990「女の解剖学──近代的身体の成立」荻野他編『制度としての〈女〉──性・産・家族の比較社会史』平凡社
荻野美穂 1993a「身体史の射程」『日本史研究』三六六号
荻野美穂 1993b「日本における女性史研究とフェミニズム」『日本の科学者』第二二巻一二号、日本科学者会議、水曜社
荻野美穂 1994『生殖の政治学』山川出版社
小倉千加子 1988『セックス神話解体新書』学陽書房、1995 ちくま文庫
小倉千加子 2001『セクシュアリティの心理学』有斐閣
小倉利丸・大橋由香子 1991『働く／働かない／フェミニズム』青弓社
小此木啓吾 1978『モラトリアム人間の時代』中央公論社
織田元子 1988『フェミニズム批評』勁草書房
小田亮 1996『一語の辞典　性』三省堂
落合恵美子 1989『近代家族とフェミニズム』勁草書房
落合仁司・落合恵美子 1991「家父長制は誰の利益か──マルクス主義フェミニズム批判」『現代思想』第一九巻一一号、青土社

小野貴邦 1988『ドゥ・ハウス基本マニュアル　聞く力の訓練』ドゥ・ハウス
掛札悠子 1992『「レズビアン」である、ということ』河出書房新社
掛札悠子 1994「レズビアンはマイノリティか?」『女性学年報』15、日本女性学研究会女性学年報編集委員会
掛札悠子 1997「抹消(抹殺)されること」河合隼雄・大庭みな子編『現代日本文化論2／家族と性』岩波書店
風間孝・K. ヴィンセント・河口和也 1997『ゲイ・スタディーズ』青土社
梶谷雄二 1994『男と女　すれ違う幻想』三元社
鹿嶋敬 1987「夫無用の次代」『男と女　変わる力学』岩波新書［井上(輝)他編 1994-95 別冊］
春日キスヨ 1989『父子家庭を生きる――男と親の間』勁草書房
加藤秀一 1993「〈女〉という迷路」『フェミニズム・コレクション』Ⅱ、勁草書房
加藤秀一 1994「ジェンダーとセクシュアリティ」庄司・矢澤編『知とモダニティの社会学』東京大学出版会
加藤秀一・坂本佳鶴恵・瀬地山角編 1993『フェミニズム・コレクション』全三巻、勁草書房
金塚貞文 1982『オナニスムの秩序』みすず書房［井上(輝)他編 1994-95 別冊］
金塚貞文 1992『オナニスト宣言――性的欲望なんていらない!』青弓社
鹿野政直　1989『婦人・女性・おんな』岩波新書
加納実紀代 1979『女性と天皇制』思想の科学社
加納実紀代 1985「社縁社会からの総撤退を」『新地平』一三一号、新地平社

加納実紀代 1987『女たちの〈銃後〉』筑摩書房
川喜多二郎 1966『発想法』中公新書
川喜多二郎 1970『続発想法』中公新書
河野貴代美 1990『性幻想』学陽書房、2000 中公文庫
川畑智子 1995「性的奴隷制からの解放」江原由美子編『性の商品化』勁草書房
川村邦光 1993『オトメの祈り――近代女性イメージの誕生』紀伊國屋書店
川村邦光 1994『オトメの身体――女の近代とセクシュアリティー』紀伊國屋書店
神田道子 1974「主婦論争」『講座家族8　家族観の系譜』弘文堂
岸田美智子・金満里 1984『私は女』長征社
喜多野清一 1976『家と同族の基礎理論』未来社
木下律子 1983『王国の妻たち――企業城下町にて』径書房、1988『妻たちの企業戦争』(改題)現代教養文庫
金伊佐子(キム・イサジャ)1992「在日女性と解放問題」フェミローグの会編『フェミローグ』3、玄文社
金静美(キム・チョンミ)1994『水平運動史研究――民族差別批判』現代企画室
国立市公民館 1973『主婦とおんな――国立市公民館市民大学セミナーの記録』未来社
栗原弘 1994『高群逸枝の婚姻女性史像の研究』高科書店
黒澤亜里子 1995「近代日本のおける〈両性の相克〉問題」脇田・ハンレー編『ジェンダーの日本史』下、東京大学出版会

高史明(コウ・サミョン)1974『生きることの意味――ある少年のおいたち』筑摩書房
国立婦人教育会館編 1994『高等教育機関における女性学関連科目等の年現況――平成度調査報告』国立婦人教育会館
小路田泰直 1993「書評・女性史総合研究会編『日本女性生活史4　近代』」『日本史研究』三六六号
古庄ゆき子編・解説 1987『資料女性史論争』ドメス出版
小浜逸郎 1990『男はどこにいるのか』草思社
小浜逸郎 1994『中年男性論』筑摩書房
駒尺喜美編 1985『女を装う』勁草書房
駒野陽子 1976「『主婦論争』再考」『婦人問題懇話会会報』25、婦人問題懇話会
米谷ふみ子 1985『過越しの祭』新潮社
小山静子 1991『良妻賢母という規範』勁草書房
斎藤学 1994『生きるのが怖い少女たち』光文社
斎藤学 1999『封印された叫び――心的外傷と記憶』講談社
斎藤茂男 1982『妻たちの思秋期』共同通信社
斎藤茂男 1993「取材ノート」『ルポルタージュ日本の情景1』岩波書店
斎藤光 1994「極私的関心としてのアブナイ人体現象」『現代風俗'94』リブロポート
酒井順子 1993「一九八〇年代以降のイギリス女性史の潮流」『女性史学』3、性史総合研究会
佐高信 1990『新版　KKニッポン就職事情』講談社文庫

佐高信 1991『「非会社人間」のすすめ』講談社文庫
嶋津千利世 1955「家事労働は主婦の天職ではない」『婦人公論』一九五五年六月、中央公論社［上野編 1982 I］
女性史総合研究会編 1982『日本女性史』全五巻、東京大学出版会
女性史総合研究会編 1990『日本女性生活史』全五巻、東京大学出版会
杉原名穂子 1992「日本フェミニズムにおける「近代」の問題」江原由美子編『フェミニズムの主張』勁草書房
鈴木アキラ 1993「両親への手紙」『Kick Out』7［井上(輝)他編 1994-95 別冊］
鈴木裕子 1986『フェミニズムと戦争』マルジュ社
鈴木裕子 1989a『女性史を拓く1　母と女』未来社
鈴木裕子 1989b『女性史を拓く2　翼賛と抵抗』未来社
鈴木裕子 1996a『女性史を拓く3　女と〈戦後五〇年〉』未来社
鈴木裕子 1996b『女性史を拓く4　「慰安婦」問題と戦後責任』未来社
鈴木裕子 1997『戦争責任とジェンダー』未来社
鈴木由美子 1992『自分だけ違う意見が言えますか』コープ出版
盛山和夫 1993「「核家族化」の日本的意味」直井優他編『日本社会の新潮流』東京大学出版会
関島久雄 1956「経営者としての自信をもて」『婦人公論』一九五九年九月、中央公論社［上野編 1982 I］
瀬地山角 1990a「家父長制をめぐって」江原由美子編『フェミニズム論争——七〇年代から九

〇年代へ』勁草書房
瀬地山角 1990b「主婦の誕生と変遷」『相関社会科学』1、東京大学総合文化研究科
瀬地山角 1993「達成のかなたへ――フェミニズムはもう古いか」『フェミニズム・コレクション』I、勁草書房
瀬地山角 1994a「再生産費用分担システムの比較社会学――アジア女性の社会進出を支えるもの」『創文』三五五号、創文社
瀬地山角 1994b「フェミニズムは女性のものか」庄司・矢澤編『知とモダニティの社会学』東京大学出版会
芹沢俊介 1997『戦後日本の性と家族』白川書院
全国過労死を考える家族の会編 1992『日本は幸福(しあわせ)か――過労死・残された五十人の妻たちの手記』教育史料出版会
千田夏光 1978『従軍慰安婦』三一書房
高木侃 1987『三くだり半』平凡社選書
高木督夫 1960「婦人運動における労働婦人と家庭婦人」『思想』一九六〇年一二月号、岩波書店[上野編 1982 II]
高橋ますみ 1986『女40歳の出発――経済力をつける主婦たちの輪』学陽書房
高群逸枝 1948『女性の歴史』印刷局、1954 講談社、1972 講談社文庫
高群逸枝 1965-67『高群逸枝全集』全一〇巻、理論社
竹田青嗣・小浜逸郎 1994『力への思想』學藝書林

武田玲子 1995「医療の中の女性の身体」脇田・ハンレー編『ジェンダーの日本史』上、東京大学出版会
竹中恵美子 1989a『戦後女子労働史論』有斐閣
竹中恵美子 1989b「一九八〇年代マルクス主義フェミニズムについての若干の覚書――Patriarchal Capitalism の理論構成をめぐって」『経済学雑誌』第九〇巻二号
竹中恵美子・久場嬉子編 1993『労働力の女性化』有斐閣
竹村和子 1997「資本主義社会とセクシュアリティ」『思想』一九九七年九月号、岩波書店
田崎英明 1993『セックスなんてこわくない』河出書房新社
田嶋陽子 1986「父の娘と母の娘と」鷲見八重子・岡村直美編『現代イギリスの女性作家』勁草書房
たじりけんじ 1989「がんばらない哲学」男も女も育児時間を！連絡会編『男と女で「半分こ」イズム――主夫でもなく、主婦でもなく』学陽書房［井上(輝)他編 1994-95 別冊］
館かおる 1994「女性の参政権とジェンダー」『ライブラリ相関社会科学2　ジェンダー』新世社
立岩真也 1994「妻の家事労働に夫はいくら支払うか――家族／市場／国家の境界を考察するための準備」『人文研究』23、千葉大学
立岩真也「市場は性差別から利益を得ていない」(未発表)
田中和子 1987「フェミニスト社会学のゆくえ」女性学研究会編『講座女性学4　女の目で見る』勁草書房［井上(輝)他編 1994-95 ②］

田中喜美子・木内信胤 1992『エロスとの対話』新潮社
田中豊子 1960「磯野論文のもつ意義を評価」『労働研究』一九六〇年一一月号
田中美津 1970「女性解放への個人的視点」[溝口他編 1992 I]
田中美津 1972a『いのちの女たちへ』田畑書店、1992 河出文庫、2001 パンドラ出版
田中美津 1972b「敢えて提起する＝中絶は既得の権利か？」[溝口他編 1994 II]
田中美津 1983『何処にいようと、りぶりあん』社会評論社
谷口和憲 1994「性――女と男の豊かな関係――脱買春への道」豊島区立男女平等推進センター編・発行『男が語る家族・家庭』[井上(輝)他編 1994–95 別冊]
田端泰子 1987『日本中世の女性』吉川弘文館
田間泰子 1991「中絶の社会史」鶴見俊輔他編『シリーズ変貌する家族1　家族の社会史』岩波書店
中ピ連 1972「「子殺し」について、〝集会のビラ〟という妙なビラに反論」『ネオリブ』6 [溝口他編 1994 II]
鄭暎惠(チョン・ヨンへ)・上野千鶴子 1993「外国人問題とは何か」『現代思想』一九九三年八月号、青土社
蔦森樹 1990a『男だってきれいになりたい』マガジンハウス
蔦森樹 1990b「〈男〉と〈非男〉――性差による言葉のポリティクス」『翻訳の世界』一九九〇年九月号、1993『男でもなく女でもなく――新時代のアンドロジナスたちへ』勁草書房［井上(輝)他編 1994–95 別冊］

都留重人 1959「現代主婦論」『婦人公論』一九五九年五月号、中央公論社［上野編 1982 I］
デュビィ、G、ペロー、M 1994 杉村和子訳「「女性」とは何か」『機』37、藤原書店
土居健郎 1971『「甘え」の構造』弘文堂
東京こむうぬ 1971「ひらけひらこう・ひらけごま！」［溝口他編 1994 II］
戸田貞三 1937『家族構成』新泉社
富岡多恵子 1983『わたしのオンナ革命』大和書房、1984 ダイワアート
富岡多恵子 1984『藤の衣と麻の衾』中央公論社
中根千枝 1967『タテ社会の人間関係』講談社
中根千枝 1970『家族の構造』東京大学出版会
中山茂 1974『歴史としての学問』中央公論社
成田龍一 1993「衛生意識の定着と「美のくさり」――一九二〇年代、女性の身体をめぐる一局面」『日本史研究』三六六号
鳴海貴明 1992「依存症患者の告白」『Kick Out』3［井上(輝)他編 1994-95 別冊］
西川祐子 1982a『森の家の巫女』新潮社、1990『高群逸枝』(改題新版)第三文明社
西川祐子 1982b「戦争への傾斜と翼賛の婦人」女性史総合研究会編『日本女性史4　近代』東京大学出版会
西川祐子 1990「住まいの変遷と「家族」の成立」女性史総合研究会編『日本女性生活史4　近代』東京大学出版会
西川祐子 1991「近代国家と家族モデル」河上倫逸編『ユスティティア』2、ミネルヴァ書房

西川祐子 1993「比較史の可能性と問題点」『女性史学』3、女性史総合研究会
西川祐子 1995「男の家、女の家、性別のない部屋」脇田・ハンレー編『ジェンダーの日本史』下、東京大学出版会
西川祐子 2000『近代国家と家族モデル』吉川弘文館
日本女性学研究会'85・5シンポジウム企画集団編 1985『フェミニズムはどこへゆく――女性原理とエコロジー』松香堂書店
野中柊 1992『アンダーソン家のヨメ』ベネッセコーポレーション
萩原弘子 1988『解放への迷路――イヴァン・イリッチとはなにものか』インパクト出版会
橋爪大三郎 1994『性愛論』岩波書店
橋本治 1979『桃尻娘』講談社
橋本治 1982「男の子リブのすすめ」『蓮と刀――どうして男は〝男〟をこわがるのか?』作品社、1986 河出文庫［井上(輝)他編 1994–95 別冊］
橋本治 1987–95『桃尻語訳　枕草子』上・中・下、河出書房新社
橋本治 1993『ぼくらの Sex』集英社
長谷川博子 1984「女・男・子供の関係史にむけて――女性史研究の発展的解消」『思想』一九八四年五月号、岩波書店
長谷川三千子 1984「男女雇用平等法は文化の生態系を破壊する」『中央公論』一九八四年五月号、中央公論社
畠山芳雄 1960「主婦経営者論」『婦人公論』一九六〇年一〇月号［上野編 1982 I］

バダンテール、エリザベート 1981 鈴木晶訳『プラス・ラブ』サンリオ
濱口惠俊 1977『日本らしさの再発見』東洋経済新報社
早川紀代 1991a「女性史研究における方法的課題――アメリカを中心に」『日本史研究』三四五号
早川紀代 1991b「女性史とフェミニズム」歴史科学協議会編『女性史研究入門』三省堂
原ひろ子・岩男寿美子編 1979『女性学ことはじめ』講談社
原田正純 1989『水俣が映す世界』日本評論社
パンドラ編(福島瑞穂・中野理惠)1990『買う男・買わない男』現代書館
比較家族史学会 1996『事典　家族』弘文堂
樋口恵子 1973「女性書ブームを考える」『朝日新聞』一九七三年四月六日
樋口恵子他 1985「シンポジウム　女たちのいま、そして未来は?」『世界』一九八五年八月号、岩波書店
樋口恵子・渥美雅子・加藤富子・木村栄 1986『日本男性論』三省堂
彦坂諦 1991「「戦争と性」にまつわる神話――兵士は殺し殺されるために女を犯す」『男性神話』径書房[井上(輝)他編 1994-95 別冊]
久場嬉子 1987「マルクス主義フェミニズムの課題」女性学研究会編『講座女性学4　女の目でみる』勁草書房
久場嬉子 1993「グローバル資本蓄積と女性労働」竹中恵美子編著『グローバル時代の労働と生活』ミネルヴァ書房

平野広朗 1994『アンチ・ヘテロセクシズム』現代書館(発行パンドラ)
フォーラム女性の生活と展望 1994『女性の生活と展望』
深見史 1975「産の中間総括」「現代子育て考」編集委員会編『現代子育て考』1、現代書館
福武直・日高六郎・高橋徹編 1958『社会学辞典』有斐閣
藤枝澪子 1985「ウーマン・リブ」朝日ジャーナル編『女の戦後史Ⅲ(昭和40、50年代)』朝日選書
フジタニ・タカシ 1994「近代日本における権力のテクノロジー――軍隊・「地方」・身体」『思想』一九九四年一一月号、岩波書店
伏見憲明 1991『プライベート・ゲイ・ライフ――ポスト恋愛論』学陽書房
藤目ゆき 1991「赤線従業員組合と売春防止法」『女性史学』1、女性史総合研究会
船橋邦子 1984「新しい歴史学の方法と今後の女性史研究への一視角」『婦人問題懇話会会報』41、婦人問題懇話会
船曳建夫・小林康夫編 1994『知の技法』東京大学出版会
古川誠 1993「同性愛者の社会史」『別冊宝島176　社会学入門』宝島社［井上(輝)他編 1994-95 別冊］
古川誠 1994「セクシュアリティの変容――近代男性の同性愛をめぐる三つのコード」『日米女性ジャーナル』17、日米女性センター
古久保さくら 1991「らいてうの「母性主義」を読む――母性を基軸にしたフェミニズム再考のために」『女性学年報』12、日本女性学研究会女性学年報編集委員会

古田睦美 1994「女性と資本主義――「マルクス主義フェミニズム」の理論的枠組」『女性学』vol.2, 新水社
フロイト 1969 懸田克躬・高橋義孝他訳「性欲論三篇」『フロイト著作集』5、人文書院
星建男 1977「子育てから遥か離れて――〝男〟の子育てから」、「現代子育て考」編集委員会編『現代子育て考』3、現代書館［井上(輝)他編 1994-95 別冊］
細谷実 1994「「リアル・マン」って、どんな奴?」『性別秩序の世界』マルジュ社［井上(輝)他編 1994-95 別冊］
ボロボイ、エイミイ 1996「世話女房とその倫理――アルコール依存症者「家族ミーティング」にて」『日米女性ジャーナル』20、日米女性センター
前田成文・坪内良博 1977『核家族再考』弘文堂
松井真知子 1995「アイデンティティ形成の舞台としての学校――ジェンダー・階級・人種・エスニシティ」『女性学年報』16、日本女性学研究会女性学年報編集委員会
松井真知子 1997『短大はどこへ行く』勁草書房
丸岡秀子編 1981『日本婦人問題資料集成9　思潮　下』ドメス出版
水田珠枝 1960「主婦労働の値段」『朝日ジャーナル』一九六〇年九月二五日号［上野編 1982 II］
水田珠枝 1973「女性史は成立するか」『女性解放思想の歩み』岩波新書［古庄編 1987］
水田珠枝 1979「日本におけるウーマン・リブ」『あごら』20、BOC出版部
水田珠枝 1991「マルクス主義フェミニズムの再検討のために――上野千鶴子『家父長制と資

本制』を読む」『思想』一九九一年六月号、岩波書店
溝口明代・佐伯洋子・三木草子編 1992–95『資料　日本ウーマン・リブ史』Ⅰ・Ⅱ・Ⅲ、ウィメンズ・ブックストア松香堂書店
見田宗介・栗原彬・田中義久編 1988『社会学事典』弘文堂
宮城公子 1993「明治革命とフェミニズム」『女性史学』3、女性史総合研究会
三宅義子 1994「近代女性史の再創造のために」『社会の発見』神奈川大学評論叢書
宮崎ふみ子 1995「両性の関係の歴史としての女性史――『女の歴史Ⅲ　十六―十八世紀』を読んで」デュビィ&ペロー監修、杉村和子・志賀亮一監訳『女の歴史Ⅲ　十六―十八世紀』2、藤原書店
宮台真司 1994『制服少女たちの選択』講談社
宮台真司・石原英樹・大塚明子 1993『サブカルチャー神話解体』パルコ出版
牟田和恵 1990a「日本近代化と家族――明治期「家族国家観」再考」筒井清忠編『「近代日本」の歴史社会学』木鐸社
牟田和恵 1990b「明治期総合雑誌にみる家庭像――「家族」の登場とパラドックス」『社会学評論』第四一巻一号、日本社会学会
牟田和恵 1996『戦略としての家族』新曜社
村上淳一 1985『ドイツ市民法史』東京大学出版会
村上信彦 1955–56『服装の歴史』全三巻、理論社
村上信彦 1969–72『明治女性史』全四巻、理論社

村上信彦 1970「女性史研究の課題と展望」『思想』一九七〇年三月号、岩波書店［古庄編 1987］
村上信彦 1978『日本の婦人問題』岩波新書
村上泰亮・公文俊平・佐藤誠三郎 1979『文明としてのイエ社会』中央公論社
村瀬幸治 1993『男性解体新書』大修館書店
村瀬春樹 1984「〈ハウスハズバンド〉宣言」『怪傑！ ハウスハズバンド』晶文社［井上(輝)他編 1994-95 別冊］
毛利明子 1960「「労働力」の価値と主婦労働」『朝日ジャーナル』一九六〇年九月二五日号［上野編 1982 II］
森岡清美・塩原勉・本間康平編 1993『新社会学辞典』有斐閣
森崎和江 1965『第三の性』三一書房、1992 河出文庫
森崎和江 1970a『闘いとエロス』三一書房
森崎和江 1970b『非所有の所有』現代思潮社
森崎和江 1976『からゆきさん』朝日新聞社
森崎和江 1989「産むこと」森崎編『日本の名随筆77 産』作品社
森崎和江 1994『いのちを産む』弘文堂
守永英輔 1986「企業という〝車座社会〟のなかで」『男が変わる――自分自身への独立宣言』ダイヤモンド社［井上(輝)他編 1994-95 別冊］
もろさわようこ 1969『信濃のおんな』上・下、未来社
諸橋泰樹 1990-92「男性学への契機――魔男の宅急便」『新しい家庭科 We』一九九〇年四月号

〜一九九二年二・三月号、ウイ書房
柳田国男 1931『明治大正史　世相篇』朝日新聞社、1976 講談社学術文庫
矢野俊平 1994「マルクス主義フェミニズムにおける家事労働把握――上野千鶴子『家父長制と資本制』入門」岡村東洋光・佐々野謙治・矢野俊平『制度・市場の展望』昭和堂
山崎カヲル 1992「フェミニズムとマルクス主義と……」『現代思想』第二〇巻一号、青土社
山崎浩一 1990「『メンズ・ノンノ』『ポパイ』『ホットドッグ・プレス』が男の不幸を象徴している！――今の男たちに必要なのは、女たちなどよりも、徹底的な孤独なのだ！」『別冊宝島107　女がわからない！』宝島社［井上(輝)他編 1994-95 別冊］
山崎浩一 1993『男女論』紀伊國屋書店
山崎朋子 1972『サンダカン八番娼館――底辺女性史序章』筑摩書房
山本茂実 1968『あゝ野麦峠――ある製糸工女哀史』朝日新聞社
梁容子(ヤン・ヨンジャ)1993「マイノリティ・フェミニズムの確立を」「マイノリティ・フェミニズム元年」『月刊家族』九五、九六号、家族社
結木美砂江 1991『二、三歳児のママはたいへん』汐文社
ゆのまえ知子 1984「女性史の流れと「関係史」への疑問」『婦人問題懇話会会報』41、婦人問題懇話会
要田洋江 1986「「とまどい」と「抗議」――障害児受容過程にみる親たち」『解放社会学研究』1、日本解放社会学会［井上(輝)他編 1994-95 ⑤］
要田洋江 1999『障害者差別の社会学』岩波書店

横田冬彦 1995「「女大学」再考――日本近世における女性労働」脇田・ハンレー編『ジェンダーの日本史』下、東京大学出版会
善積京子 1989「スウェーデンの男たち」『女性学年報』10、日本女性学研究会女性学年報編集委員会
吉本隆明・芹沢俊介 1985『対幻想――n個の性をめぐって』春秋社
米田佐代子 1971「現代の婦人運動と「女性史」の課題――井上清『日本女性史』をめぐって」『経済』一九七一年三月号［古庄編 1987］
米田佐代子 1972『近代日本女性史』上・下、新日本出版社
米田佐代子 1991「現代日本の女性状況と女性史の課題」歴史科学協議会編『女性史研究入門』三省堂
米本昌平 1989『遺伝管理社会』弘文堂
歴史科学協議会編 1991『女性史研究入門』三省堂
脇田晴子編 1985『母性を問う――歴史的変遷』上・下、人文書院
脇田晴子他 1987『日本女性史』吉川弘文館
脇田晴子 1992『日本中世女性史の研究』東京大学出版会
脇田晴子 1993「日本における「家」の成立と女性――中世を中心に」『日米女性ジャーナル』13
脇田晴子&ハンレー、S・B編 1994-95『ジェンダーの日本史』上・下、東京大学出版会
鷲田清一 1999『「聴く」ことの力』TBSブリタニカ

渡辺多恵子 1960「労働者と母親・主婦運動」『学習の友』一九六〇年一〇月号、学習の友社［上野編 1982 II］

渡辺恒夫 1986『脱男性の時代――アンドロジナスをめざす文明学』勁草書房［井上(輝)他編 1994-95 別冊］

渡辺みえこ 1997『女のいない死の楽園――供犠の身体・三島由紀夫』パンドラ、発売現代書館

綿貫礼子編 2012『放射能汚染が未来世代に及ぼすもの』新評論

Anderson, Benedict, 1983, *Imagined Communities.* Verso Editions and NLB. = 1987 白石隆・白石さや訳『想像の共同体』リブロポート

Ariès, Philippe, 1960, *L'Enfant et la Vie Familiale sous l'Ancien Régime.* Paris: Éditions du Seuil. = 1980 杉山光信・恵美子訳『〈子供〉の誕生――アンシァン・レジーム期の子供と家族生活』みすず書房

Badinter, Elizabeth, 1980, *L'Histoire de l'amour maternal,* XVIIe-XXe siècle, nouvelle édition. Paris: Flammarion. = 1981 鈴木晶訳『母性本能という神話の終焉』サンリオ

Benedict, Ruth, 1967, *The Crysanthemum and Sword.* Houghton Mifflin. = 1972 長谷川松治訳『菊と刀――日本文化の型』社会思想社

Beneke, Timothy, 1982, *Men on Rape.* St. Martin's Press. = 1988 鈴木晶・幾島幸子訳『レイプ・男からの発言』筑摩書房

Bloch, I., 1914, *Aufgabe und Ziele der Sexualwissenschaft, Zeitschrift Sexualwissenschaft*, Bund 1.

Blumstein & Schwartz, 1983 American Couples: money work, sex, New York, William Morrow and Co.＝1985 南博訳『アメリカン・カップルズ』全二冊、白水社

Bray, Allan, 1982, *Homosexuality in Renaissance England*. GMP.＝1993 田口孝夫・山本雅男訳『同性愛の社会史』彩流社

Butler, Judith, 1990, *Gender Trouble: Feminism and Subversion of Identity*. New York and London: Routledge.＝1994-95 荻野美穂訳「セックス／ジェンダー／欲望の主体」上・下（抄訳）『思想』一九九四年一二月号、一九九五年一月号、岩波書店、1999 竹村和子訳『ジェンダー・トラブル』青土社

Butler, Judith, 1992, Contingent Foundations: Feminism and the Question of "Post-Modernism", in Butler & Scott, eds., *Feminists Theorize the Political*. New York and London: Routledge.

Butler, Judith, 1993, *Bodies That Matter: On the Discursive Limits of "Sex"*. New York and London: Routledge.

Cott, Nancy, 1977, *The Bonds of Womanhood: "Women's" Sphere in New England, 1780-1835*. New Haven: Yale UP.

Dahrendorf, R., 1959, *Class and Class Conflict in Industrial Society*. Stanford, California: Stanford University Press.＝1964 富永健一訳『産業社会における階級および階級闘争』ダイ

ヤモンド社

Dalby, Liza, 1983, *Geisha*. New York: Vintage Books.

Dalla Costa, M. & James, S., 1972, *The Power of Women and the Subversion of the Community*. London: Falling Wall Press. = 1986 伊田久美子・伊藤公雄訳『家事労働に賃金を』インパクト出版会

Delphy, Christine, 1984, *Close to Home: A Materialist Analysis of Women's Oppression*, translated and edited by Dinna Leonard. Boston: The University of Massachusetts Press. = 1996 井上たか子・加藤康子・杉藤雅子訳『なにが女性の主要な敵なのか――ラディカル・唯物論的分析』勁草書房

Delphy, Christine, 1989, *Sexe et genre, in Global Perspectives on Changing Sex-Role*. National Women's Education Centre. = 1989「セックスとジェンダー」『性役割を変える――地球的視点から』国立婦人教育会館

D'Emilio, John, 1983, Capitalism and Gay Identity in Powers of Desire = 1997 風間孝訳・解題「資本主義とゲイ・アイデンティティ」『現代思想』一九九七年五月号、青土社

Duby, G., et Perrot, M., eds., 1991-93, *Histoire des femmes en Occident*. Paris: Plon. = 1994-95 杉村和子・志賀亮一監訳『女の歴史』全五巻、藤原書店

Dumon, Louis, 1970, *Homo Hierarchicus*. Chicago: University of Chicago Press.

Eco, Umberto, 1976, *A Theory of Semiotics*. Bloomington, Indiana: Indiana University Press. = 1980 池上嘉彦訳『記号論』Ⅰ・Ⅱ、岩波書店

Ellis, Havelock, 1993, *The Psychology of Sex*. London: William Heineman.

Faludi, Susan, 1991, *Backlash: The Undeclared War against American Women*. Crown. = 1994 伊藤由紀子他訳『バックラッシュ――逆襲される女たち』新潮社

Farrel, Warren, 1986, *Why Men Are The Way They Are*. McGraw Hill. = 1987 石井清子訳『男の不可解　女の不機嫌――男心の裏読み・速読み・斜め読み』主婦の友社

Federman, Lillian, 1991, *Odd Girls and Twilight Lovers*, Columbia University Press = 1996 富岡明美・原美奈子訳『レスビアンの歴史』筑摩書房

Fineman, Martha, 1995 The Neutered Mother, the Sexual Family, and Other Twentieth Century Tragedies, New York and London: Routledge

Firestone, Shulamith, 1970, *The Dialectic of Sex—The Case for Feminist Revolution*. William Morrow & Co. = 1972 林弘子訳『性の弁証法』評論社

Flandrin, Jean-Louis, 1981, *Le sexe et l'Occident*. Paris: Editions du Seuil. = 1987 宮原信訳『性と歴史』新評論、1992『性の歴史』(改題)藤原書店

Foucault, Michel, 1969, *L'Archéologie de savoir*. Paris: Gallimard. = 1981 中村雄二郎訳『知の考古学』河出書房新社

Foucault, Michel, 1976–84, *L'historie de la sexualité*, tome I–III. Paris: Editions Gallimard. = 1986–87 渡辺守章他訳『性の歴史』全三巻、新潮社

Friedan, B., 1963, *Feminine Mystique*. New York: Dell. = 1965 三浦富美子訳『新しい女性の創造』、1977『増補　新しい女性の創造』大和書房

Furukawa, Makoto, 1994, The Changing nature of sexuality: the three codes framing homosexuality in modern Japan, *U.S.-Japan Women's Journal*: English supplement, No. 7. The U.S.-Japan Women's Center.

Gamson, William, 1992, *Talking Politics*. Cambridge: Cambridge University Press.

Gay, Peter, 1984, *The Bourgeois Experience: Victoria to Freud*, Vol. 1, Education of the Senses. Oxford: Oxford University Press.

Gilligan, Carol, 1982, *In a Different Voice: Psychological Theory and Women's Development*. Cambridge: Harvard University Press. = 1986 岩男寿美子監訳『もうひとつの声』川島書店

Go, Liza, 1993, Jugun Ianfu, Karayuki, Japayuki: a Continuity in Commodification, *Health Alert*, 139, March.

Goldberg, Herb, 1976, *The Hazards of Being Male: Surviving the Myth of Masculine Privilege*. New York: Nash Pub. = 1982 下村満子訳『男が崩壊する』ＰＨＰ研究所

Gouldner, A. W., 1979, *The Future of Intellectuals and the Rise of the New Class*. The Seabury Press. = 1988 原田達訳『知の資本論――知識人の未来と新しい階級』新曜社

Hartman, Heidi, 1981, The unhappy marriage of Marxism and feminism: towards a more progressive union, in Sargent ed., *Women & Revolution*. Pluto Press. = 1991 田中かず子訳『マルクス主義とフェミニズムの不幸な結婚』勁草書房

Hobsbaum, E. & Ranger, T., 1983, *The Invention of Tradition*. Cambridge: Cambridge Uni-

versity Press. = 1992 前川啓治他訳『創られた伝統』紀伊國屋書店
Hockshield, A., 1989, *The Second Shift: Working Parents and the Revolution at Home*. New York: Penguin Books. = 1990 田中和子訳『セカンド・シフト』朝日新聞社
Hsu, F. L. K., 1963, *Clan, Caste, and Club*. Van Nostrand. = 1971 作田啓一・濱口惠俊訳『比較文明社会論――クラン・カスト・クラブ・家元』培風館
Hunt, Lynn, 1992, *The Family Romance of the French Revolution*. California: The University of California Press. = 1999 西川長夫他訳『フランス革命と家族ロマンス』平凡社
Illich, Ivan, 1982, *Gender*. Marion Boyers. = 1984 玉野井芳郎訳『ジェンダー』岩波書店
Irigaray, Luce, 1977, *Ce Sexe Qui N'en Est Pas Un*. Paris: Editions de Minuit. = 1987 棚沢直子訳『ひとつではない女の性』勁草書房
Johnson, Barbara, 1987, *A World of Difference*. Johns Hopkins University. = 1990 大橋洋一他訳『差異の世界』紀伊國屋書店
Kaluzynska, Eva, 1980, Wiping the floor with theory: a survey of writings of housework, *Feminist Review*, 6.
Kinsey, Pommeroy & Martin, 1948, *Sexual Behavior in the Human Male*. Sanders Co. = 1950 永井潜・安藤畫一他訳『人間に於ける男性の性行為』上・下、コスモポリタン社
Klein, Fritz, 1993, *The Bisexual Option* = 1997 河野貴代美訳『バイセクシュアルという生き方』現代書館
Krafft-Ebing, Richard von, 1886, *Psychopathia Sexualis*. Enke.

Kuhn, Annette & Wolpe, Annmarie, eds., 1978, *Feminism and Materialism*. London: Routledge & Kegan Paul.＝1984 上野他訳『マルクス主義フェミニズムの挑戦』勁草書房
Kuhn, Thomas S., 1962, *The Structure of Scientific Revolution*. Chicago: University of Chicago Press.＝1971 中山茂訳『科学革命の構造』みすず書房
Laing, R. D., 1960, *The Devided Self*. London: Tavistock Publications, New York: Pantheon.＝1971 阪本健二・志貴春彦他訳『ひき裂かれた自己』みすず書房
Laquer, Thomas, 1990, *Making Sex: Body and Gender from the Greeks to Freud*. Cambridge: Harvard University Press.＝1998 高井宏子・細谷等訳『セックスの発明』工作舎
Laslett, Peter & Wall, Richard, eds., 1972, *Household and Family in Past Time*. Cambridge: Cambridge University Press.
Levi-Strauss, Claude, 1958, *L'Anthropologie structurale*. Paris: Librairie Plon.＝1972 荒川幾男・生松敬三他訳『構造人類学』みすず書房
Lewis, Oscar, 1961, *Children of Sanchez: Autobiography of a Mexican Family*. New York: Random House.＝1969, 1986 柴田稔彦・行方昭夫訳『サンチェスの子どもたち』みすず書房
Malinowski, B., 1924, Mutterrechtliche Famille und Oedipus-Komplex: Eine Psychoanalytische Studies, *Imago*, Vol. X, Heft 2/3.
Malinowski, B., 1929, *The Sexual Life of Savages*, with a preface of Havelock Ellis. 1987, Reprint edition. London: Beacon Press.＝1971 泉精一・蒲生正男訳『未開人の性生活』新泉社

Mead, Margaret, 1949, *Male and Female*. New York: William Morrow.＝1961 田中寿美子・加藤秀俊訳『男性と女性』上・下、東京創元社

Michael, Gagnon, Lauman & Kolata, 1994, *Sex in America: A Definitive Survey*, New York: Little, Brown & Co.＝1996 近藤隆文訳『セックス・イン・アメリカ』日本放送出版協会

Millet, K., 1970, *Sexual Politics*. New York: Doubleday, 1977, Virago.＝1973 藤枝澪子訳『性の政治学』ドメス出版

Money, John & Tucker, P., 1975, *Sexual Signatures: on Being a Man or a Woman Little*. Brown.＝1979 朝山新一訳『性の署名』人文書院

Morgan, Robin, ed., 1984, *Sisterhood Is Global*. Garden City, N.Y.: Anchor Press.

Morrison, Toni, 1992, *Playing in the Dark: Whiteness and the Literary Imagination*.＝1994 大社淑子訳『白さと想像力――アメリカ文学の黒人像』朝日選書

Mosse, George L., 1985, *Nationalism & Sexuality: Middle-class Morality and Sexual Norms in Modern Europe*. University of Wisconsin Press.＝1996 佐藤卓己・佐藤八寿子訳『ナショナリズムとセクシュアリティ』柏書房

Nakane, Chie, 1970, *Japanese Society*. Tokyo: C. E. Tuttle.

Nicholson, Linda, 1994, Interpreting Gender, Sign: *Journal of Women in Culture and Society*, Vol. 20, No. 1. Chicago: The University of Chicago.＝1995 荻野美穂訳「〈ジェンダー〉を解読する」『思想』一九九五年七月号、岩波書店

Oakley, Ann, 1974, *Women's Work: The Housewife Past and Present*. London: Vintage Books.

=1987 岡島茅花訳『主婦の誕生』三省堂

Ortner, Sherry B., 1974, Is female to male as nature is to culture?, in Rosaldo & Lamphere, eds., *Women, Culture & Society*. Stanford: Stanford University Press.=1983 三神弘子訳「女と男は自然と文化の関係か?」『現代思想』一九八三年九月号、青土社、1987 山崎カヲル監訳『男が文化で、女が自然か?』晶文社

Parsons, Talcott & Bales, R. F., 1956, *Family, Socialization and Interaction Process*. New York: The Free press.=1981 橋爪貞雄他訳『家族――核家族と子どもの社会化』黎明書房

Rich, Adrienne, 1986, *Blood, Bread & Poetry: Selected Prose 1979–1985*. W. W. Norton.=1989 大島かおり訳『血、パン、詩。』晶文社

Rougemont, Denis de, 1939, *L'amour et l'Occident*. Paris: Librairie Plon.=1959 鈴木健郎・川村克巳訳『愛について』岩波書店

Rowbotham, S., 1973, *Woman's Consciousness, Man's World*. London: Penguin Books.=1977 三宅義子訳『女の意識・男の世界』ドメス出版

Said, Edward., 1994, *Representations of the Intellectual*. New York: Vintage.=1995 大橋洋一訳『知識人とは何か』平凡社

Scott, Joan Wallach, 1988, *Gender and the Pollitics of History*. New York: Columbia University Press.=1992 荻野美穂訳『ジェンダーと歴史学』平凡社

Sedgewick, Eve Kosofsky, 1985, *Between Men: English Literature and Male Homosocial De-*

sire, Columbia University Press＝2001 上原早苗・亀澤美由紀訳『男同士の絆――イギリス文学とホモソーシャルな欲望』名古屋大学出版会

Sedgewick, Eve Kosofsky, 1990, Epistemology of the Closet, The Regents of the University of California＝1996 外岡尚美訳「クローゼットの認識論」『批評空間』II-8号、太田出版

Segalen, M., 1981, *Sociologie de la famille*. Paris: Librairie Armand Colin.＝1987 片岡他訳『家族の歴史人類学』新評論

Shor, Juliet B., 1992, *The Overworked American: The Unexpected Decline of Leisure*. New York: Basic Books.＝1993 森岡他訳『働きすぎのアメリカ人』窓社

Shorter, Edward, 1975, *The Making of the Modern Family*. London: Basic Books.＝1987 田中俊宏他訳『近代家族の形成』昭和堂

Showalter, Elaine, 1977, *A Literature of Their Own: British Women Novelists from Bronte to Lessing*. New Haven: Princeton University Press.＝1993 川本静子他訳『女性自身の文学』みすず書房

Showalter, Elaine, ed., 1985, *The New Feminist Criticism*. New York: Pantheon.＝1990 青山誠子訳『新フェミニズム批評』岩波書店

Sokoloff, N. J., 1980, *Between Money and Love: The Dialectics Women's Home and Market Work*. New York: Praeger Publishers.＝1987 江原由美子他訳『お金と愛情の間――マルクス主義フェミニズムの展開』勁草書房

Sokoloff, N. J., 1988, Contributions of Marxism and feminism to the sociology of women and work, in A. Stromberg & S. Harkess, eds., *Women Working: Theories & Facts in Perspective*. Mayfield Publishers. = 1994 ホーン川嶋瑶子訳「マルクス主義とフェミニズムの「女性と労働の社会学」への貢献」『日米女性ジャーナル』16、日米女性センター

Sole, Jacques, 1976, *L'amour en l'Occident a l'epoque moderne*. Paris: Editions Albin Michel. = 1985 西川長夫他訳『性愛の社会史――近代西欧における愛』人文書院

Stoller, Robert J., 1968, *Sex and Gender: the Development of Masculinity and Feminity*. Jason Aronson Publishers. = 1973 桑畑勇吉訳『性と性別――男らしさと女らしさの発達について』岩崎学術出版

Stone, Laurence, 1977, *The Family, Sex, and Marriage in England, 1500–1800*. London: Penguin Books; 1979, abridged and revised edition, Pelican Books. = 1991 北本正章訳『家族・性・結婚の社会史』勁草書房

Strathern, M., 1980, No nature, no culture: the Hagen case, in MacCormack & Strathern, eds., *Nature, Culture and Gender*. Cambridge: Cambridge University Press.

Sullerot, Evelyne & Thibaut, O., eds., 1978, *Qu'est-ce qu'une femme?* Paris: Librairie Artheme Fayard. = 1983 西川祐子他訳『女性とは何か』上・下、人文書院

Thompson, Edward P., 1966, *The Making of the English Working Class*. New York: Vintage Books.

Todd, Emmanuel, 1990, *L'Invention de l'Europe*. Paris: Editions du Seuil. = 1992 石崎晴己訳『新ヨーロッパ大全』藤原書店

Tuttle, Lisa, ed., 1986, *Encyclopedia of Feminism*. The Longman Group. = 1991 渡辺和子訳『フェミニズム事典』明石書店

Ueno, Chizuko, 1987, Genesis of urban housewife, *Japan Quarterly*, 34-2.

Ueno, Chizuko, 1989, Women's labor under patriarchal capitalism in the eighties, *Review of Japanese Culture and Society*, 3-1. Center for inter-cultural Studies and Education, Josai University.

Ueno, Chizuko, 1990, The myth and reality of Japanese women's labor, Keynote speech at the annual convention of the Canadian Society for Japanese Studies in 1990 at British Columbia University, in Proceedings of Canadian Society for Japanese Studies.

Ueno, Chizuko, 1996, The collapse of "Japanese Mothers", *The U.S.-Japan Women's Journal*, English Supplement, No. 10. The U.S.-Japan Women's Center.

Wakita, H., Bouchy, A. and Ueno, C., eds., 1999, *Gender and Japanese History*, vol. 1 & 2. Osaka: Osaka University Press.

Walker, Alice, 1982, *The Color Purple*. New York: Washington Square Press. = 1985 柳澤由実子訳『紫のふるえ』集英社

Walker, Alice, 1992, *Possessing the Secret of Joy*. New York: Harcourt Brace Jovanovich. = 1995 柳澤由実子訳『喜びの秘密』集英社

Weeks, Jeffrey, 1986, *Sexuality*. London: Tavistock Publications. = 1996 上野監訳『セクシュアリティ』河出書房新社

Wieck, Wilfried, 1987, *Männer lassen lieben.* Kreuz Verlag.＝1991 梶谷雄二訳『男という病——男らしさのメカニズムと女のやさしさ』三元社

Willis, Paul E., 1977, *Learning to Labour: How Working Class Kids Get Working Class Jobs.* Saxon House.＝1985 熊沢誠・山田潤訳『ハマータウンの野郎ども——学校への反抗・労働への順応』筑摩書房

Wittig, Monique, 1983, The point of view: universal of particular?, *Feminism Issues,* Vol. 3, No. 2, Fall, 1984.

初版あとがき

本書には、九〇年代半ば以降に刊行した論文を中心におさめた。再録にあたっては、刊行当時の状況との違いを意識して、いくらかの加筆訂正をおこなった。

九〇年代は日本経済にとって「失われた一〇年」だったかもしれないが、フェミニズム理論にとってはけっしてそうではない。それに先立つ八〇年代のポスト構造主義やフェミニズム批評理論の蓄積と展開をくぐりぬけ、ジェンダーやセクシュアリティ、主体やアイデンティティ、エイジェンシーの理論がめざましく花開いた。個別の経験的な研究や歴史研究も、つぎつぎに成果をあげていった。九〇年代のフェミニズム理論は、もはやそれに先立つこと二〇年前の、生成期のフェミニズム理論と同じものではない。九〇年代のフェミニズムを、わたしは「第三波フェミニズム」とは考えないが――というのは今日のフェミニズム理論も「個人的なことは政治的である Personal is political」というラディカル・フェミニズムの射程のうちにあるから――それにしても、フェミニズムが成立した三〇年前とくらべれば、「遠くまで来た」感がある。

理論は精緻になり、洗練の度を加えたが、かえって現実との落差が拡がったと、いらだちを覚える向きもあるかもしれない。だが忘れてはならないのは、どのフェミニズム理論も現実の問いとの格闘のなかから、生まれ、きたえられてきた、ということだ。実をいえば、動かないみかけの背後で、ジェンダーやセクシュアリティの編成をめぐる現実はたえまなく変化してきた。理論はその実、現実のあとを必死になって追いかけてきた、といってよい。本書のなかにはわたし自身の変貌のあとも、記されていることだろう。

＊

九六年の一年間の海外滞在をはさんで中断はあったが、おもいのほかさまざまな仕事を手がけてきたことに、われながらおどろく。きっかけは岩波書店が企画したふたつのシリーズ、『日本のフェミニズム』(全七冊別冊一)と『岩波講座　現代社会学』(全二六巻別巻一)とに、編者のひとりとしてかかわったことによる。講座やアンソロジーの編集は、労多くして業績としては報われない仕事であるけれども、こうして当初、「解説」や「序論」として書いたものを見なおしてみると、その過程でわたし自身が多くのことを学んでいることにあらためて気づく。わたしを編者に招き入れてくださった岩波書店の編集者、長期にわたった編集作業をともにし、多くの刺激を与えてくださった井上輝子さんや見田宗介さんをはじめとする共編者の方々、そしてシリーズの寄稿者となることをひきうけてくださった書き手の方々に、あらためてお礼を申し上げたい。

「歴史学とフェミニズム」は『岩波講座　日本通史』の別巻に、編者の安丸良夫さんから慫慂を受けて、書いたものである。畑違いだと言っていったんはお断りした執筆を、安丸さんはわたしのために研究会を主宰してまで励ましてくださった。陰の仕掛け人は、成田龍一さんであることを明かしておこう。この論文は、その後わたしが歴史学の分野へ深入りするきっかけとなった。

本書には岩波書店を刊行元としないふたつの論文もおさめられている。ひとつは脇田晴子さんを主宰者とする長期にわたる日米合同プロジェクト、「女性文化とジェンダー」研究の成果であるし、もうひとつは国際交流基金の主催で、綿貫礼子さんと共同でプロデュースした「環境と女性」の日欧女性交流プログラムの産物である。

そう考えてみれば、分野や専門のちがう人たちとのコラボレーションからいつのまにかわたしがさまざまなことがらを学び、それがアウトプットとして実を結んでいったことがわかる。もともとあまり計画的に仕事をしてきたわけではないが、気がつけば踏みあとが残っているように、多くの人たちから学恩を受けながら、人とのネットワークから仕事を続けてこられた。

*

主題の性格と、わたし自身の歴史への関心から、本書におさめた論考は、いくぶんかは回顧的 retrospective および自己言及的 self-referential になっている。だが、いずれも九〇年代だからこそ書かれたものである点で、時代の刻印を捺されている。九〇年代の「足跡」を一書にまとめようと提案してくださったのは、岩波書店の高村幸治さんである。はんさな編集作業と、督促といういちばんいやな役割を担当してくださったのは吉村弘樹さん。感謝してもしたりない。講座や論集というかたちで刊行されたせいで、比較的限られた読者の目に触れることしかなかったこれらの仕事が、単著のかたちで読者に届けられる機会を得たことを喜びたい。

二〇〇二年冬

上野千鶴子

自著解題

本書はわたしの九〇年代のしごとを中心に収録したものである。九〇年代はわたしの研究歴にとっていくつかの点で特徴的な意味があった。第一は東京大学へ異動し、中堅どころの社会学研究者として、いくつかの叢書、シリーズ、アンソロジー等の編集に関わったことである。第二は、「慰安婦」問題を通じて、ナショナリズムと国民国家論の領域へ足を踏み入れたことである。

第一の大きな成果は一九九四〜九五年に刊行された岩波書店のシリーズ『日本のフェミニズム』全七冊別冊一（井上輝子・上野千鶴子・江原由美子編、天野正子編集協力。以下『旧版』と略称）である。巻の構成を以下に記しておこう。

1　リブとフェミニズム　解説・上野千鶴子
2　フェミニズム理論　解説・江原由美子

3　性役割　解説・井上輝子
4　権力と労働　解説・天野正子
5　母性　解説・江原由美子
6　セクシュアリティ　解説・上野千鶴子
7　表現とメディア　解説・井上輝子
別冊　男性学　解説・上野千鶴子

それから一五年後に、このアンソロジーは新しい編者を迎え、再編拡充されて、増補新版(天野正子・伊藤公雄・伊藤るり・井上輝子・上野千鶴子・江原由美子・大沢真理・加納実紀代編、斎藤美奈子編集協力『新編　日本のフェミニズム』全一二巻、岩波書店、二〇〇九〜一一年。以下『新版』と略称)を出すに至った。それというのも九〇年代は女性学・ジェンダー研究にとって創生期から成熟期へ、総論の時代から各論の時代へ、研究者の厚みを増して多くの成果が得られた時代だったからである。『新版』の巻の構成は以下のとおりである。

1　リブとフェミニズム　解説・上野千鶴子
2　フェミニズム理論　解説・江原由美子
3　性役割　解説・井上輝子

4　権力と労働　解説・大沢真理
5　母性　解説・江原由美子
6　セクシュアリティ　解説・上野千鶴子
7　表現とメディア　解説・井上輝子
8　ジェンダーと教育　解説・天野正子
9　グローバリゼーション　解説・伊藤るり
10　女性史・ジェンダー史　解説・加納実紀代
11　フェミニズム文学批評　解説・斎藤美奈子
12　男性学　解説・伊藤公雄

アンソロジーといえば、すでに公刊された文献を一定の評価基準から再収録するもの。それに加えて、同じく岩波書店から刊行された井上輝子・上野千鶴子・江原由美子・大沢真理・加納実紀代編『女性学事典』[井上(輝)他 2002]とともに、女性学がこのころまでに、財産目録をつくるまでに、豊かな蓄積と成熟を遂げていたことを意味する。それぞれの編集の準備におよそ三年、刊行におよそ三年。このアンソロジーを最初に提案してくださったのは岩波書店の高村幸治さん。編集作業にあたった十時由紀子、藤田紀子、山下真智子さんら岩波書店の若手女性編集者の尽力もなみなみのものでなかった。

このふたつのアンソロジーを編纂した際の採録方針は、七〇年代のウーマンリブ以降、(1)日本語で発表されたもの、(2)印刷メディアで発表されたものという二つの条件だった。書き手の国籍を問わず、またミニコミからちらしまで幅広く媒体を猟渉したが、もしかしたらこの種のアンソロジーはこれが歴史上最後になるかもしれないという予感があった。というのは、二〇〇〇年代以降急速に拡大したインターネットの普及によって、電子メディア上の情報が膨大になったからである。また言語使用もマルチリンガルになっていった。どんなアンソロジーも一〇年から二〇年も経てば、改訂を要する。だがその時点で、たとえ編者の多様性や見識をもってしても、もはや電子媒体まで含む多言語状況の情報環境のもとで、収録に値する作品を選定できるとはとうてい考えられないからである。

『新版』全一二巻完結を記念して二〇一一年一月に東京大学で開催した「刊行記念シンポジウム」では、二〇代から三〇代の若手研究者を招いて「二〇年後、改訂版は可能か？」という問いに答えてもらった。が、答えはイエスとノー半々だった。

本書には、このシリーズに寄せた編者の「解説」を収録した。「6　日本のリブ――その思想と運動」は『日本のフェミニズム』第一巻「リブとフェミニズム」(『旧版』）解説であり、「8　男性学のススメ」は『旧版』別冊「男性学」解説である。

後者についてはいくらかの事情がある。『日本のフェミニズム』に「男性学」の巻を置くか否かでは、編者のあいだに議論があった。結局「別冊」のかたちで収録することになったが、他の巻がすべて、女性学の定義に忠実に「女性による女性のための女性についての学際研究」（井上輝子）として女性の書き手による論考を集めたのに対し、「男性学」の巻では、女性の編者が男性の書き手によるものを採集することになった。

あからさまにいえば、男性による男性についての研究のなかから、「フェミニズム視点にかなう」論考だけを、いわば検閲するかのように採録することとなり、そのことに編者は自覚的だった。それというのも「男性学」を冠する研究動向のなかには、フェミニズムに対して敵対的な「男性性の復権」を唱えるものも一部にはあったからである。

その過程で、ひとりだけ採録を断られたケースがあった。それが日本ではじめてゲイとして公的にカミングアウトした『プライベート・ゲイ・ライフ』［伏見 1991］の著者、伏見憲明さんである。かれの辞退の理由は、将来「男性学」のアンソロジーが編まれることがあったとしたら、それは「男性の男性による男性のためのアンソロジー」となるべきであるから、自分のテキストはその時のために保留しておきたい、というものだった。もっともな理由だと感じて、わたしはいさぎよくひきさがった。

その後、『新版』の編集にあたって、「男性学」の巻は別巻扱いではなく正式に巻の構成のなかに含まれ、新しい編者として男性学のパイオニアである伊藤公雄さんを迎えて編まれた（だが伏見さんの論考は、残念ながら採録されていない）。その際、『新版』解説のなかに、『旧版』におけるわたしの解説は紙幅の関係で収録されなかったから、この章は、『旧版』のほかは、本書でのみ読めることになる。

もう一つの大きなしごとは一九九五年から九七年にかけて刊行された『岩波講座現代社会学』全二六巻別巻一である。こちらの編者は見田宗介さんを中心として、井上俊、大澤真幸、吉見俊哉、それに上野が加わった。参考までにこちらの全巻構成も挙げておこう。

第1巻　現代社会の社会学
第2巻　自我・主体・アイデンティティ
第3巻　他者・関係・コミュニケーション
第4巻　身体と間身体の社会学
第5巻　知の社会学／言語の社会学

第6巻　時間と空間の社会学
第7巻　〈聖なるもの／呪われたもの〉の社会学
第8巻　文学と芸術の社会学
第9巻　ライフコースの社会学
第10巻　セクシュアリティの社会学
第11巻　ジェンダーの社会学
第12巻　こどもと教育の社会学
第13巻　成熟と老いの社会学
第14巻　病と医療の社会学
第15巻　差別と共生の社会学
第16巻　権力と支配の社会学
第17巻　贈与と市場の社会学
第18巻　都市と都市化の社会学
第19巻　〈家族〉の社会学
第20巻　仕事と遊びの社会学
第21巻　デザイン・モード・ファッション

第22巻　メディアと情報化の社会学
第23巻　日本文化の社会学
第24巻　民族・国家・エスニシティ
第25巻　環境と生態系の社会学
第26巻　社会構想の社会学
別巻　現代社会学の理論と方法

今からふりかえってみても、これまでの社会学叢書にない、清新な編集方針だったと思う。すべて現役の社会学者と隣接分野の研究者を動員して書き下ろしで編まれた二六巻別巻一からなる講座は、そのボリュームからも壮観である。出版不況の続く今日、これだけ意欲的な講座がふたたび編まれることがあるだろうか。五人の気鋭の研究者が岩波の会議室に集まって侃々諤々《かんかんがくがく》の議論をしたのは、毎回がゼミのようで刺激的な経験だった。

編者の役割として、担当した巻の序論を書く任を負った。そうして書かれたのが「1　差異の政治学」(第11巻『ジェンダーの社会学』所収)、「2　セクシュアリティの社会学」(第10巻『セクシュアリティの社会学』所収)と「5　「家族」の世紀」(第19巻『〈家族〉の社会学』所収)である。

編集にあたってわたしが主張したのは、「ジェンダー」と「家族」をひとまとめにしないこと、「ジェンダー」と「セクシュアリティ」をひとつにしないことだった。なぜならジェンダーは家族という私領域だけの現象ではないし、またジェンダーとセクシュアリティとは異なるものだから異なるように扱うのが当然だからである。そしてその主張は他の編者にも受け入れられた。

多くの社会学の叢書が「ジェンダーと家族」とか「ジェンダーとセクシュアリティ」とをひとまとめの構成にしていることを考慮すれば、この『現代社会学』シリーズが「ジェンダー」「セクシュアリティ」「家族」の巻を、それぞれ独立に持っていることは、画期的なことであろう。事実各巻には、それにふさわしい論者と論文とが収録されている。

わけても本書の題名ともなり、冒頭に収録した「1　差異の政治学」は、「ジェンダー」概念の系譜をたどってバトラーの「ジェンダー」論までを概説紹介した、日本で初の系統的なジェンダー論の学説史だったのではないだろうか。「ジェンダー」概念は進化し、変化してきた。ゆえにわかりにくいものともされてきた。「ジェンダー」は、その見かけの中立性に反して、権力関係の非対称性を示す政治的なカテゴリーである。本章はいまでもジェンダー概念の今日的な到達点を示すことで、ジェンダー論の初学者にとって入門的な役割を果たすだろう。

各巻解説者としてだけでなく、他の巻に寄稿したものもある。「11　複合差別論」は第15巻『差別と共生の社会学』の一部として書かれた。有吉佐和子の小説『複合汚染』にならって命名した「複合差別」という概念は、これが初出であろう。のちに英語圏のジェンダー研究のなかから intersectionality という概念が登場したが、訳しにくいだけでなくそれに先行しており、また多様な「差別」の類型化に成功した点で、この概念はその後ひろく定着した。

異色なのは「12 〈わたし〉のメタ社会学」であろう。第1巻『現代社会の社会学』には、編者全員が寄稿する約束になっていたが、当時海外赴任中だったわたしは、手元に文献へのアクセスがなく、苦し紛れに「わたしはなぜ社会学するか？」という問いを立て、それに向き合うことになった。

「初学者か引退者しか問わない」であろうメタな問いに、四〇代半ばの年齢で応える機会を与えられたのは望外のことだった。時折、社会科学とは何か、なぜ学問するのか、という根源的な問いに向き合う手がかりとして、本論を挙げてくださる研究者が思いがけない分野にいることがわかり、書いてよかったと思う。先日も看護学分野の研究者が、大学院生に読ませていると聞いた。

他にも九〇年代には歴史学の分野に踏み込んで、歴史学の研究者とコラボをしたことが大きな成果である。九〇年代末に刊行した『ナショナリズムとジェンダー』[上野1998]を通じて、わたしは歴史学の分野に挑戦状を投げかけたかたちになり、反対に歴史学からの挑戦を受けることになった。

『ナショナリズムとジェンダー』は、「慰安婦」問題に正面から取り組んだものである。一九九一年の金学順《キムハクスン》さんの最初の証言をドイツ滞在中に知ってから、その衝撃はボディブローのように深く響き、それ以降ほぼ一〇年をかけて本書を書いた。その過程で、歴史学の分野から慫慂《しょうよう》されて書いたのが「3　歴史学とフェミニズム」である。

歴史学にはほぼしろうとであったわたしは苦しみぬき、またすでに老舗であった日本女性史と新参者のジェンダー史とのあいだのねじれた関係にも苦しんだ。この章の冒頭の一行、「日本女性史とフェミニズムの出会いは、不幸なものであった」が浮かんだときに、ようやくこの論文が書ける、と手応えを得たことを、昨日のように思い出す。

歴史学研究者とのコラボでは、中世史家の脇田晴子さんが主宰する国際研究プロジェクト「女性文化とジェンダー」のメンバーに加えてもらったことが忘れられない。

このプロジェクトを通じて、アメリカ、フランス、ドイツの研究者との交流が深まった。「4 「労働」概念のジェンダー化」はその過程で生まれた成果である。この国際研究プロジェクトは、後に日本語版『ジェンダーの日本史』[脇田・ハンレー編 1994-95] および英語版 *Gender and Japanese History* [Wakita, Bouchy and Ueno, eds. 1999] に実った。

「4 「労働」概念のジェンダー化」は、『家父長制と資本制』[上野 1990] の続編ともいうべきものであり、「不払い労働」の概念をめぐって「労働」概念そのものが拡張する過程を追ったものである。

今日では「フェミニスト経済学会」も成立し、「労働」が「市場労働」に限局されている不合理を衝く経済学者が増えてきた。どの社会も生産のみならず再生産を考慮しなければ維持存続できないというあたりまえのことがようやく認識され、女性が家庭内でおこなってきたタダ働きである再生産労働(「ケア」とも呼ばれる)が可視化されてきたのである。

「7 「リプロダクティブ・ライツ/ヘルス」と日本のフェミニズム」は、故綿貫礼子さんとのコラボの成果である。綿貫さんとわたしは、国際交流基金の依頼を受けて

「日欧女性交流事業――女性・環境・平和」に、人選の段階から関わった。一九九六年、まだ一九八六年のチェルノブイリ事故のショックもなまなましい時期だった。

七〇年代に色川大吉さんを団長とする水俣学術調査団に関わった綿貫さんは、「胎児性水俣病」患者の存在にショックを受け、その後、チェルノブイリ支援に積極的に関わるようになる。放射能汚染は国境を問わない。チェルノブイリ事故がその危機感から「ヨーロッパをひとつにした」と言われるように、そのときの国境を超えた連帯が、のちに「ヨーロッパ連合」を準備したとも言われる。

ヨーロッパから招いたのはチェルノブイリ事故後の女性の連帯に積極的に活動していたロシア、ポーランド、ドイツ、オーストリア、クロアチア、イギリスなどの女性研究者およびアクティビストだった。マリア・ミース、クラウディア・フォン・ヴェールホフ、メアリ・メラーなどは、これが初来日だったと思う。

綿貫さんとわたしは、海外からの訪問者たちに、首都圏ではなく地方の女性たちに会ってもらおうと、滞在中の周到なトリッププランを用意し、各地の草の根のアクティビストたちに根回しをした。訪問先は沖縄、広島、滋賀など。平和運動や環境保護運動、生協運動の活動家にも会ってもらった。東京に戻ってきた一行は、興奮気味に「日本の女のパワーはすごい！」と口々に賞賛したのだ。わたしはそれを聞いて、わが意を得たりとにんまりした。しかけは当たったのだ。

それまで多くの外国人女性の訪問を受けて、「役所にも行った、企業にも行った、女の姿は見当たらない、日本の女はいったいどこにいるのか？」というクレイムに、わたしはうんざりしていた。「行き先がまちがっている。草の根に行けばパワーのある日本の女に会える。日本社会では、無位無冠の女たちがほんとうにパワーを持っているのだ（反対に、どんなに実力があっても女が無位無冠のまま報われずにいるのが日本の社会なのだ）」と。

綿貫さんは二〇一二年一月に亡くなられた。遺著となったのが『放射能汚染が未来世代に及ぼすもの』［綿貫編 2012］。低線量被曝の危険を、現地のデータを追って論じた編著である。

チェルノブイリ支援を続けてきた綿貫さんは、二〇一一年三月、福島におけるチェルノブイリ級の原発過酷事故を経験した。原発事故のあと、「ただちに健康に被害が及ばない」とくりかえし、被曝量の上限を一〇〇ミリシーベルトにまでご都合主義的にあげる政府に対して、綿貫さんは怒りを隠さない。ＩＡＥＡ（国際原子力機関）を「国際原子力村」と呼び、彼らが採用しない現地の医学者や科学者のデータをもとに、チェルノブイリ以後四半世紀の現実を示して警鐘を鳴らす。すでに病床にあった綿貫さんは、本書を「誰かに〝背中を押されるかのように〟、時間と競争しながら書き上げた」という。

3・11の前にお亡くなりになっていればあのつらい体験をしなくてもすんだかもしれないが、3・11を経験したからこそ、本書は綿貫さんから後世への「贈り物」となった。二〇一五年、綿貫さんの没後三年して夫の社会学者、綿貫譲治さんも他界された。お子さんはいらっしゃらなかったが、互いに尊敬しあう研究者カップルだった。ご冥福を祈りたい。

本書には「9　セクシュアリティは自然か？」と「10　ゲイとフェミニズムは共闘できるか？」も収録した。九〇年代のわたしのセクシュアリティ研究の成果は、同じく岩波現代文庫『発情装置　新版』[上野 2015]に収録されているが、その過程でゲイ、レズビアンの人々とのやりとりがあった。

『女という快楽』[上野 1985a]のなかで、「同性愛差別者」として批判を受けたわたしは、その後、弁明を含めてゲイ&レズビアン・スタディズの担い手たちと交流する機会が増えたが、この二つの論文はその副産物である。二〇〇〇年代にはいってから、わたしは『女ぎらい――ニッポンのミソジニー』[上野 2010]を出したが、それはホモソーシャル、ホモフォビア、ミソジニーの三点セットをもとに日本の性差別を縦横に論じたものだった。そのタネ本になったセジウィックの『男同士の絆』[Sedgewick1985＝2001]の邦訳出版が二〇〇一年。それまでは「ホモソーシャル」と「ホモセクシュアル」を概念上区別する装置すらなかったのだ。その過程で、わたしは自分が「同性愛差別者」であったことを認め、自己批判しているが、読者はジェンダー研究の理論や概念装置が互いの影響関係のもとに、どのように進化しているかを実感されるであろう。

わたしの著書の中では比較的地味で堅い学術スタイルの本書は、これまでもそれほど多くの読者に読まれていない。このたび本書が文庫版となって、廉価でより多くの読者の手に届くことを喜びたい。

初出一覧

＊は新版で新たに所収したもの

Ⅰ

1　差異の政治学
　『岩波講座現代社会学11　ジェンダーの社会学』岩波書店、一九九五年

2　セクシュアリティの社会学
　『岩波講座現代社会学10　セクシュアリティの社会学』岩波書店、一九九六年

3　歴史学とフェミニズム——「女性史」を超えて
　『岩波講座日本通史　別巻1　歴史意識の現在』岩波書店、一九九五年

4　「労働」概念のジェンダー化
　脇田晴子、B・S・ハンレー編『ジェンダーの日本史　下——主体と表現　仕事と生活』東京大学出版会、一九九五年

Ⅱ

5　「家族」の世紀
　『岩波講座現代社会学19　〈家族〉の社会学』岩波書店、一九九六年

6　日本のリブ——その思想と運動

井上輝子・上野千鶴子・江原由美子編、天野正子編集協力『日本のフェミニズム①　リブとフェミニズム』岩波書店、一九九四年

7　「リプロダクティブ・ライツ／ヘルス」と日本のフェミニズム
上野千鶴子・綿貫礼子編『リプロダクティブ・ヘルスと環境——共に生きる世界へ』工作舎、一九九六年

Ⅲ

8　男性学のススメ
井上輝子・上野千鶴子・江原由美子編、天野正子編集協力『日本のフェミニズム　別冊　男性学』岩波書店、一九九五年

9　セクシュアリティは自然か？＊
『文藝』一九九二年秋季号、河出書房新社（上野千鶴子『発情装置——エロスのシナリオ』筑摩書房、一九九八年）

10　ゲイとフェミニズムは共闘できるか？＊
前掲『発情装置』書き下ろし

11　複合差別論
『岩波講座現代社会学15　差別と共生の社会学』岩波書店、一九九五年

Ⅳ

12　〈わたし〉のメタ社会学
『岩波講座現代社会学1　現代社会の社会学』岩波書店、一九九七年

本書は、『差異の政治学』(岩波書店、二〇〇二年)を増補し、新版としたものである。

差異の政治学 新版

2015年11月27日 第1刷発行
2024年4月26日 第2刷発行

著 者 上野千鶴子《うえのちづこ》

発行者 坂本政謙

発行所 株式会社 岩波書店
〒101-8002 東京都千代田区一ツ橋 2-5-5

案内 03-5210-4000 営業部 03-5210-4111
現代文庫編集部 03-5210-4136
https://www.iwanami.co.jp/

印刷・精興社 製本・中永製本

ISBN 978-4-00-600334-0 Printed in Japan

岩波現代文庫創刊二〇年に際して

二一世紀が始まってからすでに二〇年が経とうとしています。この間のグローバル化の急激な進行は世界のあり方を大きく変えました。世界規模で経済や情報の結びつきが強まるとともに、国境を越えた人の移動は日常の光景となり、今やどこに住んでいても、私たちの暮らしは世界中の様々な出来事と無関係ではいられません。しかし、グローバル化の中で否応なくもたらされる「他者」との出会いや交流は、新たな文化や価値観だけではなく、摩擦や衝突、そしてしばしば憎悪までをも生み出しています。グローバル化にともなう副作用は、その恩恵を遥かにこえていると言わざるを得ません。

今私たちに求められているのは、国内、国外にかかわらず、異なる歴史や経験、文化を持つ「他者」と向き合い、よりよい関係を結び直してゆくための想像力、構想力ではないでしょうか。

新世紀の到来を目前にした二〇〇〇年一月に創刊された岩波現代文庫は、この二〇年を通して、哲学や歴史、経済、自然科学から、小説やエッセイ、ルポルタージュにいたるまで幅広いジャンルの書目を刊行してきました。一〇〇〇点を超える書目には、人類が直面してきた様々な課題と、試行錯誤の営みが刻まれています。読書を通した過去の「他者」との出会いから得られる知識や経験は、私たちがよりよい社会を作り上げてゆくために大きな示唆を与えてくれるはずです。

一冊の本が世界を変える大きな力を持つことを信じ、岩波現代文庫はこれからもさらなるラインナップの充実をめざしてゆきます。

（二〇二〇年一月）

G414
『キング』の時代
―国民大衆雑誌の公共性―
佐藤卓己

伝説的雑誌『キング』――この国民大衆誌を分析し、「雑誌王」と「講談社文化」が果たした役割を解き明かした雄編がついに文庫化。〈解説〉與那覇潤

G415
近代家族の成立と終焉　新版
上野千鶴子

ファミリィ・アイデンティティの視点から家族の現実を浮き彫りにし、家族が家族であるための条件を追究した名著、待望の文庫化。「戦後批評の正嫡　江藤淳」他を新たに収録。

G416
兵士たちの戦後史
―戦後日本社会を支えた人びと―
吉田裕

戦友会に集う者、黙して往時を語らない者……戦後日本の政治文化を支えた人びとの意識のありようを「兵士たちの戦後」の中にさぐる。〈解説〉大串潤児

G417
貨幣システムの世界史
黒田明伸

貨幣の価値は一定であるという我々の常識に反する、貨幣の価値が多元的であるという事例は、歴史上、事欠かない。謎に満ちた貨幣現象を根本から問い直す。

G418
公正としての正義　再説
ジョン・ロールズ
エリン・ケリー編
田中成明
亀本洋
平井亮輔 訳

『正義論』で有名な著者が自らの理論的到達点を、批判にも応えつつ簡潔に示した好著。文庫版には「訳者解説」を付す。

2024.4

岩波現代文庫[学術]

G419
新編 つぶやきの政治思想
李 静和
秘められた悲しみにまなざしを向け、声にならないつぶやきに耳を澄ます。記憶と忘却、証言と沈黙、ともに生きることをめぐるエッセイ集。鵜飼哲・金石範・崎山多美の応答も。

G420-421
ロールズ 政治哲学史講義(I・II)
ジョン・ロールズ
サミュエル・フリーマン編
齋藤純一ほか訳
ロールズがハーバードで行ってきた「近代政治哲学」講座の講義録。リベラリズムの伝統をつくった八人の理論家について論じる。

G422
企業中心社会を超えて
―現代日本を〈ジェンダー〉で読む―
大沢真理
長時間労働、過労死、福祉の貧困……。大企業中心の社会が作り出す歪みと痛みをジェンダーの視点から捉え直した先駆的著作。

G423
増補「戦争経験」の戦後史
―語られた体験/証言/記憶―
成田龍一
社会状況に応じて変容してゆく戦争についての語り。その変遷を通して、戦後日本社会の特質を浮き彫りにする。〈解説〉平野啓一郎

G424
定本 酒呑童子の誕生
―もうひとつの日本文化―
髙橋昌明
酒呑童子は都に疫病をはやらすケガレた疫鬼だった――緻密な考証と大胆な推論によって物語の成り立ちを解き明かす。〈解説〉永井路子

岩波現代文庫[学術]

G425
岡本太郎の見た日本
赤坂憲雄

東北、沖縄、そして韓国へ。旅する太郎が見出した日本とは。その道行きを鮮やかに読み解き、思想家としての本質に迫る。

G426
政治と複数性
―民主的な公共性にむけて―
齋藤純一

「余計者」を見棄てようとする脱‐実在化の暴力に抗し、一人ひとりの現われを保障する。開かれた社会統合の可能性を探究する書。

G427
増補 エル・チチョンの怒り
―メキシコ近代とインディオの村―
清水透

メキシコ南端のインディオの村に生きる人びとにとって、国家とは、近代とは何だったのか。近現代メキシコの激動をマヤの末裔たちの視点に寄り添いながら描き出す。

G428
哲おじさんと学くん
―世の中では隠されているいちばん大切なことについて―
永井均

自分は今、なぜこの世に存在しているのか？友だちや先生にわかってもらえない学くんの疑問に哲おじさんが答え、哲学的議論へと発展していく、対話形式の哲学入門。

G429
マインド・タイム
―脳と意識の時間―
ベンジャミン・リベット
下條信輔
安納令奈 訳

実験に裏づけられた驚愕の発見を提示し、脳と心や意識をめぐる深い洞察を展開する。脳神経科学の歴史に残る研究をまとめた一冊。〈解説〉下條信輔

岩波現代文庫［学術］

G430
被差別部落認識の歴史
―異化と同化の間―
黒川みどり
差別する側、差別を受ける側の双方は部落差別をどのように認識してきたのか――明治から現代に至る軌跡をたどった初めての通史。

G431
文化としての科学／技術
村上陽一郎
近現代に大きく変貌した科学／技術。その質的な変遷を科学史の泰斗がわかりやすく解説、望ましい科学研究や教育のあり方を提言する。

G432
方法としての史学史
―歴史論集1―
成田龍一
歴史学は「なにを」「いかに」論じてきたのか。史学史的な視点から、歴史学のアイデンティティを確認し、可能性を問い直す。現代文庫オリジナル版。〈解説〉戸邉秀明

G433
〈戦後知〉を歴史化する
―歴史論集2―
成田龍一
〈戦後知〉を体現する文学・思想の読解を通じて、歴史学を専門知の閉域から解き放つ試み。現代文庫オリジナル版。〈解説〉戸邉秀明

G434
危機の時代の歴史学のために
―歴史論集3―
成田龍一
時代の危機に立ち向かいながら、自己変革を続ける歴史学。その社会との関係を改めて問い直す「歴史批評」を集成する。〈解説〉戸邉秀明

2024. 4

G435
宗教と科学の接点
河合隼雄
「たましい」「死」「意識」など、近代科学から取り残されてきた、人間が生きていくために大切な問題を心理療法の視点から考察する。〈解説〉河合俊雄

G436
増補 軍隊と地域
—郷土部隊と民衆意識のゆくえ—
荒川章二
一八八〇年代から敗戦までの静岡を舞台に、矛盾を孕みつつ地域に根づいていった軍が、民衆生活を破壊するに至る過程を描き出す。

G437
歴史が後ずさりするとき
—熱い戦争とメディア—
ウンベルト・エーコ
リッカルド・アマデイ訳
歴史があたかも進歩をやめて後ずさりしはじめたかに見える二十一世紀初めの政治・社会の現実を鋭く批判した稀代の知識人の発言集。

G438
増補 女が学者になるとき
—インドネシア研究奮闘記—
倉沢愛子
インドネシア研究の第一人者として知られる著者の原点とも言える日々を綴った半生記。「補章 女は学者をやめられない」を収録。

G439
完本 中国再考
—領域・民族・文化—
葛兆光
辻康吾監訳
永田小絵訳
「中国」とは一体何か? 複雑な歴史がもたらした国家アイデンティティの特殊性と基本構造を考察し、現代の国際問題を考えるための視座を提供する。

2024. 4

G440
私が進化生物学者になった理由
長谷川眞理子

ドリトル先生の大好きな少女がいかにして進化生物学者になったのか。通説の誤りに気づき、独自の道を切り拓いた人生の歩みを語る。巻末に参考文献一覧付き。

G441
愛について
―アイデンティティと欲望の政治学―
竹村和子

物語を攪乱し、語りえぬものに声を与える。精緻な理論でフェミニズム批評をリードしつづけた著者の代表作、待望の文庫化。〈解説〉新田啓子

G442
宝塚
―変容を続ける「日本モダニズム」―
川崎賢子

百年の歴史を誇る宝塚歌劇団。その魅力を掘り下げ、宝塚の新世紀を展望する。底本を大幅に増補・改訂した宝塚論の決定版。

G443
新版 ナショナリズムの狭間から
―「慰安婦」問題とフェミニズムの課題―
山下英愛

性差別的な社会構造における女性人権問題として、現代の性暴力被害につづく側面を持つ「慰安婦」問題理解の手がかりとなる一冊。

G444
夢・神話・物語と日本人
―エラノス会議講演録―
河合隼雄
河合俊雄訳

河合隼雄が、日本の夢・神話・物語などをもとに日本人の心性を解き明かした講演の記録。著者の代表作に結実する思想のエッセンスが凝縮した一冊。〈解説〉河合俊雄

G445-446
ねじ曲げられた桜(上・下)
―美意識と軍国主義―
大貫恵美子

桜の意味の変遷と学徒特攻隊員の日記分析を通して、日本国家と国民の間に起きた「相互誤認」を証明する。〈解説〉佐藤卓己

G447
正義への責任
アイリス・マリオン・ヤング
岡野八代
池田直子 訳

自助努力が強要される政治の下で、人びとが正義を求めてつながり合う可能性を問う。ヌスバウムによる序文も収録。〈解説〉土屋和代

G448-449
ヨーロッパ覇権以前(上・下)
―もうひとつの世界システム―
J・L・アブー＝ルゴド
佐藤次高ほか訳

近代成立のはるか前、ユーラシア世界は既に一つのシステムをつくりあげていた。豊かな筆致で描き出されるグローバル・ヒストリー。

G450
政治思想史と理論のあいだ
―「他者」をめぐる対話―
小野紀明

政治思想史と政治的規範理論、融合し相克する二者を「他者」を軸に架橋させ、理論の全体像に迫る、政治哲学の画期的な解説書。

G451
平等と効率の福祉革命
―新しい女性の役割―
G・エスピン＝アンデルセン
大沢真理監訳

キャリアを追求する女性と、性別分業に留まる女性との間で広がる格差。福祉国家論の第一人者による、二極化の転換に向けた提言。

G452
草の根のファシズム
―日本民衆の戦争体験―
吉見義明

戦争を引き起こしたファシズムは民衆が支えていた――従来の戦争観を大きく転換させた名著、待望の文庫化。〈解説〉加藤陽子

G453
日本仏教の社会倫理
―正法を生きる―
島薗進

日本仏教に本来豊かに備わっていた、サッダルマ(正法)を世に現す生き方の系譜を再発見し、新しい日本仏教史像を提示する。

G454
万民の法
ジョン・ロールズ
中山竜一訳

「公正としての正義」の構想を世界に広げ、平和と正義に満ちた国際社会はいかにして実現可能かを追究したロールズ最晩年の主著。

G455
原子・原子核・原子力
―わたしが講義で伝えたかったこと―
山本義隆

原子・原子核について基礎から学び、原子力への理解を深めるための物理入門。予備校での講演に基づきやさしく解説。

G456
ヴァイマル憲法とヒトラー
―戦後民主主義からファシズムへ―
池田浩士

史上最も「民主的」なヴァイマル憲法下で、ヒトラーが合法的に政権を獲得し得たのはなぜなのか。書き下ろしの「後章」を付す。

2024.4

岩波現代文庫［学術］

G457
現代《いま》を生きる日本史
須田努
清水克行

縄文時代から現代までを、ユニークな題材と最新研究を踏まえた平明な叙述で鮮やかに描く。大学の教養科目の講義から生まれた斬新な日本通史。

G458
小国
―歴史にみる理念と現実―
百瀬宏

大国中心の権力政治を、小国はどのように生き抜いてきたのか。近代以降の小国の実態と変容を辿った出色の国際関係史。

G459
〈共生〉から考える
―倫理学集中講義―
川本隆史

「共生」という言葉に込められたモチーフを現代社会の様々な問題群から考える。やわらかな語り口の講義形式で、倫理学の教科書としても最適。「精選ブックガイド」を付す。

G460
〈個〉の誕生
―キリスト教教理をつくった人びと―
坂口ふみ

「かけがえのなさ」を指し示す新たな存在論が古代末から中世初期の東地中海世界の激動のうちで形成された次第を、哲学・宗教・歴史を横断して描き出す。〈解説〉山本芳久

G461
満蒙開拓団
―国策の虜囚―
加藤聖文

満洲事変を契機とする農業移民は、陸軍主導の強力な国策となり、今なお続く悲劇をもたらした。計画から終局までを辿る初の通史。

2024. 4

岩波現代文庫[学術]

G462
排除の現象学
赤坂憲雄

いじめ、ホームレス殺害、宗教集団への批判――八十年代の事件の数々から、異人が見出され生贄とされる、共同体の暴力を読み解く。時を超えて現代社会に切実に響く、傑作評論。

G463
越境する民
近代大阪の朝鮮人史
杉原達

暮しの中で朝鮮人と出会った日本人の外国人認識はどのように形成されたのか。その後の研究に大きな影響を与えた「地域からの世界史」。

G464
越境を生きる
ベネディクト・アンダーソン回想録
ベネディクト・アンダーソン
加藤剛訳

『想像の共同体』の著者が、自身の研究と人生を振り返り、学問的・文化的枠組にとらわれず自由に生き、学ぶことの大切さを説く。

G465
我々はどのような生き物なのか
―言語と政治をめぐる二講演―
ノーム・チョムスキー
福井直樹
辻子美保子 編訳

政治活動家チョムスキーの土台に科学者としての人間観があることを初めて明確に示した二〇一四年来日時の講演とインタビュー。

G466
ヴァーチャル日本語 役割語の謎
金水敏

現実には存在しなくても、いかにもそれらしく感じる言葉づかい「役割語」。誰がいつ作ったのか。なぜみんなが知っているのか。何のためにあるのか。〈解説〉田中ゆかり

G467
コレモ日本語アルカ？
―異人のことばが生まれるとき―
金水 敏

ピジンとして生まれた〈アルヨことば〉は役割語となり、それがまとう中国人イメージを変容させつつ生き延びてきた。〈解説〉内田慶市

G468
東北学／忘れられた東北
赤坂憲雄

驚きと喜びに満ちた野辺歩きから、「いくつもの東北」が姿を現し、日本文化像の転換を迫る。「東北学」という方法のマニフェストともなった著作の、増補決定版。

G469
増補 昭和天皇の戦争
―「昭和天皇実録」に残されたこと・消されたこと―
山田 朗

平和主義者とされる昭和天皇が全軍を統帥する大元帥であったことを「実録」を読み解きながら明らかにする。〈解説〉古川隆久

G470
帝国の構造
―中心・周辺・亜周辺―
柄谷行人

『世界史の構造』では十分に展開できなかった「帝国」の問題を、独自の「交換様式」の観点から解き明かす、柄谷国家論の集大成。佐藤優氏との対談を併載。

G471
日本軍の治安戦
―日中戦争の実相―
笠原十九司

治安戦(三光作戦)の発端・展開・変容の過程を丹念に辿り、加害の論理と被害の記憶からその実相を浮彫りにする。〈解説〉齋藤一晴

2024. 4

岩波現代文庫［学術］

G472
網野善彦対談セレクション
1 日本史を読み直す
山本幸司編

日本史像の変革に挑み、「日本」とは何かを問い続けた網野善彦。多彩な分野の第一人者たちと交わした闊達な議論の記録を、没後二〇年を機に改めてセレクト。（全二冊）

G473
網野善彦対談セレクション
2 世界史の中の日本史
山本幸司編

戦後日本の知を導いてきた諸氏と語り合った、歴史と人間をめぐる読み応えのある対談六篇。若い世代に贈られた最終講義「人類史の転換と歴史学」を併せ収める。

G474
明治の表象空間（上）
—権力と言説—
松浦寿輝

学問分類の枠を排し、言説の総体を横断的に俯瞰。近代日本の特異性と表象空間のダイナミズムを浮かび上がらせる。（全二巻）

G477
シモーヌ・ヴェイユ
冨原眞弓

その三四年の生涯は「地表に蔓延する不幸」との闘いであった。比類なき誠実さと清冽な思索の全貌を描く、ヴェイユ研究の決定版。

2024. 4